DENIS JEANT

Moniteur International CMAS ☆ ☆ ☆
Brevet d'État d'Éducateur Sportif 2e degré
Moniteur Fédéral 2e degré FFESSM

5e édition

CODE VAGNON

PLONGÉE

PRÉPARATION AUX

BREVETS DE NIVEAU 2

PLONGEUR ☆ ☆

Ouvrage avec extraits des tables de plongée FFESSM/M.N. 90

Les Éditions du Plaisancier
Porte du Grand Lyon
NEYRON - 01707 MIRIBEL Cedex - FRANCE
Tel. 04 72 01 58 68 - Fax 04 72 01 58 69 - 36 15 VAGNON

Préface

Après un début de parcours, sans erreur, et sans avoir jamais accepté des compromis sur la qualité de l'enseignement et de la sécurité, l'auteur et l'éditeur offrent l'opportunité aux plongeurs d'approfondir leurs connaissances.

L'esprit est celui de toujours :
- *celui de la C.M.A.S.*
- *celui de ceux qui désirent découvrir le monde sous-marin et participer à sa vie*
- *celui d'accroître ses connaissances et sa culture.*

L'objectif est noble et mérite l'engagement de l'auteur et de l'éditeur.

La C.M.A.S. se reconnaît au travers de cette culture et de ces objectifs. Elle suit, avec intérêt et sympathie, la succession de ces publications qui offrent, à tous ceux qui le désirent, la possibilité de découvrir et de mieux connaître, ce merveilleux monde sous-marin.

Achille Ferrero
Président de la **C**onfédération **M**ondiale des **A**ctivités **S**ubaquatiques

Mot de l'auteur :

Vous avez suivi une formation et vous avez une maîtrise minimum de votre sécurité individuelle qui vous permet d'apprécier vos plongées. Votre moniteur vous a fait partager sa passion, vous a ouvert les portes du monde sous-marin. Pour certains, vous désirez vous perfectionner, développer votre aisance et élargir votre espace d'évolution. Pour d'autres, ce niveau constituera la possibilité d'accéder à des qualifications complémentaires telles que la « plongée Nitrox », la prise de vues, la biologie, l'archéologie sous-marine, la plongée en vêtements secs... Le but de ce livre est de vous guider, dans votre apprentissage pratique et théorique, conduisant au niveau 2/plongeur ☆ ☆. Enfin, au-delà du niveau visé, des conseils vous sont aussi donnés pour faciliter votre pratique.

La méthode d'apprentissage qui vous est proposée, est accompagnée de moyens vous permettant de mesurer le chemin parcouru. Des éléments théoriques sont développés pour vous aider à mieux comprendre votre pratique.

Bien entendu, l'expérience que vous allez acquérir lors de votre pratique, guidée pour votre moniteur, est un complément indispensable à l'étude de cet ouvrage.

L'apprentissage de la plongée sous-marine ne peut en aucun cas s'envisager sans l'aide d'un moniteur qualifié.

Bonnes plongées !

Denis Jeant

N'hésitez pas à nous faire part de vos suggestions, observations et critiques afin de contribuer à l'amélioration de cet ouvrage, d'avance merci. Adressez-vous directement à l'éditeur qui transmettra à l'auteur ou par e-mail :
denis.jeant-author @ altavista.net

Vous pouvez aussi consulter le site de l'auteur :
http://www.aqua-web.net

ISBN 2 85725 269-2

© Les éditions du Plaisancier

Au lecteur,

Vous avez concrétisé votre rêve : découvrir le monde sous-marin, vous avez goûté au plaisir d'être sous l'eau, porté par l'eau. Vous avez été émerveillé, ébloui et conquis par la beauté de cette nouvelle planète.

Aujourd'hui, vous désirez vivre encore plus pleinement ces sensations hors du commun. Sans plus attendre, commençons ensemble par une balade sous-marine.

"Rencontre du 3e type"*

Un premier coup d'œil par la fenêtre, dès le matin, n'est pas pour me rassurer : Eole est venu à notre rencontre. Je n'ai pas le pied marin et je me serais bien passée de sa visite.

Après une heure de navigation, j'arrive tout juste à rassembler assez de ressources pour m'équiper. Vite, à l'eau ! Il était temps. Dès le début de la descente, le changement radical d'environnement opère sa magie : mon malaise a disparu. Et hop, une pirouette, pied de nez à Eole à qui j'ai faussé compagnie. Et la descente continue.

Hier, Jean-Pierre et Michel ont croisé un Napoléon tout près du bateau. A mon tour, je rêve de voir ce gros poisson aux lèvres retroussées et à l'air bonhomme. Etre accueillie par lui, ce serait comme la récompense de tous les efforts que j'ai fournis en vue de m'adapter à son monde. Aujourd'hui, je me sens presque dans mon élément. "Presque", car il me manque encore l'accueil.

Après 30 minutes d'immersion, nous nous rapprochons du bateau. Soudain, une main serre la mienne. Je me retourne et suis du regard un doigt pointé. Une forme d'abord vague se précise. J'avance doucement, en respirant à peine. C'est un Napoléon, immense, qui vient à ma rencontre. Je suis maintenant à ses côtés. Nous  nageons doucement ensemble. Seul un mince filet d'eau nous sépare. Je virevolte, passe sous lui et viens l'accompagner à présent sur sa gauche. Je ne sais plus où je me trouve, si ce n'est avec lui. Je ne sens plus que la douceur de l'eau qui coule le long de mon corps.

Je passe un moment d'éternité. Enfin, je ralentis ma course et caresse du regard mon ami le Napoléon qui s'éloigne.

Là-haut, Eole a plié bagage. Le soleil est haut. J'ai l'impression d'avoir un cœur immense, prêt à éclater. J'ai envie de remercier tous ceux qui m'ont amenée jusqu'à ces instants de bonheur. Ceux qui m'ont fait découvrir leur passion, ceux qui m'ont appris à la partager et à éviter ses dangers.

* texte original de Héléna MALOUMIAN

LÉGENDE DES SYMBOLES UTILISÉS

OBJECTIFS

☀ Renseignements pratiques

📖 Théorie

✎ Test

 Réglementation, législation

😑 Exercice réalisé les yeux fermés

🔋 Pratique avec bouteille

👀 Exercice réalisé les yeux ouverts

🔋 Pratique sans bouteille

PERF Exercice de perfectionnement déjà vu au Niveau 1

N. 1 Révision Niveau 1

 Référence aux compétences du cursus de formation de la FFESSM

NIVEAU DE DIFFICULTÉ

🐬 Dauphin 1

🐬 Dauphin 3

🐬 Dauphin 2

🐬 Dauphin 4

LIEU DE PRATIQUE

🪜 Adaptations nécessaires pour réaliser les exercices en piscine

INFORMATIONS IMPORTANTES

 Important
A retenir

 Remarque importante, mise en garde

1. LE MONDE SOUS-MARIN :
UN MONDE RICHE EN COULEURS

1 LE MONDE SOUS-MARIN :
UN MONDE RICHE EN COULEURS

LE MILIEU MARIN OU LACUSTRE : UN MILIEU FRAGILE

*Grande Roussette
de Méditerranée*

Un dernier refuge naturel échappait encore à la domination de l'homme : les océans. De nos jours, cet espace naturel, le plus important (4/5 de la surface du globe), est menacé.

Les hommes ont longtemps confondu la mer avec une poubelle.

Beaucoup de fonds et rivages ressemblent, malheureusement plus à de vastes dépotoirs qu'à des lieux paradisiaques.

Le développement du trafic maritime, les complexes industriels polluants, les

marées noires, le rejet des eaux usées, des pesticides, les déchets nucléaires, la pêche intensive et autres engrais chimiques, l'introduction d'espèces non endémiques, certains aménagements littoraux contribuent à tarir ce puits de jouvence. L'homme par son action démesurée et souvent irréfléchie menace son propre environnement et sa propre survie.

Préserver le monde sous-marin est devenu une nécessité car au rythme suivi, nous risquons de léguer aux générations futures, une terre transformée en « peau de chagrin ». La mer et les océans ont beau être immenses, ils ne peuvent plus résorber tous nos déchets.

Heureusement certains scientifiques, personnalités, organismes tels que la Fondation Nicolas Hulot, la fondation Cousteau, le W.W.F.... ont poussé un cri d'alarme.

Par leurs actions, l'opinion publique prend de plus en plus conscience de la nécessité de préserver l'environnement.

A titre d'exemple, dans le cadre de l'année internationale de l'océan (1998) placée sous l'égide des Nations Unies et pour susciter les initiatives de tous en faveur des océans, la Fondation Nicolas Hulot[1] a lancé une campagne de civisme : « S.O.S.-Mer propre » qui est reconduit chaque année.

Afin de contribuer à la préservation de cette richesse naturelle commune des espaces marins protégés se sont créés un peu partout de part le monde. Une gestion et exploitation raisonnée de l'espace marin sont devenues à l'ordre du jour.

[1] *Fondation Nicolas Hulot - 52, Boulevard Malesherbes - 75008 PARIS*
Tél. 01 44 90 83 00 - Fax. 01 44 90 83 19
Internet : http/www.fnh.org - e-mail : fnh@fnh.org

 Face à la raréfaction de certaines espèces, des mesures ont été prises afin de les protéger. Afin de connaître les espèces protégées localement, renseignez-vous auprès des gestionnaires de ces espaces protégés et des autorités maritimes locales.

 Certains sites comme celui de Port-Cros ou des Iles Medas en Méditerranée sont ouverts et aménagés pour la plongée, d'autres sont des réserves intégrales et donc interdite à notre activité. Un espace préservé est évidemment un lieu idéal pour mener des études scientifiques sur la faune sous-marine.

La création de telles réserves ne doit pas être considérée avec frustration par les plongeurs que nous sommes ou comme le « jardin secret » de quelques scientifiques mais comme une mesure allant dans le sens de la préservation durable de notre patrimoine maritime.

Grâce à de telles mesures, certaines espèces menacées sont réapparues en nombre dans ces espaces protégés et à leurs périphéries. C'est le cas notamment en Méditerranée du mérou, des corbs…

D'autre part, des récifs artificiels sont immergés afin de peupler des zones naturellement défavorisées. Ils servent de support de fixation pour les invertébrés et d'abri pour les poissons et crustacés. Sur certains lieux on coule volontairement de vieux navires afin de peupler les zones sableuses pour la plus grande joie des plongeurs. Il suffit parfois de quelques années pour que la faune s'y développe de façon importante.

Mérou méditerranéen

RESPECTER LE MILIEU MARIN, OBJET DE VOTRE PLAISIR EN DIX POINTS

Participez à cet effort en apprenant à respecter le milieu marin si vous voulez continuer à faire de belles plongées, riches d'intérêts. C'est la responsabilité de chacun d'entre nous de prendre conscience des nuisances qu'il peut occasionner et de les limiter.

N'ANCREZ PAS N'IMPORTE OÙ

N'ancrez pas sur les champs de posidonies. Ces herbiers fragiles, poumons de la Méditerranée se raréfient de plus en plus.

La posidonie offre nourriture, oxygène et abris à de nombreuses espèces animales et végétales. Elles contribuent aussi à fixer les fonds de sable et à protéger les côtes sablonneuses. Une ancre qui laboure le fond fait des dommages importants.

Il en est de même pour les récifs de corail des mers chaudes.

Une ancre qui tombe sur le corail cause des dommages irréversibles. Certains sites de plongées sont parfois fréquentés par des dizaines de bateaux par jour comme c'est le cas en Mer Rouge. Sur certains lieux, des montagnes de corail mort témoignent de la sur fréquentation et de l'action dévastatrices des ancres. Un récif détruit met plus de dix ans avant de commencer à se régénérer.

Corail mort en Mer Rouge

Préférez ancrer sur un fond de sable à proximité du lieu de plongée ou vous amarrer sur des bouées prévues à cet effet. Un certain nombre de sites de plongée sont équipés de bouées à poste fixe afin d'éviter l'action destructrice des ancres.

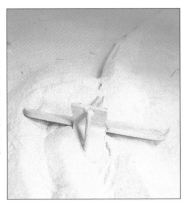

LA MER N'EST PAS UNE POUBELLE !

Ne jetez pas vos déchets à la mer ou sur les plages : bouteilles plastiques, sacs plastiques, papier gras, mégots…

Les différents déchets mettent un temps plus ou moins important avant d'être dégradé :
- carton : 2 à 4 semaines,
- mégot : 6 mois,
- boite de conserve : 100 ans,
- bouteille plastique : 10 à 500 ans.

Les tortues marines et cétacés confondent les sacs plastiques avec des méduses. Leur ingestion provoque leur mort par occlusion intestinale. D'autre part, n'est-il pas affligeant de se baigner dans des détritus ou de plonger dans une décharge sous-marine.

Pour finir, limitez les rejets qui polluent gravement l'environnement : eaux usées, essences, huiles…

N'ÉVOLUEZ PAS TROP PRÈS DU FOND

Ne palmez pas trop près du fond, soyez correctement équilibré à l'aide de votre gilet de remontée pour éviter de détruire la faune fragile fixée sur le fond : éponges, bryozoaires, gorgones, corail, madrépores...

N'est-il pas désolant de passer derrière certaines palanquées qui labourent véritablement le fond détruisant tout sur leur passage.

Évitez d'utiliser des palmes longues et rigides sur les sites fragiles car vous risquez de détruire plus facilement la faune fixée. Utilisez le poumon ballast (voir page 358) pour affiner votre stabilisation.

Ne laissez pas traîner vos consoles d'instruments ou détendeur de secours sur le fond. Fixez-les à votre gilet.

NE PRENEZ PAS APPUI SUR UN FOND FRAGILE

Notamment en cas de courant, ne vous agrippez ou ne prenez pas appui sur la faune fixée.

Préférez réaliser des exercices techniques sur des fonds sableux ou dépourvu de faune fixée. A titre d'exemple, prendre appui avec ses palmes sur des gorgones, de la dentelle de Neptune ou du corail crée des dommages irréversibles. Même si l'on ne le fait pas volontairement, les petits dégâts s'accumulent surtout sur les sites très fréquentés.

FAITES ATTENTION AUX PLAFONDS ET SURPLOMBS

Évitez de lâcher des chapelets de bulles sous les surplombs où elles se coincent et condamnent les organes fixés.

Si vous vous engagez dans une anfractuosité afin d'observer ses habitants, évitez de racler le plafond ou les parois avec votre robinetterie ou bouteille.

Lorsque vous retournez une pierre, vous réveillez tout un univers qui vit abrité : anémones, vers, crabes, petits crustacés...

Ces animaux ne survivent que grâce au calme, à l'absence de sédiment, à l'obscurité. Si vous ne prenez pas soin de remettre en place leur abri, vous les exposez à

tout jamais à la lumière, au sable, aux mouvements d'eau et à leurs prédateurs.

A titre d'exemple, en Méditerranée, les ophiures se cachent sous les pierres pour échapper à la lumière du jour. En les laissant à la lumière du jour, vous les exposez aussi à l'appétit des girelles.

Ophiure de Méditerranée

CONTENTEZ-VOUS DE CONTEMPLER CETTE EXPLOSION DE VIE

Ne touchez pas à la faune ou à la flore ; dans certains cas, le seul fait de toucher un organisme le détruit ou perturbe son comportement et peut avoir des conséquences néfastes.

Tortue marine à écailles

A titre d'exemple, extirper un poulpe de son repère peut le stresser au point de le faire mourir d'une crise cardiaque. Approchez-vous du poulpe très doucement. Sa vision est aussi bonne que la vôtre. Avec de la patience, il sortira de son trou car il est très curieux.

Ne cherchez pas à tirer sur les antennes d'une langouste ou de tout autre crustacé que vous risquez de mutiler. Ce sont des organes tactiles, ils sont fragiles et se cassent.

ÉVITEZ DE NOURRIR LES POISSONS

Nourrir les poissons déstabilise l'équilibre biologique et peut être dangereux. Ce type d'action a pour effet de modifier leur comportement et de les rendre plus vulnérables pour leurs prédateurs.

Mérou de Méditerranée

Ils arrivent à perdre leur instinct naturel de méfiance qui leur permet de survivre. Certains plongeurs se sont fait mordre par des murènes ou congres en voulant les nourrir. Il ne s'agit pas d'animaux domestiques mais d'animaux sauvages et qui doivent le rester.

Sur certains sites très fréquentés où cette pratique (le feeding) sévit, il n'est pas rare de se faire véritablement agresser par des poissons en quête de nourriture. N'est-il pas affligeant de voir certains plongeurs nourrir des Napoléons avec des œufs durs ou des murènes avec des saucisses !!!

Dans l'estomac de poissons morts on peut retrouver la présence de ces mets qui n'ont rien d'aquatiques. On peut aussi évoquer les véritables cimetières d'oursins qui signent le passage de plongeurs ayant nourri des girelles.

NE REMONTEZ RIEN DU FOND

Trop souvent, l'homme a l'instinct de rapporter des souvenirs de vagabondages qui l'ont enthousiasmé, pour les revivre dans le futur.

Il va être tenté d'exposer chez lui, un objet fétiche, par exemple une gorgone ou une étoile de mer qui vont dépérir et perdre au fil du temps les couleurs qui faisaient leur attrait.

Par ce type d'actions, mêmes réduites par le nombre, il contribuera, par son égoïsme, à la destruction de cette richesse commune.

N'ENCOURAGEZ PAS LE COMMERCE DE SOUVENIRS FAITS D'ANIMAUX MARINS

Le commerce des souvenirs en coquillages, faits d'écailles de tortues ou de poissons naturalisés conduit irrémédiablement à la disparition d'espèces marines et à transformer des sites jadis oasis de vie en déserts sous-marins.

A titre d'exemple, chaque année, plus de 20000 tortues sont sacrifiées pour servir de souvenirs aux touristes de l'Ile de Bali. Certaines sont parfois écaillées vivantes pour ne pas endommager leur tête et pattes.

Dans certaines parties du monde qui sont pauvres et où le tourisme s'est développé, ce type de commerce permet de faire vivre une partie de la population locale. Mais à quel prix !

Le corail que de pauvres autochtones ramassent à la tonne pour un salaire de misère met des dizaines d'années à se redévelopper.

 Boycottez les magasins qui commercialisent de tels produits.

DÉVELOPPER VOTRE SENS DE L'OBSERVATION

Certains plongeurs parcourent les fonds en palmant à vive allure dans l'idée de rencontrer le maximum d'espèces.

Dans cette course effrénée, ce sont souvent les poissons pélagiques qui attirent leur attention.

Le plus souvent, ils dédaignent observer tout ce qui se trouve fixé sur le fond qu'ils assimilent à des végétaux.

Quand les espèces pélagiques sont absentes ou en nombre restreint, ils s'ennuient durant leur plongée et remontent frustrés. Ils concluent hâtivement que le lieu est inintéressant. De leur point de vue, les plongées se ressemblent et finissent par devenir monotones. Blasés, ils fuient nos métropoles afin de plonger dans des contrées plus lointaines où le poisson abonde.

Vous viendra-t-il à l'idée de visiter le musée du Louvre en courant ?

Que retiendrez-vous d'une telle visite ?

 Il en est de même en plongée : il faut prendre le temps de flâner, d'observer, de contempler et de comprendre. La vie sous-marine est tellement abondante et diversifiée que chaque plongée apporte à celui qui sait regarder son lot de nouvelles découvertes.

ÉLARGISSEZ VOTRE CHAMP VISUEL

 A vos débuts, privilégiez de préférence les fonds rocheux où la vie sous-marine est plus facile à découvrir. La faune présente sur les fonds sableux ou dans les herbiers est plus difficile à dénicher.

De même, la vie est en général plus riche et variée dans les vingt premiers mètres sous la surface. Cet espace d'évolution présente en plus l'avantage d'offrir une autonomie en air plus importante donc un séjour et un plaisir prolongé.

Dans un premier temps, prenez le temps d'observer globalement votre environnement immédiat. La vision en tunnel de votre masque limite votre champ de vision.

Développez une vision panoramique en tournant sur vous-même, à la recherche d'indices marquant la présence d'espèces sous-marines :
- formes ou couleurs détachées sur le fond,
- mouvements,
- bruits, par exemple celui d'un poisson perroquet broyant le corail,
- abri potentiel (voir à la suite).

Quand un élément aura accroché votre regard, vous pourrez alors privilégier une observation plus détaillée, en scrutant une zone plus délimitée.

De même, retournez-vous de temps en temps, levez la tête en direction de la surface, plus particulièrement à l'approche des tombants, pointes rocheuses.

En effet, certaines espèces pélagiques évoluent en général à proximité, en pleine eau et risque d'échapper à votre champ visuel.

Au contraire, si le site paraît au premier abord plutôt pauvre, n'hésitez pas à limiter votre investigation à une zone restreinte. La plupart des spécimens sont camouflés et de trop petite taille pour être décelable d'un premier abord.

A la différence de la visite d'un musée, c'est à vous de découvrir des centres d'intérêts qui peuvent s'offrir à votre curiosité.

 Le jour, la plupart des espèces se cachent en espérant échapper à leurs prédateurs.

A titre d'exemple, beaucoup de crustacés attendent l'obscurité pour se risquer à découvert. C'est la nuit qu'ils préfèrent exercer leur rôle d'éboueur des mers. Il en est de même chez certains coquillages tels que les ormeaux qui se sont solidement fixés à la face inférieure des pierres et qui sortent de leur cachette la nuit pour brouter leurs algues favorites.

De même, grands prédateurs, les murènes ou les congres sont dissimulés généralement dans leur trou le jour et sortent en pleine eau la nuit pou chasser.

 Fouillez, recherchez les zones qui pourraient constituer des abris pour ces espèces qui ont le plus souvent une activité nocturne :

• Failles, crevasses, trous pierres

Poissons soldats à grands yeux de l'Océan Indien à la recherche d'obscurité

• Forêts d'algues

• Épaves

• Tables coralliennes, récifs coralliens...

Munissez-vous d'une lampe ou d'un phare de plongée, afin de découvrir les animaux vivants dans l'obscurité, dans les trous et fissures.

Certaines espèces ont un abri personnalisé, il s'agit notamment du Bernard l'Ermite, des coquillages, des verts tubicoles…

Spirographe (ver tubicole)
de Méditerranée

D'autres espèces se fondent avec le fond en se camouflant ou en faisant appel à leur mimétisme.

C'est le cas de nombreux poissons posés sur le fond. Une observation attentive du fond peut vous permettre de repérer une forme caractéristique qui se détache du fond vous permettant de confondre une espèce experte en camouflage.

Turbot tropical
sur un fond de sable

Même sur le sable et la vase où la présence d'êtres vivants est moins évidente en développant votre observation, vous pourrez déceler la présence d'animaux fouineurs tels qu'un Bernard L'Ermite, une anémone ou les siphons d'un bivalve.

Avec l'habitude, vous arriverez à anticiper vos découvertes et à savoir à l'avance, quelles espèces vous risquez de rencontrer en fonction de la nature du fond, de la profondeur et du type d'abri.

SOYEZ DISCRET

Comme les espèces qui se camouflent, essayez de vous fondre avec le fond. Préférez vous approcher progressivement d'un banc de poissons ou d'un individu isolé en suivant une trajectoire détournée.

Si vous vous précipitez en ligne droite, vous risquez de provoquer la fuite de l'animal. En effet, chaque animal conserve avec l'intrus que nous sommes, une certaine distance de sécurité qui lui est propre. A proximité, restez le plus immobile possible. Approchez doucement, sans geste brusque. Armez-vous de patience afin de vous faire accepter. Votre attente sera le plus souvent récompensée.

Seiche de Méditerranée

Tout bruit risque de mettre en fuite votre sujet d'observation. Faites particulièrement attention aux chocs provoqués par votre équipement sur le fond.

Contrôlez votre respiration afin de limiter votre rejet de bulles qui est bruyant. Même la faune fixée est sensible à votre présence.

A titre d'exemple, un mouvement brusque ou le rejet de bulles à proximité d'un ver tubicole aura pour conséquence de faire rentrer son panache dans son tube.

Serpule de Méditerranée

Une autre méthode peut consister comme le pêcheur sous-marin à rester camouflé et immobile à l'affût derrière une roche, à proximité d'un tombant afin de débusquer certaines espèces.

Prenez le temps de découvrir une espèce en observant son habitat, ses caractéristiques, son comportement…

N'hésitez pas à vous interroger, à emmètre des hypothèses. Vous pourrez vérifier par l'observation, les confirmer en consultant des ouvrages spécialisés ou en interrogeant des "personnes ressources". C'est de cette manière que vous enrichirez vos connaissances sur le milieu sous-marin.

Poisson-clown à deux bandes de Mer Rouge.

FAITES PARTAGER VOS DÉCOUVERTES

Ne soyez pas égoïstes, faites partager vos découvertes aux autres membres de la palanquée.

De cette manière, toute la palanquée pourra profiter des découvertes de chacun, rendant la plongée enrichissante pour tous.

Si vous êtes un amateur de prises de vues sous-marines, photographiez, filmez sans retenue afin de faire partager vos découvertes, d'en parler, de les identifier plus facilement.

IDENTIFIEZ LES ESPÈCES RENCONTRÉES

Les planches photographiques qui suivent vous permettront d'identifier, de connaître l'habitat des principales espèces de la faune des mers tropicales, de la mer Méditerranée, de l'Océan Atlantique et de nos lacs et rivières.

Les tailles précisées sont des tailles moyennes.

A la fin de vos plongées, après avoir observé une espèce, consultez ces planches et essayez de reconnaître les poissons que vous avez rencontrés.

Méfiez-vous du dimorphisme sexuel, plus particulièrement chez les poissons.

Leurs aspects, couleurs et tailles peuvent varier en fonction du sexe.

Où l'espèce vit-elle ?

vase

sable

rocher

corail

herbiers

épave

anfractuosité

pleine eau

Quelle est sa taille moyenne ?

en cm

Cette présentation est loin d'être exhaustive faute de place. N'hésitez pas à compulser des ouvrages spécialisés (comme par exemple l'excellente collection Découvrir chez Nathan Nature dont l'auteur est Steven Weinberg) ou des planches immergeables afin d'affiner ou de compléter votre identification.

C'est en suivant cette démarche que vous élargirez votre connaissance du milieu sous-marin.

Mentionnez les espèces que vous avez rencontrées sur votre carnet de plongée. De cette manière, vous vous rappellerez les espèces que vous avez déjà rencontrées ou vous pourrez revenir plonger sur un site particulièrement intéressant.

DES ESPÈCES DANGEREUSES ?

De nombreuses légendes et récits de romanciers à l'imagination fertile ont contribué à décrire le monde sous-marin comme un monde peuplé de monstres effroyables et agressifs.

Murène de Mer Rouge

Les animaux sous-marins attaquent rarement, seulement dans de rares cas pour se défendre lorsqu'ils se sentent menacés.

Cependant, certaines espèces sous-marines sont dotées de système de défense qui peut provoquer bien plus que de simples désagréments pour le plongeur.

 Évitez cette éventualité en ne touchant pas à la faune ou à la flore que vous ne connaissez pas.

Cette espèce présente-t-elle un danger ?

| dards | pinces | morsure | décharge | coupure |

DEVENEZ PLONGEUSE OU PLONGEUR BIO

Vous avez acquis une maîtrise technique nécessaire à votre sécurité et confort et vous souhaitez satisfaire votre curiosité à l'égard du monde sous-marin. En un mot : "comprendre" le monde vivant qui vous entoure.

 La majorité des organisations proposent des formations de découverte du milieu sous-marin, conduites par des passionnés. Ces stages qui s'adressent à tous ne nécessitent pas de connaissance particulière, ni de formation scientifique.

Doris dalmatien (nudibranche)
rencontré en Méditerranée

MURÈNE

100 à 150

POISSON
ANGE FRANÇAIS

30 à 40

RASCASSE VOLANTE
ou POISSON LION

15 à 20

GRAND BARRACUDA

60 à 100

POISSON COCHER

15 à 20

POISSON PERROQUET

30

POISSON CITRON

15 à 20

GATRAIN

30 à 50

POISSON SCORPION

20 à 36

BALISTE PICASSO

20 à 30

POISSON SOLDAT ARMÉ OU POISSON ÉCUREUIL A ÉPINES

45

MÉROU TROPICAL ou LOCHE VAGABONDE

70 à 90

GORGONE ROUGE

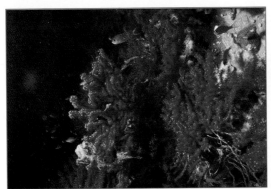

SPIROGRAPHE

20 à 30

ARAIGNÉE DE MER

15

LANGOUSTE

30 à 50

HERVIA (nudibranche)

2 à 3

MURÈNE

100 à 150

MÉROU

100 à 120

ROUSSETTE

80 à 100

RASCASSE PUSTULEUSE

15

SEICHE

20 à 30

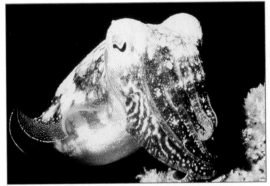

GRANDE VIVE

35

SAR COMMUM

30

GIRELLES

15 à 20

SAUPES

30

CORBS

50 à 60

BLENNIE RAYÉE

15 à 20

TORPILLE MARBRÉE

50 à 80

CASTAGNOLE

10 à 15

ROUGET ou SURMULET

20 à 40

RAIE PASTENAGUE

100 à 150

SAINT-PIERRE

40

MULET

40

LABRE MÊLÉ ou COQUETTE

20 à 35

PIEUVRE ou POULPE

20 à 60

ANGUILLE COMMUNE

100

BRÈME

30

BROCHET

100

CARPE

35 à 40

OMBRE COMMUN

30

PERCHE DE RIVIÈRE

20 à 35

ROTENGLE

15 à 30

TANCHE

15 à 30

2. LA PRÉPARATION AU NIVEAU 2 PLONGEUR ☆ ☆

2 LA PRÉPARATION AU NIVEAU 2 PLONGEUR ☆ ☆

*Vous êtes Niveau 1/plongeur ☆ expérimenté et
vous désirez poursuivre votre apprentissage de la plongée
par une formation conduisant au Niveau 2/plongeur ☆ ☆.*

QU'EST-CE QU'UN PLONGEUR DE NIVEAU 2/PLONGEUR ☆ ☆ ?

L'appellation de plongeur niveau 2 est principalement utilisée en France ; dans les autres pays, on se référera au plongeur ☆ ☆. Ce niveau de plongée correspond le plus souvent à celui d'un plongeur :

• *Assisté dans la zone de 20 à 40 mètres :*
C'est un plongeur assisté entre 20 à 40 mètres (voir tableaux page 47) possédant les capacités suffisantes pour pouvoir s'intégrer à une palanquée.
Un guide de palanquée contrôle le déroulement de la plongée et assure la sécurité collective au sein du groupe.

• *Autonome dans la zone de 0 à 20 mètres, sous certaines conditions :*
Sur décision du directeur de plongée et **sous certaines conditions** (voir page 47), il peut être autorisé à plonger en autonomie, entre 0 et 20 mètres, avec un ou deux équipiers de niveau au moins équivalent.

La préparation au niveau 2/plongeur ☆ ☆ visera à atteindre deux objectifs :

• atteindre une maîtrise minimum de sa sécurité individuelle, permettant d'apprécier ses plongées entre 0 et 40 mètres.

• posséder un minimum de capacités et d'attitudes, permettant d'accéder à un début d'autonomie dans la zone de 0 à 20 mètres, entre plongeurs de même niveau.

DES CAPACITÉS ATTESTÉES PAR UN BREVET

Ce niveau est certifié par la délivrance d'un brevet à la suite d'une formation conduite par un cadre.

Le brevet n'est que la "photographie souvenir" de certains savoirs, savoir-faire et savoir être à un instant donné. Par exemple, un niveau 2/plongeur ☆ ☆ qui n'a pas pratiqué depuis un certain temps a intérêt à se remettre à niveau avant d'envisager de nouvelles plongées.

De plus la possession d'un brevet ne doit pas être une fin en soi. Ce que doit viser un plongeur, ce sont des capacités et un vécu lui permettant de vivre pleinement son activité, dans les conditions fixées par ses prérogatives.

La possession d'un brevet n'immunise pas contre les incidents ou les accidents.

MODE DE DÉLIVRANCE ET CONTENU DES BREVETS DE NIVEAU 2/PLONGEUR ☆ ☆

Plusieurs organismes sont habilités à délivrer les brevets de niveau 2/plongeur ☆ ☆. Leur contenu varie d'ailleurs quelque peu d'un organisme à l'autre. Ils attestent néanmoins tous d'aptitudes et de comportements liés à l'activité plongée, de capacités pratiques et de connaissances théoriques.

Nous avons détaillé le contenu des brevets des différents organismes au chapitre 12 page 323. Le passage de ces brevets s'effectue en formation continue ou en examen ponctuel.

Pour préparer votre brevet de niveau 2/plongeur ☆ ☆, nous vous proposons une succession de 33 objectifs pratiques et théoriques à réaliser.

L'ensemble de ces objectifs peut être décomposé en 3 sous-ensembles correspondants à des niveaux de difficultés croissantes :

- Dauphin 1 ⋊🔁 Objectifs 1 à 16   pages 44 à 131
- Dauphin 2 ⋊🔁 Objectifs 17 à 29   pages 132 à 271
- Dauphin 3 ⋊🔁 Objectifs 30 à 33   pages 272 à 321
- Dauphin 4 ⋊🔁 Objectifs 1 à 33   page 322

Les références aux compétences du cursus de formation de la FFESSM sont précisées pour chaque objectif par ce logo :

QUELQUES CONSEILS D'UTILISATION DE LA MÉTHODE LORS DE VOTRE PRATIQUE

PENDANT LA RÉALISATION D'UN EXERCICE

- Essayez de prendre conscience des sensations ou informations qui guident vos actions. Cherchez à comprendre ce qui se passe.
- Observez les autres élèves réaliser l'exercice proposé. Une telle observation vous permet souvent de saisir les problèmes à résoudre pour réussir l'exercice. Essayez de trouver les raisons de leur réussite ou de leur échec.

APRÈS L'EXERCICE

- Utilisez l'évocation mentale, si vous éprouvez des difficultés suite à votre première réalisation. Les yeux fermés, représentez-vous mentalement l'exercice dans votre contexte d'apprentissage, en décrivant simultanément, tout haut, vos actions. Essayez d'être le plus précis possible dans vos évocations visuelle et verbale. Pour cela, utilisez les indications fournies par votre moniteur, ainsi que celles découvertes lors de votre réalisation.
- Faites un lien entre les exercices réalisés et leur intérêt pratique lors de vos futures plongées.
- **Essayez de faire la relation entre ce que vous vivez lors de votre pratique et vos connaissances théoriques.**

- Répondez à la question "Qu'est-ce que j'ai appris lors de cette séance ?"
- Avec l'aide de votre moniteur, formulez-vous un projet à réaliser lors de votre prochaine séance.

QUELQUES CONSEILS D'UTILISATION DE LA MÉTHODE A LA SUITE DE VOTRE PRATIQUE

LECTURE DES ÉLÉMENTS PRATIQUES :

- Situez-vous dans la progression (voir pages 339 à 343) en constatant le chemin parcouru, les objectifs acquis et à acquérir.
- Consultez les chapitres en fonction de vos progrès, compulsez-les en alternance avec la pratique.
- Mémorisez les repères qui ont guidé votre réussite, utilisez l'évocation visuelle et verbale.

- **Dans le seul cas** où vous rencontrez des difficultés, lisez les conseils qui s'y rapportent et essayez de comprendre pourquoi on vous propose d'agir de telle manière.
- Ne regardez **en aucun cas** la réponse aux difficultés des exercices futurs. Il est primordial de vivre ces situations et d'essayer de comprendre le pourquoi et le comment de votre performance.
- Les difficultés des objectifs précédés de l'icône PERF déjà travaillés au niveau 1/plongeur ☆ ne sont pas analysées dans ce livre. Elles ont déjà été précisées dans "le Code Vagnon de la Plongée Niveau 1/plongeur ☆". En cas de difficultés, reportez-vous donc à cet ouvrage.

- Pour certains **apprentissages** tels que les consignes de sécurité, les signes, etc., réalisez-les sous forme de jeux de rôle entre coéquipiers : l'un questionne, l'autre répond. Observez et critiquez à la fin du jeu.

LECTURE DES ÉLÉMENTS THÉORIQUES

- Dans un premier temps, avant de lire complètement et précisément un élément théorique, ne lisez et relevez par écrit que le thème et le plan du contenu théorique que vous envisagez de lire.
- Dans un deuxième temps, écrivez vos connaissances, même minimes, sur le sujet puis émettez des hypothèses (vous avez le droit à l'erreur) et posez-vous le maximum de questions sur le sujet.
- Dans un troisième temps, lisez le contenu, vous pourrez ainsi confirmer vos hypothèses et constater si le contenu répond à l'ensemble de vos questions.

- Réalisez un résumé par écrit chaque fois que vous avez lu un contenu théorique.
- Trouvez par écrit des synonymes et une définition à chaque mot nouveau appris.
- Utilisez l'évocation visuelle et verbale, mais représentez-vous l'idée dégagée et son contexte.
- Faites la relation entre vos connaissances théoriques et ce que vous avez vécu lors de vos séances passées.
- Essayez de comparer, de trouver des similitudes entre ce que vous avez appris et des expériences que vous avez vécues dans la vie de tous les jours.
- Essayez d'expliquer ce que vous avez appris à l'un de vos coéquipiers.

UTILISATION DE LA VIDÉO :
"La plongée pour tous : préparation aux brevets de Niveau 2."

Utilisez la vidéo, en alternance avec la lecture de votre livre.

Les éléments pratiques

Visualisez en images les différents objectifs que vous avez vu lors de votre pratique.

N'hésitez pas à repasser plusieurs fois les objectifs pratiques qui vous ont posé des difficultés.

Essayez de vous centrer sur les différents repères de réussite des objectifs, une telle observation vous permettra de saisir les problèmes à résoudre.

Situez-vous dans la progression, en visualisant de nouveau le chemin parcouru.

Regardez les critères de réussite des futurs objectifs pratiques à acquérir lors de vos prochaines séances.

Les éléments théoriques

Visualisez les objectifs théoriques vous permettra de compléter votre lecture en assimilant facilement les notions indispensables.

4 QUESTIONS LIÉES À L'UTILISATION DE LA MÉTHODE

DANS QUELLES CONDITIONS DE RÉALISATION ENVISAGER LES EXERCICES ?

Les exercices seront réalisés au préalable dans un milieu peu contraignant. Ensuite, dans le but d'augmenter vos capacités d'adaptation à un milieu variable, vous devrez les exécuter en perfectionnement ⊱4⊰ dans un milieu progressivement plus contraignant. Avant d'envisager chaque niveau de difficulté, il vous est présenté dans quelles conditions ceux-ci doivent être travaillés.

QUAND PEUT-ON RÉALISER LES VARIANTES ?

Il est conseillé de réaliser quelques variantes après avoir réussi l'exercice s'y rattachant. Les autres seront effectuées par la suite, à la discrétion du moniteur, afin de renforcer l'acquisition de l'objectif.

QUAND PEUT-ON PASSER À L'EXERCICE SUIVANT ?

Il est important de réaliser les exercices dans l'ordre chronologique proposé. Vous ne pouvez envisager l'exercice suivant que lorsque vous avez au moins réussi l'exercice présent.

QUAND VÉRIFIE-T-ON L'ACQUISITION DE L'OBJECTIF ?

A la suite de la réussite de quelques ou plusieurs variantes, votre moniteur va vous évaluer :

Dans un premier temps, dans l'un des trois premiers dauphins (⊱1⊰ ⊱2⊰ ⊱3⊰), dans des conditions faciles de réalisation.

Dans un deuxième temps, dans le dauphin 4 (⊱4⊰), dans un milieu voulu de plus en plus contraignant et se rapprochant de vos conditions futures de pratique.

Dans ce cas précis, des critères de réussite et des conditions de réalisation sont précisées pour chaque objectif.

3. DAUPHIN 1

 DAUPHIN 1

TYPE	OBJECTIFS	COMPÉTENCES	EXERCICES PRÉPARANT À L'OBJECTIF	CONDITIONS DE RÉALISATION
	1 - page 46	FFESSM C6	Les prérogatives des plongeurs en milieu naturel et en exploration	
	page 49		La carte individuelle d'identification en cas d'accident de plongée.	
PERF	**2** - page 50	FFESSM C1b	Le palmage.	De jour, visibilité égale ou supérieure à 3 mètres, en pleine eau, mer calme à légèrement agitée
	3 - page 53	FFESSM C6	Perte de connaissance en plongée libre.	
PERF	**4** - page 55	FFESSM C3	L'apnée	Mêmes conditions que l'objectif 2, mais profondeur inférieure ou égale à 5 mètres. Cet objectif sera travaillé par binôme, l'un réalisant l'exercice, l'autre assurant la sécurité.
	5 - page 57	FFESSM C6	Les effets de la pression sur les gaz.	
	6 - page 63	FFESSM C6	Les accidents barotraumatiques.	
PERF	**7** - page 75	FFESSM C3	L'expiration contrôlée à la remontée	Mêmes conditions que l'objectif 2, mais travail de cet objectif dans un premier temps de 20 mètres à 10 mètres puis de 10 mètres à la surface.
	8 - page 77	FFESSM C4	Les signes de plongée.	
PERF	**9** - page 81	FFESSM C3	Le vidage de masque	Mêmes conditions que l'objectif 2, profondeur correspondant au niveau d'évolution du niveau 2.
	10 - page 84	FFESSM C1a - C6	Connaissance sur le scaphandre autonome.	
	11 - page 102	FFESSM C6	Calcul d'autonomie en plongée autonome.	
	12 - page 105	FFESSM C4	Interprétation des signes.	Mêmes conditions que l'objectif 2, mais profondeur égale à 5 m, puis 10 m, puis 20 mètres.
	page 110		L'hépatite B et la plongée.	
PERF	**13** - page 115	FFESSM C4	La respiration sur un détendeur de secours.	Mêmes conditions que pour l'objectif 12.
	14 - page 124	FFESSM C6	La vision sous l'eau.	
	15 - page 127	FFESSM C6	L'audition sous l'eau.	
	16 - page 000	FFESSM C1b	Nage, bouteille capelée, en surface.	Mêmes conditions que pour l'objectif 2.

C6

Les prérogatives des plongeurs en milieu naturel et en exploration

INTÉRÊT PRATIQUE

En tant que plongeur, vous devez respecter les prérogatives en relation avec votre niveau de plongée qui sont définies par la loi ou recommandées par votre organisme de formation, en fonction de votre pays.

CRITÈRES DE RÉUSSITE ACCEPTABLES : vous devez être capable de préciser vos prérogatives de plongeur niveau 2/plongeur ☆ ☆ en fonction de votre pays et de les respecter dans le cadre de votre pratique.

En France, la pratique et l'enseignement des activités sportives et de loisir organisés de la plongée autonome à l'air sont régis par l'arrêté du 22 juin 1998.

Normes d'encadrement en milieu naturel et en exploration

L'espace aquatique se décompose en plusieurs niveaux d'évolution :
- **l'espace proche,** compris entre la surface et 6 mètres ;
- **l'espace médian,** compris entre 6 et 20 mètres ;
- **l'espace lointain,** compris entre 20 et 40 mètres.

Les profondeurs correspondant aux différents espaces sont des limites à ne pas dépasser. Dans des conditions matérielles, techniques et du milieu favorables, l'espace médian et l'espace lointain peuvent être étendus dans la limite de 5 mètres.

La plongée subaquatique autonome à l'air est limitée à 60 mètres.

Un dépassement accidentel de cette profondeur de 60 mètres est autorisé dans la limite de 5 mètres.

Chaque niveau de plongeur est caractérisé par des capacités d'évolution en **exploration** dans un espace déterminé, en assistance ou en autonomie.

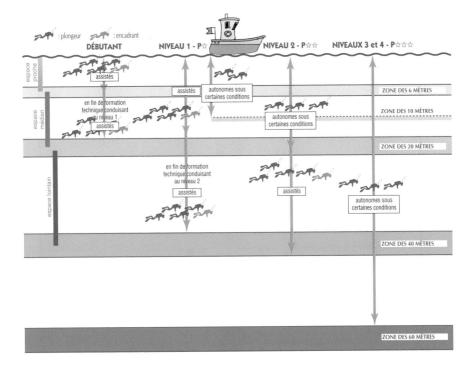

Les plongeurs de niveau 2 sont des plongeurs assistés dans l'espace lointain (zone de 20 à 40 mètres).

S'ils sont majeurs, ils peuvent être autorisés par le directeur de plongée* à plonger entre eux, en autonomie jusqu'à 20 mètres.

Dans ce contexte, le nombre maximum de plongeurs par palanquée ne doit pas dépasser trois plongeurs et leur évolution doit se limiter à l'espace médian (jusqu'à 20 mètres). Si la palanquée est constituée de plongeurs majeurs de niveaux 2 et 3, celle-ci n'est autorisée à évoluer que dans l'espace médian.

Sauf dans les piscines ou fosses de plongée dont la profondeur n'excède pas 6 mètres, les plongeurs évoluant en autonomie et les guides de palanquée sont équipés chacun d'un système gonflable au moyen de gaz comprimé leur permet tant de regagner la surface et de s'y maintenir, ainsi que des moyens de contrôler personnellement les caractéristiques de la plongée et de la remontée de leur palanquée. En milieu naturel, les plongeurs en autonomie doivent être munis d'un équipement permettant d'alimenter en gaz respirable un équipier, sans avoir à partager leur embout.

*directeur de plongée : l'organisation pratique de la plongée est placée sous sa responsabilité, il fixe les caractéristiques de la plongée et organise l'activité. Il s'assure que les garanties de sécurité et de technicité sont respectées (Il est plongeur de niveau 5 minimum).

Consignes individuelles de sécurité

1. Conditions administratives
- Être licencié ou assuré.
- Autorisation parentale pour les mineurs.

2. Connaissances techniques
- Signes et interprétation.
- S'entraîner régulièrement à exécuter les différents exercices de sécurité.

3. Normes d'encadrement
- Respecter et connaître les normes d'encadrement.
- Exécuter une plongée adaptée à son niveau réel.

4. État psychique et physique
S'abstenir de plonger :
- En cas de fatigue, froid, affection O.R.L.,

troubles digestifs, mal de mer, traitement médical, stress important, climat psychologique défavorable.
- Après un long trajet, une nuit blanche.
- Si l'on n'en a pas envie.

Faire une plongée de réadaptation :
- Si vous n'avez pas plongé depuis un certain temps.
- Si vous utilisez un matériel que vous ne connaissez pas.

5. Matériel
- Entretenir et vérifier régulièrement son matériel de plongée.
- Confiez son matériel de plongée à réviser régulièrement chez un spécialiste.

Conditions préalables

1. Vérifications matérielles
- Vérifier la pression de sa bouteille : 180/230 bars (2592 à 3312 lbs/po^2 ou psi).
- Réserve haute, vérifier le fonctionnement de son détendeur.
- S'assurer que sa ceinture de lest est largable.
- Avoir le matériel adapté à son niveau.
- Contrôler son matériel mutuellement, deux par deux.

2. Consignes générales
- Ne jamais plonger seul.
- Suivre les instructions données par le guide ou chef de palanquée.
- Le guide ou chef de palanquée saute à l'eau en premier.
- Rester groupés, se surveiller mutuellement.
- Avertir son guide ou chef de palanquée de toute anomalie.
- Le guide ou chef de palanquée sort de l'eau en dernier.

3. En plongée
Descente :
- Descendre sur indications du guide ou chef de palanquée.
- Ne pas forcer tympans ou sinus.
- Ne jamais descendre plus bas que son guide ou chef de palanquée.
- Ne pas attendre de passer sur réserve : 50 bars (720 lbs/po^2 ou psi) et prévenir son guide ou chef de palanquée.

Remontée :
- Ne jamais remonter jamais plus vite que les plus petites bulles expirées.
- Vitesse de remontée des tables :

MN 90 : 15 à 17 m/mn
MT 92 : 9 à 15 m/mn
- Respirer normalement, ne pas faire de Valsalva.
- Ne pas remonter plus haut que son guide ou chef de palanquée.
- Paliers éventuels à respecter, palier de principe de 1 à 5 mn en fonction des tables de plongées utilisées (voir page 155).
- Tour d'horizon, signe OK.
- Revenir groupés, sur tuba.

4. Cas particuliers
Perte de palanquée :
- Attendre 1 mn, si la palanquée ne vous a pas retrouvé, remonter et l'attendre en surface, prévenir le responsable de la sécurité en surface.

Remontée rapide :
- Appliquer la procédure d'urgence à réaliser en fonction des tables de plongée utilisées (voir page 155).

5. Après la plongée
- Relever les paramètres de la plongée.
- Avertir le guide ou chef de palanquée de toute sensation inhabituelle (fatigue, picotements, malaise...).
- Ne pas faire d'effort violent ou important.
- Ne plonger en apnée qu'après un délai de 6 heures.
- Attendre 12 à 24 heures avant de prendre un moyen aérien ou de monter en altitude en fonction des tables de plongée utilisées.

Organisation de la plongée

La carte individuelle d'identification en cas d'accident de plongée

INTÉRÊT PRATIQUE

Cette carte plastifiée, format carte de crédit, à quatre faces est fabriquée dans une matière spéciale qui supporte les projections d'eau.

Elle comporte un certain nombre d'informations vous concernant et utiles en cas d'accident de plongée.

UTILISATION DE LA CARTE

Suite à votre visite médicale, remplissez-la soigneusement au stylo bille, puis collez les films protecteurs sur la face recto après avoir accolé votre photo.

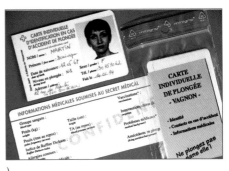

Vous pourrez conserver cette carte, dans vos affaires, à proximité, sur le lieu de pratique ou la donner au Directeur de Plongée qui pourra conserver l'ensemble des cartes des pratiquants pendant la durée de l'activité (stage, séjour...).

Dans ce cas précis, il est tenu au secret médical, ces cartes comportant des informations médicales confidentielles.

SI VOUS AVEZ UN ACCIDENT DE PLONGÉE

- Votre carte sera donnée aux secours médicalisés lors de votre évacuation.
- Les informations que contient cette carte faciliteront le diagnostic médical et les procédures à mettre en place à la suite de l'accident.

Où se procurer la carte individuelle PLASTIFIÉE ?
- Chez votre revendeur de matériel de plongée habituel
- Aux Éditions du Plaisancier
   Porte du Grand Lyon - NEYRON - 01707 MIRIBEL cedex
   Tel. 04 72 01 58 68 - Fax 04 72 01 58 69

PERF L OBJECTIF N° 2 | C1b

Le palmage

INTÉRÊT PRATIQUE

*Lors du niveau 1/plongeur ☆, vous avez été initié
aux différents types de palmages indispensables à votre évolution aquatique.
Au niveau 2/plongeur ☆ ☆, nous allons perfectionner ces acquis
en augmentant le temps ou la distance de réalisation.*

CRITÈRES DE RÉUSSITE ACCEPTABLES : vous devez être capable de réaliser :
- un palmage ventral, costal puis dorsal de 500 m chacun, sans prendre appui,
- un palmage de sustentation sans prendre appui sur le bord, durant trois minutes, tête hors de l'eau.

CONDITIONS DE RÉALISATION : de jour, visibilité égale ou supérieure à 3 mètres, en pleine eau, mer calme à légèrement agitée.

--- **Exercice n° 1** ---

Effectuez un palmage de sustentation
tête hors de l'eau durant deux minutes.

VARIANTES

Après avoir réussi l'exercice n° 1, essayez de le réaliser :

1. en échangeant votre masque et tuba par binôme.

2. avec 1 plomb dans chaque main.

3. durant 1 minute avec une ceinture de plomb.

4. durant 3 minutes.

5. en effectuant des passes à l'aide d'une balle.

6. même exercice que (5) mais en effectuant le plus de passes à la même personne.

7. même exercice que (6) mais sans faire plus de deux passes à la même personne.

8. en maintenant une balle en équilibre sur une planche de natation, au-dessus de sa tête.

Exercice n° 2

Effectuez un palmage ventral
sur 300 mètres sans vous arrêter.

VARIANTES

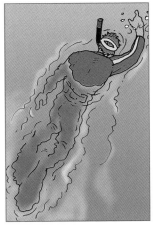

Après avoir réussi l'exercice n° 2, essayez de le réaliser :

1. en réalisant un relais, chacun parcourant 300 mètres.
2. sur 500 mètres.
3. sans utiliser les jambes, une planche de natation coincée entre les jambes.
4. sans utiliser les bras.
5. en poussant un coéquipier en le tenant par les chevilles sur 100 mètres, chacun.

Exercice n° 3

Par binôme, effectuez un palmage costal
en vous regardant sur 300 mètres, sans vous arrêter.

VARIANTES

Après avoir réussi l'exercice n° 3, essayez de le réaliser :

1. en allant à la même vitesse que votre coéquipier, celui-ci variant son allure.
2. en effectuant des passes avec une balle.
3. l'un déclenchant un changement de côté, sans prévenir, l'autre devant réagir le plus rapidement possible, en changeant de côté à son tour.
4. sur 500 mètres.

Exercice n° 4

Effectuez un palmage dorsal
sur 300 mètres sans vous arrêter

VARIANTES ▬

Après avoir réussi l'exercice n° 4, essayez de le réaliser :

1. sur 500 mètres.

2. en réalisant des passes à l'aide d'une balle.

3. en tenant en équilibre une balle sur une planche de natation, au-dessus de sa tête.

4. en nageant les yeux fermés en étant guidé par un coéquipier.

5. en tenant au-dessus de soi 2 plombs dans chaque main.

C6

Perte de connaissance
en plongée libre

INTÉRÊT PRATIQUE

*L'apnée développe l'aisance aquatique, le contrôle de soi, de ses émotions.
La pratique de cette discipline rentre dans le cadre de l'apprentissage
de la plongée autonome. Le but n'est pas de réaliser des records en profondeur ou
en temps qui peuvent entraîner des accidents conduisant à une noyade.*

CRITÈRES DE RÉUSSITE ACCEPTABLES : vous devez être capable de préciser la prévention et la conduite à tenir face à ce type d'accident.

N. 1 RAPPELS

Ne cherchez jamais à battre des records en profondeur ou en temps. Des spécialistes tels que Jacques Mayol, Francisco Ferreras Rodriguez (Pipin), Umberto Pelizzari et d'autres, suivent une préparation rigoureuse et réalisent des apnées records, encadrés par une équipe de plongeurs de sécurité et sous contrôle médical.

Certaines préventions simples permettent d'éviter une perte de connaissance en plongée libre qui peut intervenir en piscine, dans seulement deux mètres d'eau.

LES CAUSES

Elle peut être provoquée par :
- des apnées trop poussées
- une hyperventilation
- un effort trop important au fond ou lors de la remontée
- une mauvaise récupération en surface
- une hypoglycémie
- un surmenage cardiaque

LES DANGERS DE L'HYPERVENTILATION

L'hyperventilation consiste à provoquer des séries d'inspirations et d'expirations forcées, amples et rapides avant l'apnée, dans le but de retarder lors de l'apnée, l'apparition du réflexe ventilatoire. Si elle est trop prolongée, il y a danger.

LES SYMPTÔMES

La perte de connaissance intervient dans la plupart des cas lors de la remontée et parfois près de la surface.

Des signes annonciateurs peuvent être perçus par l'apnéiste :
- au fond : l'apnéiste ressent une sensation de confort inhabituel, il n'a plus envie de remonter ou de respirer.
- à la remontée : il peut ressentir une lourdeur ou chaleur dans les muscles des cuisses, y compris en surface ; des petits troubles visuels étoilés ou d'obscurcissement, un confort prolongé ou au contraire une peine anormale.

Certains signes annonciateurs peuvent être observés par l'équipier :
- au fond : une durée excessive, une absence de mouvements, un relâchement anormal, des tremblements désordonnés.
- à la remontée : une remontée avec précipitation, des tremblements désordonnés, un arrêt de palmage, un regard vide, une coloration du visage et des lèvres anormale, la non réponse au signe OK conventionnel, l'immobilité ou l'apnéiste qui se met à couler.
- en surface : une émersion sans connaissance, sans vider son tuba ou reprendre sa ventilation, un bleuissement important ou une pâleur anormale, des tremblements, une coulé à pic. L'inconscience peut survenir après l'expiration.

Si un autre apnéiste n'intervient pas à temps pour le remonter, la noyade suit la perte de connaissance.

LA CONDUITE A TENIR

En cas de doute ou si vous voyez un apnéiste immobile entre deux eaux ou couler :
- Remontez-le rapidement en lui maintenant le tuba en bouche après lui avoir largué sa ceinture de lest,
- En surface, retirez-lui son masque et son tuba et maintenez-lui la tête hors de l'eau pour lui permettre de reprendre sa ventilation.
- Si la reprise n'est pas immédiate, intervenez comme dans le cas d'une noyade (voir page 139).

LA PRÉVENTION

Actuellement, suite à certain nombre d'accidents, on remet en cause la pratique de l'hyperventilation.

On préconise plutôt une ventilation abdominale profonde et lente suivie d'une série de ventilations normales.

Consignes générales :
- plongez reposé physiquement et psychiquement
- limitez la durée de votre séjour dans l'eau, surtout en eaux froides
- adaptez votre ration alimentaire en fonction de la température et de la durée du séjour dans l'eau
- Ne soyez pas trop lesté et possédez une ceinture à largage rapide
- Évitez de faire des hyperventilations (voir texte ci-dessus)
- Effectuez des apnées d'une durée raisonnable (moins de 90 s)
- Ne faites pas d'efforts importants au fond et lors de la remontée
- Effectuez une bonne récupération entre chaque apnée
- **Ne faites jamais d'apnée, seul**, même dans peu d'eau. Faites-vous surveiller depuis la surface par un coéquipier qui suivra vos évolutions.

PERF OBJECTIF N° 4

C3

L'apnée

INTÉRÊT PRATIQUE

Lors du niveau 1/plongeur ☆, vous avez suivi une initiation à l'apnée
Au niveau 2/plongeur ☆ ☆, nous allons perfectionner vos acquis.
L'apnée développe l'aisance aquatique, le contrôle de soi, de ses émotions.

CRITÈRES DE RÉUSSITE ACCEPTABLES : vous devez être capable de descendre au fond et de réaliser un parcours de 10 mètres.

CONDITIONS DE RÉALISATION : de jour, visibilité égale ou supérieure à 3 mètres, profondeur égale à 5 mètres.

—————— **Exercice n° 1** ——————

Par binôme, réalisez une apnée statique de 20 secondes.

 Vous vous surveillerez mutuellement l'un après l'autre lors de la réalisation de cet exercice.

VARIANTES

Après avoir réussi l'exercice n° 1, essayez de le réaliser :

1. sur 30 secondes.

2. en échangeant vos palmes avant de remonter.

3. suite à une expiration.

4. en vous allongeant sur le fond.

5. en écrivant le maximum de noms de poissons sur une ardoise.

6. même exercice que (5) mais par équipe sans écrire plus de deux noms à la fois chacun.

7. en enfilant le maximum de plombs sur une ceinture.

8. en réalisant le maximum de passe avec un plomb par équipe.

Exercice n° 2

Par binôme, allez chercher une pierre sur un fond de 5 mètres.

⚠ Vous vous surveillerez mutuellement l'un après l'autre lors de la réalisation de cet exercice.

VARIANTES

Après avoir réussi l'exercice n° 2, essayez de le réaliser :

1. en réalisant avant de remonter, une apnée statique de 10 secondes.

2. en enlevant vos palmes avant de remonter.

3. par binôme, en ayant pour but de remonter la pierre le premier, suite à un signal sonore.

4. en descendant sur le fond et en réalisant un parcours de 5 mètres avant de la remonter.

5. même exercice que (4) mais sur un parcours de 10 mètres.

6. en réalisant un relais par équipe, en ayant pour but de transporter la pierre sur un parcours, au fond, de 25 mètres, le plus rapidement possible.

7. même exercice que (6) mais sur un parcours de 50 mètres.

OBJECTIF N°5

C6

Les effets de la pression sur les gaz

INTÉRÊT PRATIQUE

L'étude des effets de la pression va vous permettre de mieux appréhender certains aspects de votre pratique et certains types d'accidents.

CRITÈRES DE RÉUSSITE ACCEPTABLES : vous devez être capable de préciser les effets qu'induit la pression sur le gaz, en vous aidant d'exemples chiffrés tirés de votre pratique.

N. 1

RAPPELS SUR LA PRESSION

La **Pression** (P) est une **Force** (F) exercée sur une **Surface** (S) : $P = \dfrac{F}{S}$

- En Europe, les unités employées couramment en plongée sont :

  - le bar (b)
  - le kilogramme force par centimètre carré (kgf/cm^2)
  ➡ 1 bar correspond environ à 1 kgf/cm^2
  ➡ 1 kgf/cm^2 correspond à une force exercée par une masse de 1 kg sur une surface de 1 cm^2.

- La pression au sein d'un fluide (eau, air) s'exerce en tous sens et se répartit uniformément.
- La pression atmosphérique, due au poids de l'air, est **d'environ 1 bar au niveau de la mer.**
- La pression relative, due au poids de l'eau, **varie de 1 bar tous les 10 mètres :**

$$P_R = \frac{\text{Profondeur (m)}}{10}$$

LA PRESSION ABSOLUE = PRESSION ATMOSPHÉRIQUE + PRESSION RELATIVE

Quelle est la pression à ces différentes profondeurs (au niveau de la mer) ?

Profondeur en mètres	Pression relative en bars	Pression atmosphérique en bars	Pression absolue en bars
0			
10			
20			
30			
40			

LES VARIATIONS DE PRESSION DANS L'EAU

D'après le tableau précédent, que peut-on constater ?

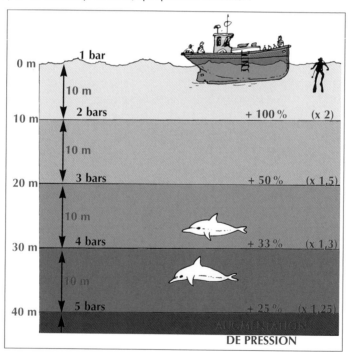

Pour un même écart de profondeur, 10 mètres, la pression ne varie pas de la même manière en pourcentage.

Proportionnellement, les plus grandes variations de pression se situent entre 10 mètres et la surface.

Ces variations de pression auront des conséquences sur l'organisme d'où la nécessité d'être plus particulièrement vigilant ente 10 mètres et la surface, notamment pour prévenir les accidents barotraumatiques (voir page 63).

LES EFFETS DE LA PRESSION SUR LES GAZ

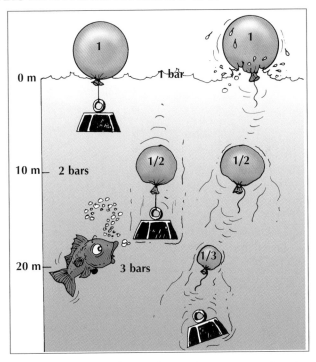

Nous pouvons constater que lorsque la pression augmente, le volume du ballon diminue et inversement à la remontée.

De plus, comme pour la pression, nous pouvons remarquer que proportionnellement les plus grandes variations de volume ont lieu entre 10 mètres et la surface.

LA LOI DE MARIOTTE

D'après notre précédente observation, nus pouvons vérifier la loi de Mariotte.

Le volume d'un gaz est inversement proportionnel à la pression qu'il subit, ceci à température constante.

Si dans l'exemple précédent, le volume initial du ballon en surface est de 1 litre :

En surface	P_1 = 1 bar	V_1 = 1 litre	$P_1 \times V_1$ = 1 x 1 = 1
A 10 mètres	P_2 = 2 bars	V_2 = 0,5 litre	$P_2 \times V_2$ = 2 x 0,5 = 1
A 20 mètres	P_3 = 3 bars	V_3 = 0,33 litre	$P_3 \times V_3$ = 1 x 1 = 1

Nous pouvons déduire la formule suivante :

$$P_1 \times V_1 = P_2 \times V_2 = P_3 \times V_3 = \text{constante}$$

CONSÉQUENCES EN PLONGÉE

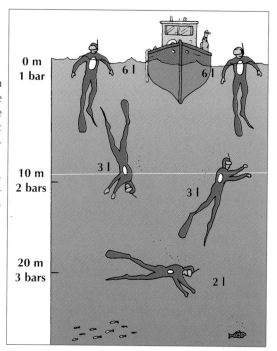

• *En apnée :*

Lorsque l'on plonge en apnée, plus on s'enfonce dans l'eau, plus le volume des poumons diminue avec l'augmentation de la pression et inversement.

Ceci est vrai, en théorie, si on exclut certains phénomènes d'adaptation physiologiques.

• *En plongée autonome :*

Nous utilisons un détendeur qui nous fournit de l'air sous pression avoisinant la valeur de la pression ambiante.

Le volume de nos poumons ne varie pas lors de la descente.

Mais rétablir l'équilibre des pressions présente des inconvénients :

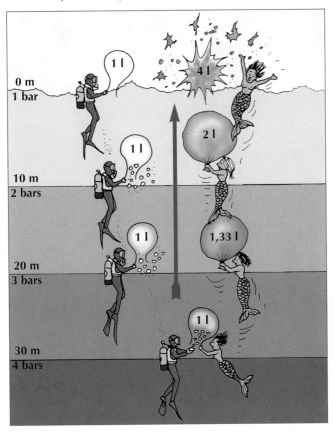

Que constate-t-on ?

• le volume fermé

Il a explosé en surface car il a dépassé sa limite d'élasticité, son volume ayant quadruplé depuis le fond de 30 mètres.

Au fond : $\quad\quad$ $P_1 = 4$ bars $\quad\quad$ $V_1 = 1$ litre

En surface : $\quad$ $P_2 = 1$ bar $\quad\quad$ $V_2 = \textbf{?}$

D'après la formule :

$$V_2 = \frac{P_1 \times V_1}{P_2} = 4 \text{ litres}$$

C'est l'exemple du plongeur inexpérimenté qui aurait bloqué son expiration lors de la remontée.

• le volume ouvert

Il est remonté sans encombre en surface, l'air s'échappant régulièrement. Son volume n'a pratiquement pas varié.

C'est l'exemple du plongeur averti qui contrôle son expiration à la remontée.

AUTRES CONSÉQUENCES

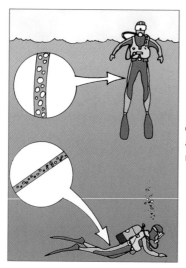

La combinaison en néoprène composée de millions de micro bulles de gaz s'écrase avec la pression, son épaisseur est donc réduite au fond.

L'air insufflé au fond dans votre gilet de remontée va augmenter de volume lors de la remontée.

C6

Les accidents barotraumatiques

INTÉRÊT PRATIQUE

Les accidents barotraumatiques désignent les accidents dûs aux effets de la pression.

CRITÈRES DE RÉUSSITE ACCEPTABLES : vous devez être capable de décrire succinctement les symptômes et de préciser la conduite à tenir et la prévention face aux différents accidents barotraumatiques.

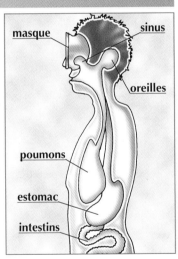

Le corps comprend de nombreuses cavités naturelles remplies d'air. Le masque vient s'ajouter à ces dernières.

En cas de non équilibration avec la pression ambiante, lors des variations de pression, elles peuvent subir des dommages.

N. 1

RAPPEL DES PRÉVENTIONS

ACCIDENTS	PRÉVENTIONS	
	A la descente	A la remontée
Oreilles	Manœuvre de Valsalva, sans forcer, sans tarder régulièrement lors de la descente.	En cas de problème redescendre de quelques mètres et remonter lentement.
Placage de masque	Souffler par le nez régulièrement lors de la descente.	Aucune prévention.
Sinus	Ne pas insister et remonter.	En cas de problème redescendre de quelques mètres et remonter lentement.
Surpression pulmonaire	Aucune prévention.	Insister sur l'expiration tout en remontant à vitesse contrôlée. Ne jamais bloquer sa respiration Ne jamais donner d'air à un apnéiste.

L'ACCIDENT DES OREILLES

C'est l'accident le plus fréquent chez le plongeur.

Les raisons peuvent être diverses :

- méconnaissance,
- Trompe d'Eustache (canal reliant les fosses nasales) obstrué par des muco-sités, en cas d'affection O.R.L.,
- Trompe d'Eustache congestionnée car vous n'avez pas régulièrement équi-libré vos oreilles ou trop attendu,
- conduit auditif obstrué par un bouchon artificiel ou naturel (cérumen).

Les fosses nasales recueillent les sécrétions tant nasales que sinusiennes.

L'inflammation et l'obstruction de la trompe d'Eustache ne sont que la consé-quence de l'état nasal. Dans ce contexte, le fait de se rincer le nez à l'eau de mer (propre) avant la plongée permet dans un bon nombre de cas d'améliorer cet état.

LA CAUSE

• *A la descente :*

Quand le plongeur descend, la pression augmente et agit sur le tympan : mem-brane souple qui se déforme.

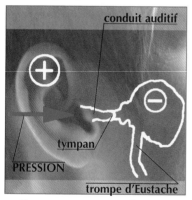
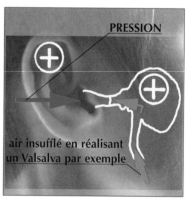

Si pour une raison quelconque, l'équilibre des pressions de part et d'autre du tympan ne peut être obtenu, il y a risque d'accident.

Si le plongeur continue à descendre, le tympan se rompt et l'eau pénètre der-rière le tympan.

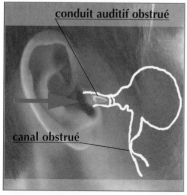
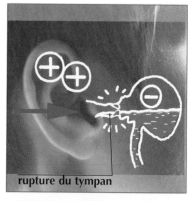

• *A la remontée :*

A la remontée, la pression diminue. L'air contenu dans la cavité interne agit sur le tympan. Normalement, l'air s'échappe naturellement par la Trompe d'Eustache, permettant l'équilibre des pressions interne et externe.

Mais en cas d'affection O.R.L., si la trompe d'Eustache a été "traumatisée" et devient difficile à ouvrir passivement, l'air ne peut pas s'évacuer. Il y a risque d'accident si le plongeur poursuit sa remontée.

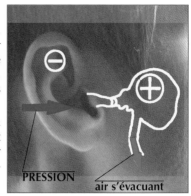

PRESSION
air s'évacuant

LES SYMPTÔMES

Si la dépression est faible, le plongeur ressent une légère gêne ou une sensation de pesanteur au niveau de l'oreille. Au contraire, si la dépression est forte et rapide, il s'ajoute une douleur très vive qui va s'intensifier jusqu'à la rupture du tympan.

La rupture du tympan peut être accompagnée de vertiges et de saignements d'oreille.

Par son intensité, elle peut entraîner une perte de connaissance.

A la sortie de l'eau, en cas d'inflammation de l'oreille (otite), le plongeur entend mal, a la sensation d'avoir du liquide dans l'oreille et perçoit les sons amplifiés.

 Si l'oreille a subi un traumatisme important, favorisé par exemple par une descente ou remontée rapide. Il y a risque d'atteinte de l'oreille interne. Dans ce cas, il persiste à la sortie de l'eau des signes tels que des nausées, vomissements, troubles visuels, bourdonnements d'oreille aigus, vertiges et des difficultés d'audition.

 Arrêter temporairement la plongée et allez impérativement consulter un médecin O.R.L. en cas de douleur persistante ou de difficulté à entendre.

L'instillation de gouttes auriculaires est fortement, déconseillée sans avis médical. En effet, ce traitement local est dangereux dans le cas d'une perforation du tympan.

Dans un cas grave, en cas de suspicion d'une atteinte de l'oreille interne suite à un traumatisme important, faire évacuer la personne sous oxygène vers un caisson de recompression hyperbare (voir page 146).

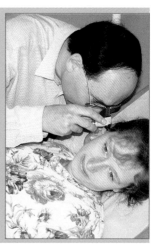

Les différentes méthodes d'équilibration

MÉTHODES D'ÉQUILIBRATION		
MANŒUVRE	A LA DESCENTE	A LA REMONTÉE
	Ces méthodes doivent s'effectuer sans forcer.	
CONSEILS D'UTILISATION	Il est important de commencer à équilibrer dès le début et ceci régulièrement durant l'ensemble de la descente.	
VALSALVA	**Nez pincé et bouche fermée, on souffle de l'air par le nez. Forcée, elle traumatise les oreilles.**	

MÉTHODES D'ÉQUILIBRATION

MANŒUVRE	A LA DESCENTE	A LA REMONTÉE
FRENZEL	**Nez pincé, la base de la langue est contractée au maximum vers le haut et en arrière contre le voile du palais.** **Cette manœuvre est moins traumatisante pour les oreilles que la Valsalva.**	
B.T.V. (Delonca) Béance Tubaire Volontaire	**Elle consiste à reproduire volontairement les mouvements provoqués par le bâillement.** **Elle permet d'équilibrer en douceur les pressions.** **Par contre, la réussite de cette manœuvre demande des prédispositions anatomiques et de l'entraînement.**	
TOYNBEE		Elle est seulement utilisée en cas de problème. Nez pincé, bouche fermée, on effectue un mouvement de déglutition. La dépression provoquée facilite l'échappement de l'air contenu dans la cavité.

A PROSCRIRE

   Les bouchons protecteurs sont à proscrire car ils rendent impossible l'équilibre des pressions entre eux et le tympan.

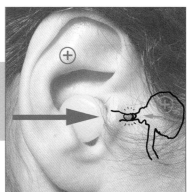

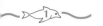

 La manœuvre de Valsalva à la remontée est à proscrire. Elle augmente la valeur de la pression qui agit sur la face interne du tympan, créant un déséquilibre des pressions.

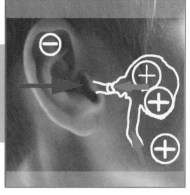

Il faut éviter la pulvérisation avant la plongée de médicament vasoconstricteur et servant à décongestionner les muqueuses nasales en cas d'affection O.R.L. Le plus souvent, leur action est suivie d'un effet inverse, accentuant la congestion initiale et rendant difficile toute équilibration.

LES VERTIGES ALTERNOBARIQUES

Le plus souvent lors de la remontée, le plongeur peut ressentir des vertiges.

Ils sont imprévisibles et semble-t-il provoqués par un déséquilibre des pressions s'exerçant au niveau de chaque oreille.

Le plongeur doit garder son calme et attendre qu'ils passent pour poursuivre sa remontée.

LE PLACAGE DE MASQUE

LA CAUSE

Le masque est composé d'une vitrine et de parois souples en contact avec le visage.

Au cours de la descente, la pression augmente et comprime le volume interne du masque jusqu'à sa limite d'élasticité.

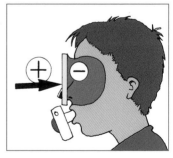

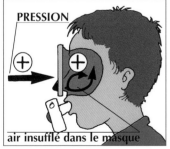

air insufflé dans le masque

Au-delà, si le plongeur n'équilibre pas la pression régnant dans son masque avec la pression ambiante, il y a risque de placage de masque.

S'il poursuit sa descente, le volume interne de son masque est mis en dépression, provoquant un effet de ventouse dû à l'élasticité des parois du masque.

LES SYMPTÔMES

La dépression crée une vive douleur aux yeux et s'accompagne de troubles visuels. Si elle augmente, elle peut provoquer la rupture de petits vaisseaux des yeux et du nez. Des yeux sont injectés de sang, des paupières gonflées et violacées sont caractéristiques de cet incident qui n'est pas grave de conséquences.

Il peut se produire aussi un saignement de nez qu'il ne faut pas confondre avec celui de l'accident des sinus.

LA CONDUITE À TENIR

 Consulter un médecin, ophtalmologiste de préférence.
En cas de saignements de nez, penchez la tête en avant en appuyant fortement sur la narine.

L'ACCIDENT DES SINUS

Les sinus sont des cavités osseuses de la face tapissées d'une muqueuse.

Si les fins canaux qui les relient aux fosses nasales sont obstrués, l'équilibre des pressions ne peut pas être obtenu.

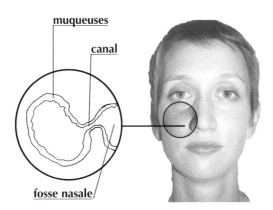

muqueuses

canal

fosse nasale

À LA DESCENTE

L'augmentation de la pression dans les fosses nasales, si le canal est obstrué, créé une dépression à l'intérieur du sinus.

A l'extrême elle peut entraîner un décollement de la muqueuse.

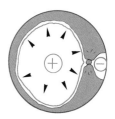

À LA REMONTÉE

La baisse de la pression dans les fosses nasales quand le canal est obstrué, en général par un phénomène de clapet, crée une surpression à l'intérieur du sinus.

La muqueuse est écrasée contre la paroi osseuse.

• **les raisons peuvent être diverses :**

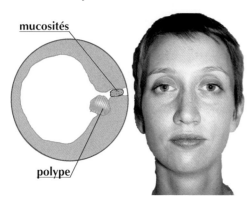

mucosités

polype

- canal obstrué par des mucosités dues à une sinusite ou une autre affection O.R.L.,
- congestion de la muqueuse nasale (allergie ou irritation au contact de l'eau),
- polype empêchant le passage de l'air comme un clapet,
- rétrécissement congénital des canaux,
- déviation de la cloison nasale.

LES SYMPTÔMES

Le plongeur ressent une douleur s'intensifiant avec la variation de pression, à la descente ou à la remontée.

La douleur est localisée au niveau du front ou sous les yeux. Elle s'accompagne parfois de saignements de nez, de larmoiements, de sensation de voile noir.

Une douleur située au niveau des dents prémolaires est associée. Dans certains cas précis, la victime a une impression de dents en caoutchouc ou de dents arrachées. A la sortie de l'eau, le masque est rempli de mucosités et de sang. Le plus souvent, la douleur persiste quelques heures et un mal de tête complète la liste des symptômes.

LA CONDUITE À TENIR

 Consulter un médecin O.R.L.

L'ACCIDENT DES DENTS

LA CAUSE

De l'air peut s'infiltrer au contact de la pulpe dentaire, sous un pansement ou un amalgame mal posé ou dans une dent carié. Lors de la plongée, à la remontée, l'air se dilate. S'il ne peut s'échapper suffisamment vite, une surpression se crée dans la cavité dentaire.

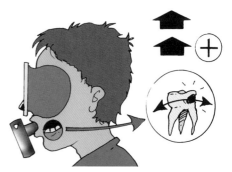

Elle peut provoquer une expulsion du matériel d'obturation ou une fissure ou fracture de la dent.

Sur certaines dents fragiles, en particulier, les prémolaires supérieures, la contraction des mâchoires sur l'embout du détendeur est un facteur favorisant supplémentaire. Il ne faut pas confondre ce type de douleur avec celle qui accompagne parfois l'accident des sinus.

LA CONDUITE À TENIR

 Consulter un dentiste de préférence plongeur lui-même.

LA PRÉVENTION

 La prévention consiste à avoir une bonne hygiène bucco-dentaire et de subir un contrôle dentaire, au moins une fois par an, avant la saison de plongée. Nous vous conseillons de consulter de préférence un dentiste qui est lui-même plongeur, donc au courant des contraintes liées à notre activité.

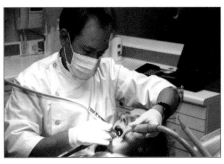

Il est important de lui préciser que vous êtes plongeur. La pose des amalgames dentaires (plombages…) devra être réalisée avec soins. Le scellement doit être particulièrement soigné afin d'éviter toute inclusion d'air dans une dent lors d'une plongée future.

LA SURPRESSION STOMACALE OU INTESTINALE

Ces accidents sont extrêmement rares.

LA CAUSE

Notre appareil digestif contient une quantité de gaz, dépendant (pour une grande part) du type d'alimentation.

Ces gaz contenus dans l'estomac et l'intestin proviennent :
- de l'air avalé par déglutition (prise de repas, personne, personne émotive),
- de la digestion des aliments,
- de la consommation de boissons gazeuses.

Les gaz comprimés lors de la plongée ne peuvent s'évacuer et se dilatent lors de la remontée.

La surpression peut provoquer une distension de la paroi stomacale ou intestinale et dans des cas graves en cas de remontée rapide, une rupture de l'estomac ou de la paroi du bas œsophage.

LES SYMPTÔMES

La surpression due à la baisse de la pression ambiante provoque de violentes douleurs abdominales pouvant entraîner une perte de connaissance.

LA CONDUITE À TENIR

 Consulter un médecin. Si la douleur est aiguë, évacuer l'accidenté vers un caisson hyperbare.

LA PRÉVENTION

 Évitez les déglutitions répétitives lors de la plongée.
Ayez une alimentation saine, évitez les féculents et les boissons gazeuses.

LA SURPRESSION PULMONAIRE

C'est l'un des accidents les plus graves de conséquences, en plongée. Un accident de décompression y est souvent associé (voir page 141).

LA CAUSE

La surpression pulmonaire survient lorsque le plongeur bloque son expiration lors de la remontée.

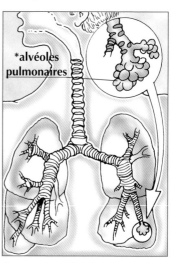

*alvéoles pulmonaires

Les raisons peuvent être diverses :
- méconnaissance,
- crise d'asthme,
- spasme de la glotte au cours d'une convulsion,
- malformation anatomique,
- anxiété,
- remontée panique,
- manœuvre de Valsalva à la remontée,
- inhalation d'eau,
- détendeur en panne (empêchant l'expiration).

Lorsque le plongeur remonte sans expirer régulièrement, l'air inspiré sous pression dans les poumons va se dilater jusqu'à la limite d'élasticité des alvéoles pulmonaires*.

* sacs contenant l'air des poumons et permettant les échanges gazeux avec le sang.

Quand la limite d'élasticité est dépassée, des alvéoles pulmonaires se déchirent. Les échanges gazeux ne peuvent plus s'effectuer correctement.

L'oxygène vital, est en trop faible quantité, acheminé par le sang vers les cellules de l'organisme.

LES FACTEURS DE GRAVITÉ

Les risques sont plus importants à faibles profondeurs où les variations de volume sont plus importantes : zone de 10 mètres à la surface (voir page 47).

Ce type d'accident peut survenir dans 3 mètres de profondeur par exemple en piscine. La distension provoquée étant suffisante pour déchirer la paroi alvéolaire.

La gravité de l'accident dépend de la masse d'air pulmonaire emprisonnée. Elle est d'autant plus grande si la vitesse de remontée est rapide et si le blocage a eu lieu lors d'une inspiration et à grande profondeur.

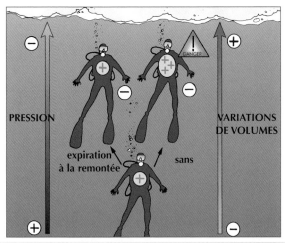

PRESSION

VARIATIONS DE VOLUMES

expiration à la remontée   sans

 Les symptômes apparaissent très rapidement, dans l'eau ou à la sortie de l'eau.

LES SYMPTÔMES

Ils varient suivant la gravité de l'accident. Ils vont de la simple gêne ventilatoire jusqu'à l'accident gravissime, voire mortel d'emblée :

- douleur thoracique, vomissements, cou proéminent, gonflé, air insufflé sous la peau,
- difficultés à respirer, sensation de suffoquer, toux, bave ou crachats sanglants,
- angoisse, visage livide, bleuissement et refroidissement des extrémités,
- troubles sensitifs, troubles visuels, difficultés à parler, paralysies, maux de tête, troubles de la conscience, convulsions, coma,
- arrêt ventilatoire puis cardiaque,
- mort.

LA CONDUITE À TENIR

 Nous avons volontairement limité la conduite à tenir présentée ci-après à des principes généraux, sans détailler les actions secouristes.

En effet, afin d'être efficace dans ce type de situation d'urgence, il est indispensable de posséder des savoir-faire en secourisme et ranimation.

Tout plongeur désirant accéder à l'autonomie se doit de posséder ces capacités. Pour cette raison, nous vous encourageons vivement à parfaire vos compétences en suivant une formation de secourisme adaptée à la plongée.

La très grande majorité des instances médicales spécialisées en médecine de la plongée recommandent le protocole qui suit avec pour certaines l'ajout d'aspirine.

En effet, il n'y a pas de consensus au sujet de l'utilisation de l'aspirine à ce jour.

Les points de vue à ce sujet variant en fonction des pratiques médicales et des particularismes nationaux.

Le protocole qui suit a été adapté d'après le traitement d'urgence pré-conisé par Dan Europe [1] :

1. sortir la victime de l'eau et la déséquiper.

2. après un bilan rapide, effectuer les gestes de ranimation, selon le cas, en fonction de l'état de la victime.

3. faire alerter les secours médicalisés et faire mettre en alerte le caisson de recompression.

4. entreprendre sans délai une inhalation d'oxygène pur (100 %) en continu jusqu'à l'arrivée au centre hyperbare.

5. évitez l'hypo ou hyperthermie.

6. si la victime est consciente et à des difficultés ventilatoires : mettre la victime en position demi-assise. Dans les autres cas : mettre la victime en position latérale de sécurité (PLS) sur le côté gauche.

7. si la victime est consciente, lui faire boire de l'eau plate ou saline isotonique (0,5 à 1 litre si possible).

8. faire évacuer d'urgence la victime, le plus rapidement possible par les secours médicalisés vers un centre hospitalier équipé d'un caisson hyperbare (voir page 146).

[1] : *Divers Alert Network (DAN) (voir page 347).*

 En France, la Commission Médicale Nationale de la FFESSM [1] recommande en plus de la conduite à tenir précisée ci-dessus de faire prendre, en complément, à l'accidenté, s'il est conscient, de l'aspirine. Au préalable, il faudra s'assurer que la victime n'est pas allergique en la questionnant.

De plus cette prise unique ne devra pas dépasser 500 mg chez l'adulte. Le secouriste devra bien entendu mentionner la prise sur la fiche de liaison afin qu'elle ne soit pas renouvelée par un autre intervenant.

La Commission Médical Nationale de la FFESSM considère qu'il faut suivre une conduite à tenir simple et uniforme dans tous les accidents majeurs en plongée. La différence entre surpression et accident de décompression (voir page 000) est de nature médicale et il ne faut surtout pas qu'un secouriste se pose ce problème dans sa pratique.

L'adoption d'une même conduite à tenir évite au plongeur secouriste de perdre un temps précieux préjudiciable à la victime.

OBJECTIF N°7

C3

L'expiration contrôlée à la remontée

INTÉRÊT PRATIQUE

Nous venons de voir la surpression pulmonaire et ses conséquences (voir page 72). Nous allons maintenant envisager des éducatifs pour prévenir cet accident gravissime.

CRITÈRES DE RÉUSSITE ACCEPTABLES : vous devez être capable de remonter par phases successives, en contrôlant votre expiration, en conservant votre embout en main et en marquant obligatoirement un arrêt tous les deux mètres, durant lequel vous le remettrez en bouche pour effectuer un cycle ventilatoire complet, avant de poursuivre votre remontée ; ceci dans des contextes variés, après que votre moniteur vous ait enlevé l'embout sans vous prévenir (ne résistez pas pour ne pas endommager votre embout).

CONDITIONS DE RÉALISATION : de jour, visibilité égale ou supérieure à 3 mètres, en pleine eau, profondeur augmentée progressivement jusqu'à 10 mètres. Cet objectif ne sera pas évalué dans le cadre d'un examen, il ne constitue qu'une capacité à acquérir et à vérifier dans le cadre de la formation.

―――― Exercice n° 1 ――――

Contrôlez votre expiration en remontant l'embout en bouche.

VARIANTES

Après avoir réussi l'exercice n° 1, essayez de le réaliser :

1. suite à un signal visuel convenu avec votre moniteur.
2. même exercice que (1), mais suite à un signal sonore.

Exercice n° 2

Contrôlez votre expiration en remontant, embout lâché et tenu en main.

Lors de la remontée, qui sera réalisée par phases successives, vous devez obligatoirement marquer un arrêt tous les deux mètres.

Durant ces arrêts successifs, vous remettrez votre embout en bouche pour effectuer un cycle ventilatoire complet avant de poursuivre votre remontée.

VARIANTES

Après avoir réussi l'exercice n° 2, essayez de le réaliser suivant les mêmes variantes que l'exercice n° 1.

OBJECTIF N°8

C4

Les signes de plongée

INTÉRÊT PRATIQUE

Pour le niveau 1/plongeur ☆, nous avons pris connaissance des signes élémentaires.
Pour le niveau 2/plongeur ☆ ☆, viennent s'ajouter
des signes complémentaires, utiles au plongeur.
L'apprentissage de l'ensemble des signes sera réparti sur plusieurs séances :
un ou deux signes présentés par séances au plus.

CRITÈRES DE RÉUSSITE ACCEPTABLES : vous devez être capable de réaliser sans hésiter les signes de plongée utilisés où vous plongez et de savoir les utiliser à bon escient.

N. 1 RAPPELS

BIEN COMMUNIQUER

Il est important avant toute communication d'attirer l'attention de celui avec qui vous voulez communiquer, au besoin lui taper sur l'épaule.

Le signe doit être exécuté de façon à être vu et compris. Évitez les gestes parasites, inutiles. Évitez aussi de vous trouver hors du champ de vision du récepteur, c'est-à-dire trop près de lui. Si vous n'obtenez pas de réponse de sa part confirmant la réception du signe, attirez son attention et recommencez votre signe.

DIFFÉRENTES RÉPONSES

Certains signes impliquent une réponse seule sous forme de signes et d'autres, une intervention de la part du receveur.

SUITE À DONNER À LA COMMUNICATION

Il faut décider de la suite à donner au message échangé. Exemple : *OK ! ça va :* on continue de plonger ; *je suis sur réserve :* on entame la remontée.

Par ailleurs, suite à une intervention, il est nécessaire que l'intervenant interroge l'assisté sur le résultat de son action : *OK ! ça va.*

COMMUNIQUER COURAMMENT

Le langage par signes, comme une langue étrangère parlée, doit être utilisé régulièrement dans le but d'être maîtrisé.

 Les signes reconnus officiellement par la CMAS (voir pages 78 à 80) sont indiqués par le sigle de la CMAS :

SIGNES DE PLONGÉE

De plongeur à plongeur : réponse seule

Est-ce que tout va bien ?
et OK, tout va bien

Toi

Moi

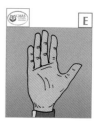

Stop

Quelle pression
à ton manomètre ?

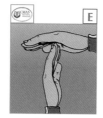

Je suis à
mi-pression

Je suis sur réserve

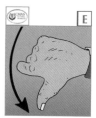

Descendez

Remontez

Venez vers moi

Rassemblement

Doucement

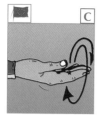

Plus vite

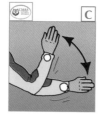

Direction à suivre

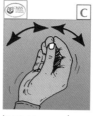

Je ne comprends pas

Non

 CMAS

E Élémentaire

 Europe

C Complémentaire

SIGNES DE PLONGÉE

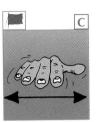

On stabilise ici

Gonfler votre gilet

Je conduis
la palanquée

Fin d'exercice

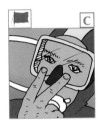

Regardez

De plongeur à plongeur : intervention

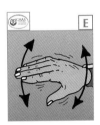

Ça ne va pas

Problème d'oreille

Je n'ai plus d'air

Je n'arrive pas à
passer ma réserve

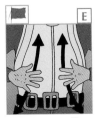

Je suis essoufflé

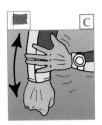

J'ai froid

Je suis narcosé ou
j'ai des vertiges

 CMAS Élémentaire Europe C Complémentaire

SIGNES DE PLONGÉE

De plongeur à bateau, rivage

OK, tout va bien

Détresse en surface

De nuit

OK, tout va bien

Ça ne va pas, détresse en surface

 CMAS E Élémentaire Europe C Complémentaire

 # SIGNAUX DE CORDE

Ces signaux de cordes sont reconnus par la CMAS. Ils permettent de communiquer avec la surface par exemple lors de la réalisation des paliers.

De plongeur à surface

● OK, tout va bien   ● ● Je suis stationnaire   ● ● ● Je descends

● ● ● ● Je remonte en surface, situation d'urgence

● ● ● • • • Je remonte

De surface à plongeur

● Est-ce que tout va bien ?   ● ● Reste où tu es   ● ● ● Descends

● ● ● ● Remonte

● ● ● • • • Je te remonte en surface, situation d'urgence

OBJECTIF N°9

C3

Le vidage de masque

CRITÈRES DE RÉUSSITE ACCEPTABLES : vous devez être capable de :
- videz votre masque après l'avoir retiré et effectué un déplacement horizontal d'une dizaine de mètres sur le fond accompagné de votre moniteur
- videz votre masque, dans des contextes variés (déplacement horizontal, remontée…) après que votre moniteur vous l'ait enlevé sans vous prévenir.

L'ensemble de ces capacités devra être réalisé les yeux ouverts, sans affolement tout en conservant votre niveau de stabilisation.

CONDITIONS DE RÉALISATION : de jour, visibilité égale ou supérieure à 3 mètres, en pleine eau, profondeur correspondant au niveau d'évolution du niveau 2/ niveau ☆ ☆. Les capacités seront évaluées à des profondeurs croissantes et progressives : dans un premier temps dans la zone des 20 mètres (espace médian), puis en fin de formation dans la zone des 40 mètres (espace lointain).

REMARQUES

Certains exercices proposés qui suivent (n° 3 et 4) nécessitent de savoir se stabiliser à l'aide d'un gilet de remontée. La très grande majorité des formations de niveau 1/plongeur ☆ aborde de nos jours l'utilisation de ce type de matériel. Si vous n'avez pas abordé son utilisation dans le cadre de votre formation de niveau 1/plongeur ☆, reportez-vous au "code Vagnon de la plongée : brevets plongée niveau 1/plongeur ☆" et abordez son initiation avec votre moniteur avant d'envisager ces exercices.

Exercice n° 1

Retirez votre masque et videz-le entièrement en appui sur le fond.

■ Vous devez remettre votre masque sans précipitation.

VARIANTES

Après avoir réussi l'exercice n° 1, essayez de le réaliser :

1. en comptant jusqu'à 10 avant de remettre votre masque.

2. en échangeant votre masque par binôme.

3. en vidant votre masque après vous l'être fait enlevé par votre moniteur, en étant prévenu.

4. même exercice que (3) mais sans être prévenu au préalable.

> Remarques : les variantes n° 3 et 4 seront réalisées en fin de formation lorsque l'élève aura une aisance jugée suffisante. En aucun cas le masque ne sera arraché par le moniteur.

Exercice n° 2
Retirez votre masque et videz-le entièrement,
lors d'un déplacement sur le fond.

■ Vous devez remettre votre masque sans précipitation et effectuer un parcours rectiligne.

VARIANTES

Après avoir réussi l'exercice n° 2, essayez de le réaliser selon les mêmes variantes que l'exercice n° 1.

Exercice n° 3
Retirez votre masque et videz-le entièrement
suite à votre stabilisation en pleine eau.

■ Même consigne que l'exercice n° 1 mais vous ne devez pas descendre ou remontez de plus de trois mètres.

DIFFICULTÉS

Si vous descendez ou remontez de façon importante :

1. contrôlez votre lestage.

2. travaillez la stabilisation à l'aide du gilet de remontée (voir page 228).

3. utilisez le poumon ballast afin de contrôler votre niveau de stabilisation (voir page 258).

VARIANTES

Après avoir réussi l'exercice n° 3, essayez de le réaliser selon les mêmes variantes que l'exercice n° 1 (voir page 81).

Exercice n° 4
Retirez votre masque et videz-le entièrement
suite à votre stabilisation et lors d'un déplacement en pleine eau.

■ Même consigne que les exercices n° 1 et 3.

VARIANTES

Essayez de le réaliser selon les mêmes variantes que l'exercice n° 1 (voir page 81) et :

1. lors d'une descente.

2. lors d'une remontée.

OBJECTIF N° 10

C1a - C6

Connaissance
sur le scaphandre autonome

INTÉRÊT PRATIQUE

Au niveau 1/plongeur ☆, nous avons découvert le matériel de plongée et son entretien courant.
Au niveau 2/plongeur ☆ ☆, il est intéressant de comprendre le principe de fonctionnement du scaphandre autonome pour mieux appréhender son entretien et les règles de sécurité qui lui sont rattaché.

CRITÈRES DE RÉUSSITE ACCEPTABLES : vous devez être capable de préciser la périodicité et d'identifier les marques des contrôles périodiques prévus par votre réglementation nationale relative aux bouteilles de plongée, d'indiquer le volume et la pression d'utilisation à la vue d'une bouteille de plongée, d'expliquer succinctement les principes de base de fonctionnement d'un manomètre, d'un détendeur en commentant éventuellement un schéma de principe simple ; de préciser l'entretien courant de votre matériel personnel.

LA BOUTEILLE DE PLONGÉE

| N. 1 | *RAPPELS* |

1. Corps de la bouteille
2. Robinet de conservation
3. Siège de la robinetterie

4. Volant de la réserve.
5. Tige de la réserve
6. Manomètre sous-marin

Le corps de la bouteille, en acier ou en aluminium est conçu pour contenir de 4 à 18 litres à une pression d'utilisation de 176 à 300 bars.

Le robinet de conservation permet l'admission d'air en ouverture.

La réserve est un mécanisme qui avertit le plongeur quand il reste 30 à 50 bars dans sa bouteille et qu'il faut remonter. Une respiration qui devient de plus en plus difficile indique au plongeur qu'il faut passer sur réserve.

Pour l'actionner, il faut tirer la tige (5) vers le bas, celle-ci abaissera le volant de réserve (4). La respiration redevient alors normale. Ce système a quasiment disparu de nos jours. Il est remplacé par le manomètre sous-marin.

Le manomètre sous-marin permet de connaître à tout moment la pression de l'air restant dans sa bouteille.

 L'ensemble du matériel doit être abondamment rincé à l'eau douce et séché à l'abri du soleil.

LA CARTE GRISE D'UNE BOUTEILLE

 Une bouteille doit comporter un certain nombre d'inscriptions qui doivent être visibles, lisibles et indélébiles. Elles sont généralement gravées sur la partie haute de la bouteille, appelée l'ogive.

Elles peuvent être aussi gravées sur toute partie suffisamment épaisse de la bouteille, dans certains cas, le bas de la bouteille.

 Les inscriptions sont sensiblement les mêmes selon les pays.

Le marquage français (arrêté ministériel du 9 février 1982)

MARQUAGE FRANCAIS

Suivant Arrêté Ministériel du 9 février 1982 titre V

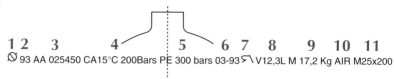

1 2   3   4   5   6 7 8   9   10 11

◊ 93 AA 025450 CA15°C 200Bars PE 300 bars 03-93 ⌐ V12,3L M 17,2 Kg AIR M25x200

- (1) le logo du fabricant (différent de la marque),
- (2) l'année de fabrication,
- (3) le numéro de série : AA......,
- (4) La pression de service en bars précédée de CA 15° (15°C) :
      pression d'utilisation à ne pas dépasser,
- (5) P.E. : la pression d'épreuve en bars,
- (6) la date d'épreuve : mois/année,
- (7) le poinçon de la DRIRE (tête de cheval), encore appelé communément poinçon des mines (voir pages 91 et 93),
- (8) V : le volume interne en litres (volume en eau),
- (9) M : la masse à vide de la bouteille en kg,
- (10) AIR : la désignation du gaz contenu,
- (11) M25x200 : le type de filetage (marque optionnelle non prévue par l'arrêté).

Les marquages européens (CEE)

      Les marquages européens (Ɛ ou CE) vont progressivement remplacer les poinçons apposés par les administrations nationales en ce qui concerne la première mise sur le marché des bouteilles de plongée. Par la suite, le suivi en service des "appareils sous pression" dont font partie les bouteilles de plongée est soumis à la réglementation nationale en vigueur. Le marquage officiel de l'État (poinçon tête de cheval pour la France) est apposé lors des requalifications périodiques qui suivent (voir pages 92 et suivantes).

Ces marquages européens sont apposés par le fabricant. Les bouteilles subissent des contrôles de conformité avec les directives européennes durant leur fabrication et avant leur mise en circulation. L'évaluation de conformité aux exigences des directives est réalisée pour les bouteilles marquées CE par des organismes dits notifiés tant au stade de la fabrication que lors des essais finaux. Ces organismes indépendants sont désignés par les états membres selon un cahier des charges fixé par les directives européennes. Le fabricant ou son représentant peut choisir librement n'importe quel organisme notifié de l'Union Européenne.

A titre d'exemple, les organismes notifiés à ce jour, par l'État Français sont, pour procéder :
- à tout type de procédures d'évaluation de conformité : ASAP, Bureau Véritas, GAPAVE,
- aux approbations européennes des matériaux : CETIM,
- aux essais non destructifs : COFREND

Ce type de bouteille conforme aux directives européennes dites "ancienne approche" (voir page 89) comporte un certain nombre d'inscriptions obligatoires :

MARQUAGE ε
suivant la directive 84-525 CE et suivantes

```
    1   2  3 4   5    6        7
   ε1B954 2F⊘ 123456 AIR CA15° 230 BAR

   8 9    10   11 12 13  14    15     16      17
  858 T 345BAR eF12 ⬡  80/01  12L  17,2KG  M25x2
```

- (**1**) lettre stylisée epsilon ε, suivie d'un chiffre 1 ou 2 ou 3 caractérisant cette directive CEE :
  - 1 : acier (84-525CE)
  - 2 : aluminium (84-526 CE)

- (**2**) le numéro caractéristique de l'agrément CEE,
- (**3**) le ou les lettres distinctives de l'État ayant accordé l'agrément CEE et les deux derniers chiffres du millésime de l'année d'agrément,
- (**4**) le sigle du fabricant,
- (**5**) numéro de fabrication ou de série,
- (**6**) la nature du gaz,
- (**7**) la pression de service en bars précédée de CA 15° (15° C) :
  - pression d'utilisation à ne pas dépasser
- (**8**) le nombre de la valeur de la résistance à la rupture en Newton/mm^2 du matériau utilisé pour la fabrication de la bouteille,
- (**9**) une lettre précisant le type de traitement thermique utilisé :
  - N : état normalisé et T : bouteille à l'état trempé ou revenu,
- (**10**) la pression d'épreuve en bars,
- (**11**) la lettre : e,
- (**12**) la ou les lettres du pays suivies si nécessaire d'un numéro à un ou deux chiffres précisant une subdivision territoriale,
- (**13**) la marque de vérification CEE : contour hexagonal,
- (**14**) année/mois de vérification,
- (**15**) le volume interne en litres (volume en eau),
- (**16**) masse de la bouteille à vide en Kg,
- (**17**) M25x2 : le type de filetage (marque optionnelle non prévue par la directive).

La législation Française (arrêté du 06/04/98) impose en plus les marques (6) et (7) pour que la bouteille puisse être utilisée en France.

Les bouteilles marquées CE (directive n° 97-23 CE et norme EN 1089-1)

Ces bouteilles qui seront conformes à la directive européenne dite "nouvelle approche" (voir page 90) devront porter un certain nombre d'inscriptions obligatoires. Des marques optionnelles peuvent être rajoutées par le fabricant et apparaître en plus.

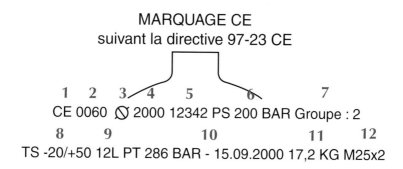

MARQUAGE CE
suivant la directive 97-23 CE

1 2 3 4   5   6   7
CE 0060 ⊘ 2000 12342 PS 200 BAR Groupe : 2
8   9   10   11   12
TS -20/+50 12L PT 286 BAR - 15.09.2000 17,2 KG M25x2

- (**1**) les lettres CE, stylisées,
- (**2**) numéro de l'organisme notifié,
- (**3**) sigle ou tout moyen d'identification du fabricant ou le cas échéant de son mandataire,
- (**4**) l'année de fabrication,
- (**5**) le numéro de série de fabrication,
- (**6**) pression maximale admissible en bars : pression de service,
- (**7**) Groupe de fluide selon la classification de la directive (groupe 1 ou 2), pour l'air : 2,
- (**8**) Température minimale/maximale admissible en degré Celsius,
- (**9**) Volume interne en litres (volume en eau),
- (**10**) Pressure Test : pression maximale en bars pour laquelle l'équipement a été conçu par le fabricant : pression d'essai hydraulique et date du premier essai,
- (**11**) tare en kilogrammes : poids à vide (marque optionnelle, non obligatoire),
- (**12**) le type de filetage (marque optionnelle, non obligatoire)

Lors de leur mise en service, ces bouteilles marquées CE doivent être accompagnées d'une notice d'instructions destinées à l'utilisateur contenant toutes les informations utiles à la sécurité :
- le montage,
- la mise en service,
- l'utilisation et les dangers d'utilisation,
- la maintenance, y compris les contrôles par l'utilisateur

Un certain nombre de directives européennes ont été adoptées en ce qui concerne les appareils sous pression dont font parties les bouteilles de plongée. En effet, par le passé, un certain nombre de réglementations nationales contraignantes limitaient la libre circulation des appareils sous pression. Les directives européennes ont pour objet d'harmoniser les différentes réglementations nationales de chacun des états membres, tout en garantissant un niveau de sécurité satisfaisant au regard des risques potentiels.

Juridiquement, une directive européenne pour être appliquée doit être reprise dans les textes réglementaires de chacun des états membres de l'Union Européenne.

On dit qu'elles doivent être transposées dans le droit national. Le contenu de ces directives nous intéresse car il permet d'augurer les transpositions nationales futures qui devront être mises en place afin d'être en conformité avec les directives européennes.

• **Les directives européennes "ancienne approche" et "nouvelle approche"**

Il faut distinguer les directives européennes dites "ancienne approche" et "nouvelle approche".

Un des principes majeurs de la « nouvelle approche » est de ne fixer que des exigences essentielles en matières de sécurité et de renvoyer à des normes européennes harmonisées facultatives (EN) qui précisent techniquement ces dispositions alors que "l'ancienne approche" les définissait précisément et était une entrave à leur évolution du fait de la lourdeur des textes.

➡ **Les directives "ancienne approche" du 17 septembre 1984 : marquage ε**

Elles ont été adoptées le 17 septembre 1984 (n°84-525 CE/n°84-526 CE et n°84-527 CE) et sont en application aujourd'hui.

Les états membres ont eu l'obligation de mettre en vigueur les dispositions législatives, réglementaires et administratives nécessaires pour se conformer à ces directives avant le 26 mars 1986 (En France l'arrêté du 11 mars 1986 complété par celui du 6 avril 1998).

Ces directives dites "ancienne approche" sont donc aujourd'hui transposées en droit national et appliquée dans l'ensemble des pays membres.

A titre d'exemple, en France, les arrêtés du 11 mars 1986, complétés par l'arrêté du 6 avril 1998 correspondent à cette transposition nationale.

Ces directives européennes ne concernent que les bouteilles marquées ε, les bouteilles déjà en service ne sont pas soumises à une mise en conformité et doivent respecter la réglementation nationale préexistante.

→ La directive "nouvelle approche" du 29 mai 1997 : marquage CE

 Elle a été adoptée le 29 mai 1997 (n°97-23 CE).
Son application par les différents pays membres sera rendue obligatoire à partir de fin mai 2002. Cette directive a été transposée par le décret n°99-1046 du 13 décembre 1999 et complété par l'arrêté du 21 décembre 1999. Cette directive ne concerne que les bouteilles neuves marquées CE. Les bouteilles déjà en service ne seront pas soumises à une mise en conformité et devront respecter la réglementation nationale préexistante.

• Une harmonisation progressive des réglementations nationales

 La directive européenne "équipement sous pression" est en préparation depuis plusieurs années. La directive européenne dite "nouvelle approche" du 29 mai 1997 entrera en vigueur progressivement :

		Application facultative	Application obligatoire		
		réglementation européenne « nouvelle approche » marquage CE			
	Application facultative	Application facultative			
	« ancienne approche » marquage ε				
	réglementation nationale préexistante				
	Application obligatoire	Application facultative			
1997	1998	1999	2000	2001	2002

Jusqu'en décembre 1999 : législation nationale en vigueur

Durant cette période, le fabricant avait le choix entre :
- appliquer les règles de la législation nationale préexistante,
- appliquer les directives européennes "ancienne approche" ; dans ce cas de figure, les bouteilles porteuses du marquage ε bénéficiaient d'une libre circulation dans l'Union Européenne lors de leur première mise sur le marché.

De décembre 1999 à fin mai 2002 : période transitoire

Durant cette période, le fabricant a le choix entre :
- appliquer la directive européenne "nouvelle approche" ; dans ce cas de figure, les bouteilles porteuses du marquage CE bénéficient d'une libre circulation dans l'Union Européenne lors de leur première mise sur le marché.
- appliquer les directives européennes "ancienne approche" ; dans ce cas de figure, les bouteilles porteuses du marquage ε bénéficient d'une libre circulation dans l'Union Européenne lors de leur première mise sur le marché.
- continuer à appliquer la réglementation nationale préexistante. Dans ce cas précis, ces bouteilles ne peuvent être commercialisées et utilisées que dans les pays dans lesquels elles respectent la réglementation locale.

A partir de fin mai 2002 : application obligatoire
de directive européenne "nouvelle approche"

A partir de fin mai 2002, la directive européenne "nouvelle approche" sera d'application obligatoire dans tous les pays membres.

Toutes les bouteilles de plongée mises sur le marché après cette date devront être conformes à la directive européenne "nouvelle approche" et porter le marquage CE, même si ces bouteilles ne sont utilisées que sur le territoire national.

Cette directive européenne ne concerne que la première mise sur le marché, les stocks présents dans les circuits de distribution en mai 2002 pourront être légalement écoulés.

• **Les bouteilles marquées ε ou CE :**
  une libre circulation dans l'Union Européenne ?

Les états membres ont eu obligation de mettre en vigueur les dispositions législatives, réglementaires et administratives nécessaires pour se conformer aux directives « ancienne approche » avant le 26 mars 1986.

Les directives sont donc aujourd'hui transposées en droit national et appliquées dans l'ensemble des pays membres. De même, la directive dite "nouvelle approche" du 29 mai 1997 prévoit des mesures similaires à celles des bouteilles marquées ε (directives "ancienne approche") afin de faciliter la libre circulation des bouteilles marquées CE dans l'espace économique européen lors de leur première mise sur le marché. L'application de ces mesures est aujourd'hui effective (voir page 000).

Concrètement, cela signifie qu'un plongeur belge peut aujourd'hui faire recharger en France sa bouteille fabriquée en Belgique et de type ε ou CE sans devoir la faire contrôler et poinçonner par l'administration française (D.R.I.R.E.) lors de sa première mise sur le marché (bouteille neuve). Ceci est valable pour les bouteilles marquées ε à condition de respecter l'arrêté du 06/04/98 (voir page 87).

Par contre, par la suite, il doit se conformer à la réglementation nationale relative au suivi des appareils sous pression du pays où il utilise sa bouteille. A titre d'exemple, en France, il devra soumettre sa bouteille aux contrôles périodiques prévus par la loi française.

En effet, la libre circulation ne concerne que la première mise sur le marché. Le suivi en service des bouteilles de plongée reste du ressort des réglementations nationales.

Pour ces différentes raisons, nous vous encourageons vivement si vous plongez dans différents pays européens à n'acquérir que des bouteilles de plongée munies du marquage ε ou CE et conformément aux directives européennes.

LES CONTRÔLES PÉRIODIQUES PRÉVUS PAR LA RÉGLEMENTATION

• **La requalification périodique ou réépreuve hydraulique**

Les bouteilles sont réceptionnées nues, sans robinetterie. Dans un premier temps un examen visuel permet d'apprécier leurs états intérieur et extérieur. Dans le cas d'une corrosion d'une certaine profondeur, une mesure réalisée grâce aux ultrasons permettra de contrôler son épaisseur. Seules les bouteilles qui auront passé avec succès cet examen pourront subir une réépeuve.

 Durant ce test, la bouteille est remplie d'eau et mise en pression, jusqu'à la pression d'épreuve. Lorsque la pression d'épreuve est atteinte, elle est maintenue au moins pendant le temps nécessaire à l'examen complet de la paroi externe de la bouteille par l'expert. Dans certains pays comme au Québec, une mesure de la dilatation volumétrique de la bouteille est réalisée conformément aux prescriptions du Compressed Gaz Association afin d'apprécier la déformation de la bouteille testée.

En réalisant ce contrôle, le technicien vérifie si la bouteille est toujours conforme aux spécifications du fabricant et à la réglementation en vigueur. Si ce n'est pas le cas, la bouteille est mise au rebut.

Il faut que la bouteille résiste à la pression d'épreuve sans fuite, ni déformation apparente.

• **L'inspection périodique ou l'inspection visuelle**

 Durant ce test, un technicien habilité vérifie l'état extérieur et intérieur de la bouteille et évalue les risques possibles de corrosion.

Il émet un avis sur son état interne et externe. Si cela s'avère nécessaire, il peut demander de la faire nettoyer. S'il juge son état dangereux, il peut la refuser.

 En France, au sein des clubs et école de plongée, ce sont des membres compétents, formés à cette tâche, appelés « techniciens en Inspection Visuelle » (TIV) qui assurent ce contrôle prévu par la loi (voir pages 93).

• La requalification périodique ou réépreuve hydraulique

Suite à l'épreuve hydraulique, si les caractéristiques techniques de la bouteille répondent à la réglementation en vigueur, l'expert habilité fait marquer la bouteille de son poinçon et de la date de l'épreuve. Il peut s'agir d'un personnel d'un organisme agréé par l'état pour réaliser ce type de contrôle soit dans certains cas d'un fonctionnaire inspecteur. En général, un certificat ou un procès-verbal d'épreuve indiquant le résultat des opérations est dressé et remis à l'usager. En France, si la bouteille a été refusée, le procès verbal, barré de rouge, en indique le motif.

Exemple : en France   **18.11.98** ⌒

jour année
mois poinçon
de la DRIRE

• L'inspection périodique ou l'inspection visuelle

Si l'état de la bouteille est considéré acceptable, le technicien, selon les pays appose un autocollant (cas de la France) ou un poinçon sur la bouteille.

Selon les pays, l'autocollant précise la date de validité : date de la prochaine visite ou réépreuve. Dans d'autre pays le poinçon précise la date à laquelle a été réalisée la visite.

En France, le suivi des contrôles périodiques des bouteilles de plongée est assuré sous le contrôle des Directions Régionales de l'Industrie, de la Recherche et de l'Environnement (DRIRE) qui dépendent du Secrétariat d'État à l'Industrie :

DRIRE Vous pouvez obtenir les coordonnées de votre DRIRE locale auprès de votre préfecture ou en consultant le site Internet : http://www.drire.org.
Certains établissements ont obtenu une « délégation de poinçon » de la DRIRE afin de réaliser des réépreuves en leur sein et sous leur propre contrôle.
De même, dans certaines zones géographiques, la DRIRE a donné une "délégation de contrôle" afin qu'un organisme habilité supervise et appose son poinçon à sa place (APAVE ou bureau Véritas ou ASAP).

• **La validité des contrôles**

(1) - Le « cas général » s'applique aux individuels non adhérents à des clubs affiliés.

(2) - Le « cas dérogatoire » s'applique aux bouteilles appartenant aux clubs affiliés à une des organisations membres de droit du Comité Consultatif pour l'enseignement sportif de la plongée subaquatique (FFESSM, FSGT, ANMP, SNMP, etc.) ou aux adhérents ou membres du personnel de ces clubs de plongée.

BOUTEILLES DE PLONGÉE MÉTALLIQUES (acier et aluminium)	INTERVALLE ENTRE LES INSPECTIONS PÉRIODIQUES	INTERVALLE ENTRE LES REQUALIFICATIONS PÉRIODIQUES
CAS GÉNÉRAL (1) : arrêté ministériel du 17 décembre 1997	AUSSI SOUVENT QUE NÉCESSAIRE	2 ANS
CAS DÉROGATOIRE (2) : arrêté ministériel du 18 novembre 1986	1 AN	5 ANS

Le cas dérogatoire s'applique aux bouteilles de plongée appartenant à des clubs ou écoles de plongée affiliées à une des organisations membres de droit du Comité Consultatif de l'enseignement sportif de la plongée subaquatique (FFESSM, FSGT, ANMP, SNMP, etc.) ou à des entreprises adhérentes au Syndicat National des Travaux Immergés. Ces dispositions réglementaires s'appliquent également aux adhérents ou membres du personnel de ces clubs, écoles de plongée et entreprises.

Le cas général s'applique aux autres cas, le plus souvent des plongeurs isolés.

Ces deux arrêtés ministériels risquent d'être tout prochainement abrogés et rassemblés dans un même arrêté cadre relatif à l'exploitation des équipements sous pression. Il ne semble pas envisagé de modifications de la validité des contrôles périodiques actuels. Par contre, il est envisagé de regrouper l'ensemble des bouteilles quel que soit leur matériau de fabrication (métallique ou métallique et composite) sous une même appellation de "bouteille pour appareil respiratoire en plongée subaquatique".

RÉGLEMENTATION ET CHARGEMENT DES BOUTEILLES

Le remplissage de votre bouteille peut vous êtes refusé si elle comporte :
- des marques illisibles,
- un marquage non réglementaire,
- une date d'inspection périodique ou de requalification périodique périmée,
- une pression de service incompatible,
- une utilisation incompatible avec l'usage prévu,
- des dommages susceptibles de réduire sa résistance à la pression.

En cas d'accident dû à une bouteille sous pression, vous devez prévenir dès que possible la police et l'autorité nationale chargée du suivi de la « réglementation des appareils sous pression » (voir pages 94), en prenant soin de ne pas déplacer les débris.

ENTRETIEN COURANT D'UNE BOUTEILLE DE PLONGÉE

L'ensemble des réglementations nationales prévoit en général que le propriétaire est tenu responsable de l'état de sa bouteille.

- Évitez de faire subir des chocs à votre bouteille qui peuvent écailler la peinture. La pose d'un filet en nylon est recommandée afin de protéger la peinture.
- Ne laisser pas votre bouteille en plein soleil.
- Ne laisser jamais une bouteille vide, robinet ouvert aux projections d'eau ou baigner dans l'eau.
- Laissez toujours dans la mesure du possible, une pression résiduelle dans votre bouteille afin de pouvoir purger l'eau qui a pu pénétrer par l'orifice de la robinetterie avant de la charger.
- La couleur du filtre de votre détendeur peut être un bon indicateur de l'état intérieur de votre bouteille.
  Si le filtre de votre détendeur est :
    • humide et gras,
    • de couleur noire ou blanche,
    • de couleur rouille.
  nous vous conseillons de faire réaliser une visite interne de votre bouteille par une personne qualifiée.
- Ne videz jamais rapidement votre bouteille afin d'éviter tout givrage de la robinetterie et condensation interne importante.
- Rincez votre bouteille à l'eau douce, régulièrement, après chaque plongée, sans oublier le culot.
- Reprenez à l'aide d'une peinture appropriée et au plus tôt, les zones de peinture écaillée.
- Stockez de préférence votre bouteille debout et avec une pression résiduelle si vous ne devez pas l'utiliser un certain temps.
- Tout bricolage (chalumeau…) sur une bouteille est dangereux et interdit, car il peut modifier ses caractéristiques et sa résistance à la pression.

- Faites réaliser un contrôle visuel de votre bouteille par une personne qualifiée, (T.I.V.) au moins une fois par an et respectez les contrôles périodiques prévus par la loi.

LA ROBINETTERIE

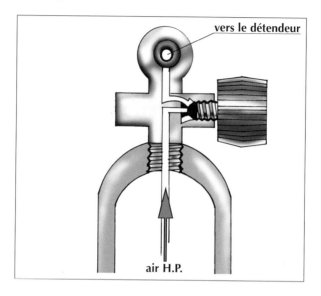

vers le détendeur

air H.P.

LE ROBINET DE CONSERVATION

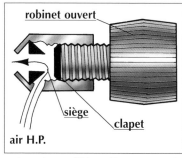

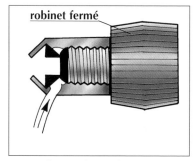

Le clapet libère l'ouverture du siège, l'air passe.

Le clapet obture l'ouverture du siège, l'air ne passe plus.

 Il est nécessaire d'ouvrir suffisamment le robinet de conservation afin que l'air sorte en quantité faute de quoi vous risquez de favoriser l'apparition d'un essoufflement en plongée (voir page 136).

ENTRETIEN COURANT D'UNE ROBINETTERIE

- Évitez de faire subir des chocs à votre robinetterie. Notamment, couchez votre bouteille lorsque vous ne l'utilisez pas, pour éviter qu'elle ne tombe.
- Ne forcez jamais le robinet de conservation à l'ouverture et à la fer-  meture, vous risqueriez de l'endommager.
- Après chaque plongée, rincez votre robinetterie à l'eau douce et séchez-la afin d'éviter les accumulations de sel marin ou de calcaire.
- Contrôlez régulièrement l'état du joint torique. N'hésitez pas à le remplacer en cas de doute.
- Profitez de l'inspection visuelle de votre bouteille une fois par an, pour faire vérifier et entretenir votre robinetterie par un spécialiste.

LE MANOMÈTRE SOUS-MARIN

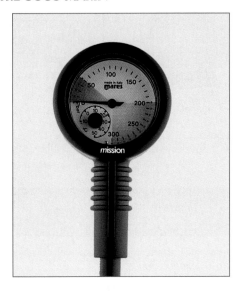

Il indique la pression régnant dans votre bouteille.

Son boîtier contient un tube de bourdon. Lorsque la haute pression provenant de la bouteille pénètre et agit sur ses parois internes, il se déroule et entraîne une aiguille indicatrice.

Comme quand vous soufflez dans un serpentin.

POUÊÊT...

LE DÉTENDEUR A 2 ÉTAGES

 N. 1 *RAPPELS*

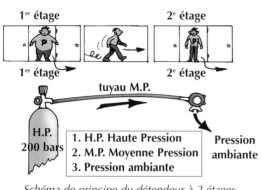

1. H.P. Haute Pression
2. M.P. Moyenne Pression
3. Pression ambiante

Schéma de principe du détendeur à 2 étages.

POURQUOI UTILISE-T-ON UN DÉTENDEUR ?

Un plongeur immergé équipé d'un long tuba ne peut pas inspirer : ses muscles inspiratoires ne sont pas assez puissants pour s'opposer à la pression ambiante plus forte.

Par contre, un plongeur équipé d'un scaphandre autonome respire en équipression.

L'équilibre entre les pressions permet les mouvements de la cage thoracique donc la respiration.

LE PRINCIPE DE LA DÉTENTE DE L'AIR

Par quel moyen peut-on faire baisser une pression ? Par exemple la haute pression régnant dans la bouteille.

L'air qui quitte la petite chambre, va occuper l'ensemble de la place disponible en pénétrant dans la place disponible en pénétrant dans la grande chambre.

Ce qui a pour effet de faire baisser la pression, on dit que l'air s'est détendu.

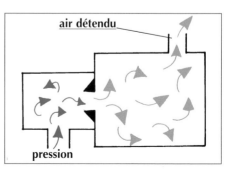

A notre élément précédent, on ajoute une porte (le clapet) et son support (le siège) pour laisser ou non, passer l'air.

Un ressort complète l'ensemble pour fermer la porte après qu'elle ait été ouverte.

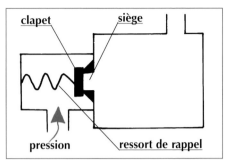

Pour décoller le clapet du siège, il suffit d'agir sur un pointeau, la force exercée s'opposera à celle de la pression et du ressort, laissant l'air passer.

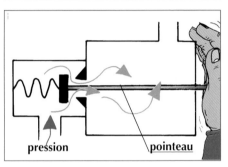

• **Mais l'on désire respirer de l'air à une pression proche de la pression ambiante :**

Il suffit d'asservir le système à la pression ambiante en rajoutant une membrane déformable.

La pression ambiante agira sur l'ensemble de sa surface et s'opposera à la force exercée par la pression et le ressort qui ferment le clapet.

La force exercée ne suffit pas pour décoller le clapet du siège.

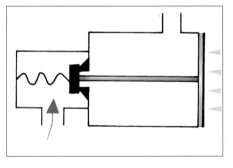

• **Mais l'on désire respirer de l'air à la demande, lorsqu'on inspire :**

La dépression créée lors de l'inspiration va déformer la membrane et une force va s'ajouter à celle de la pression ambiante, permettant de décoller le clapet du siège, l'air va passer.

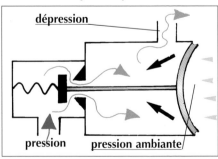

• Le 1ᵉʳ étage du détendeur à 2 étages :

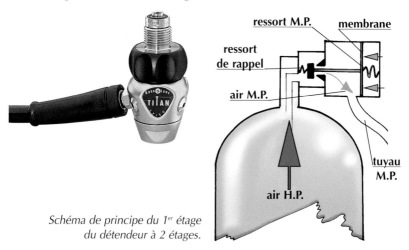

Schéma de principe du 1ᵉʳ étage du détendeur à 2 étages.

Il comporte en plus un ressort taré de 7 à 13 bars, qui va aider à décoller le clapet du siège. L'air sortira dans le tuyau moyenne pression, à une pression supérieure de 7 à 13 bars à la pression ambiante.

• Le 2ᵉ étage du détendeur à 2 étages :

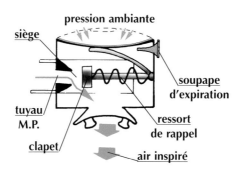

Le pointeau a été remplacé par un levier qui a pour but de comprimer le ressort et d'écarter le clapet de son siège lorsque la membrane s'abaisse.

OBJECTIF N° 11

C6

Calcul d'autonomie en plongée autonome

INTÉRÊT PRATIQUE

Une panne d'air ou une quantité d'air insuffisante peut avoir de graves conséquences en plongée, d'où la nécessité de calculer son autonomie avant de plonger.

CRITÈRES DE RÉUSSITE ACCEPTABLES : vous devez être capable de calculer votre autonomie en air, pour une profondeur donnée.

LA VENTILATION EN SURFACE ET EN PLONGÉE

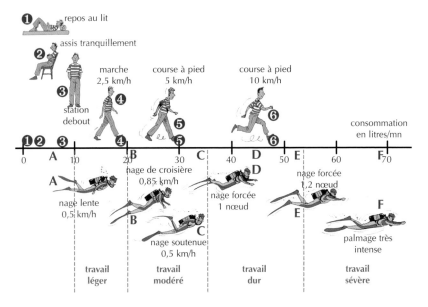

Ventilation minute moyenne en fonction de l'effort fourni

En moyenne, on considère qu'une personne consomme 20 litres d'air par minute, pour un effort moyen, en surface.

Dans le cadre d'un effort plus soutenu ou en cas de courant cette moyenne doit être revue à la hausse (voir dessin ci-dessus).

LES FACTEURS DE LA CONSOMMATION

Plusieurs facteurs interviennent :
- l'âge,
- le froid,
- la profondeur,
- la forme physique,
- l'effort produit,
- la forme psychique (stress…) en relation avec l'expérience,
- l'anatomie,
- l'équipement,
- etc.

Une bonne condition physique et l'entraînement permettent de réduire considérablement votre consommation.

Lors de vos premières plongées, vous consommez en général plus d'air. Avec le temps et l'expérience, votre consommation baisse.

Pour cette raison, il est utile de contrôler la pression de sa bouteille en fin de plongée, pour apprécier sa consommation en air.

LES CONSÉQUENCES DE LA PRESSION SUR LA VENTILATION

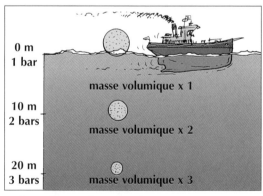

Plus vous descendez, plus l'air pèse. Il a une masse volumique proportionnelle à la pression. C'est pour cette raison qu'en profondeur, la ventilation demande plus d'effort qu'en surface. Il est important d'adapter son palmage, pour contrôler aisément son rythme ventilatoire.

Dans des conditions égales, votre consommation en air est proportionnelle à la pression que vous subissez.

Si vous consommez 20 litres d'air minute en surface, à 2 bars (10 mètres) vous consommerez deux fois plus d'air, c'est-à-dire 40 litres/minute.

CALCUL DE VOTRE AUTONOMIE EN PLONGÉE

CAPACITÉ EN AIR DE VOTRE BOUTEILLE ?

Dans un premier temps, il faut connaître le volume en air détendu en surface que contient votre bouteille.

Par exemple, vous utilisez un bloc de 12 litres de capacité interne, gonflé à 200 bars.

12 x 200 = 2 400 litres

Volume d'air disponible

L'ensemble de votre volume d'air ne peut être pris en compte :

 Pour des raisons de sécurité, on soustrait à la capacité en air, la valeur de la réserve qui est en général de 50 bars. La valeur de cette réserve devra être augmentée en cas de conditions de plongée plus contraignantes (courant, froid, profondeur…) afin de tenir compte d'une consommation en air plus importante.

Si nous prenons notre exemple précédent :
2 400 – (12 x 50) = 1 800 litres

Autonomie en fonction de sa consommation

Vous plongez à 30 mètres et votre consommation en surface est de 20 litres d'air par minute.

A 30 mètres (4 bars), elle sera quatre fois plus importante :
4 x 20 = 80 l/mn

Pour simplifier, on considère que la consommation par minute ne varie pas lors de la plongée.

Vous disposez de 1800 litres d'air, donc votre autonomie à 30 mètres sera de :
1800/80 = 22 minutes

Autonomie moyenne suivant la pression et le matériel

PRESSION ABSOLUE EN BARS	CONSOMMATION EN LITRES/MN*	12 litres	15 litres	2 x 10 litres
0 m	1	20	90 minutes	112 minutes	175 minutes
10 m	2	40	45 minutes	56 minutes	87 minutes
20 m	3	60	30 minutes	37 minutes	58 minutes
30 m	4	80	22,5 minutes	28 minutes	43 minutes
40 m	5	100	18 minutes	22 minutes	35 minutes

C4

Interprétation des signes

INTÉRÊT PRATIQUE

A votre niveau, si vous désirez être autonome, vous serez amené à intervenir face aux difficultés de vos coéquipiers, qui vous seront signifiées par signes.

Suite à leur connaissance, vous envisagerez leur interprétation sur plusieurs séances.

CRITÈRES DE RÉUSSITE ACCEPTABLES : vous devez être capable d'interpréter les signes de plongée et d'avoir une réponse adaptée, sans être prévenu au préalable, dans des contextes variés : en déplacement, lors de la remontée...

CONDITIONS DE RÉALISATION : de jour, visibilité égale ou supérieure à 3 mètres, en pleine eau, profondeur correspondant au niveau d'évolution du niveau 2 en autonomie : zone des 20 mètres (l'espace médian).

JE SUIS SUR RÉSERVE

Le guide de palanquée rassemble la palanquée et ordonne de remonter immédiatement à vitesse contrôlée. Il remonte à proximité du plongeur qui a réalisé ce signe pour l'assister en cas de panne d'air.

JE N'AI PLUS D'AIR

Tout plongeur à qui est adressé ce signe doit intervenir immédiatement en donnant de l'air à son coéquipier en difficulté après avoir ordonné à l'ensemble de la palanquée de remonter (voir la respiration sur un détendeur de secours, exercice n°1 page 117).

JE N'ARRIVE PAS À PASSER MA RÉSERVE

Tout plongeur à qui ce signe est adressé doit (1) intervenir rapidement en baissant la réserve de son coéquipier s'il en possède une, puis (2) préciser par signe qu'il est sur réserve, enfin (3) lui demander si tout va bien.

- **Si tout va bien :**

le guide de palanquée ordonne à l'ensemble de la palanquée de remonter. Il remonte à proximité du plongeur qui est sur réserve, pour l'assister en cas de panne d'air.

- **Si sa réserve était déjà basse ou s'il ne possède pas de réserve ou s'il vous répond : « ça ne va pas, je n'ai plus d'air » :**

vous devez intervenir comme sur une panne d'air (voir la respiration à deux sur un embout, exercice n° 4 page 119).

JE SUIS NARCOSÉ OU J'AI DES VERTIGES

(voir la narcose ou ivresse des profondeurs page 262).

Si vous percevez ce signe ou tout comportement anormal de la part d'un plongeur, vous devez le remonter immédiatement après avoir ordonné à l'ensemble de la palanquée de remonter (voir l'assistance à l'aide du gilet de remontée page 228).

Je suis essoufflé :

Si ce signe vous est adressé, vous devez :

■ baisser votre réserve, si vous en possédez une, en allant sur le plongeur essoufflé,

■ le saisir et ne plus le lâcher durant l'ensemble de la remontée,

■ lui demander de cesser toute activité : signe "stop",

■ lui baisser sa réserve s'il ne l'a pas fait et s'il en possède une,

■ le remonter immédiatement après avoir ordonné à l'ensemble de la palanquée de remonter (voir l'assistance à l'aide du gilet de remontée page 228),

■ regarder votre coéquipier régulièrement dans les yeux pour le rassurer durant l'ensemble de sa remontée et lui demander si tout va bien.

J'ai froid

Si ce signe vous est adressé ou si vous voyez un plongeur grelotter, vous devez ordonner à l'ensemble de la palanquée de remonter.

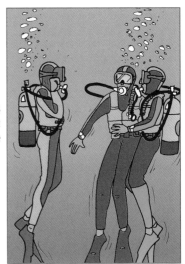

Exercice n° 1

Intervenez de façon adaptée face à un signe, sans critère de temps

■ Réalisez cet exercice pour l'ensemble des signes vus précédemment.

■ N'oubliez aucune des actions à réaliser.

■ Ne redescendez en aucun cas si vous êtes en pleine eau ou lors de la remontée.

■ Vous disposez de l'ensemble du temps dont vous avez besoin (sauf pour la remise en bouche du détendeur).

■ Arrêtez votre intervention sur le signe "fin d'exercice" réalisé par votre moniteur.

DIFFICULTÉS

❏ **Si vous oubliez des éléments :**

A terre, les yeux fermés, au calme, visualisez mentalement le contexte, le signal : le signe, votre position par rapport à votre coéquipier, l'ensemble des actions que vous envisagez de réaliser.

Réalisez l'exercice à terre, en n'omettant aucune des différentes actions.

Exercice n° 2

Intervenez rapidement et de façon adaptée face à un signe

Mêmes consignes que pour l'exercice n° 1, mais vous devez intervenir rapidement.

DIFFICULTÉS

❏ **Si vous redescendez lors de votre intervention :**

Palmez plus énergiquement.

Si vous intervenez au-delà de 15 mètres de profondeur, palmez pour vous stabiliser, le temps de gonfler votre gilet de remontée. En n'utilisant que vos palmes, vous risquez de vous essouffler.

VARIANTES

Après avoir réussi l'exercice n° 2, essayez de le réaliser :

1. en vous déplaçant.

2. lors d'une descente.

3. lors d'une remontée.

4. sans être prévenu au préalable.

5. même exercice que (4), lors d'une plongée d'exploration.

L'hépatite B et la plongée

INTÉRÊT PRATIQUE

*Le plongeur est concerné par les risques de transmission du virus
de l'hépatite B en particulier lors des échanges d'embouts
ou lors de l'utilisation d'un matériel collectif.
Nous allons envisager les différents moyens de prévention
afin de limiter les risques possibles de contamination.*

UN VIRUS TRÈS CONTAGIEUX ET RÉSISTANT

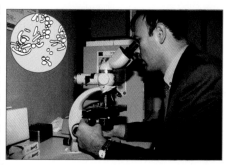

Le virus de l'hépatite B (VHB) est 100 fois plus infectieux que le virus du SIDA (VIH)[1]. L'infection est susceptible d'être transmise par 0,00004 ml de sang (contre 0,1 ml pour le VIH)[1]. Le risque de contamination pour l'entourage d'un porteur est important. D'après les statistiques[2], ce risque avoisine les 50%. D'autre part, il semble que le virus de l'hépatite B résiste aussi bien en milieu aqueux que salin.

LES RISQUES ÉPIDÉMIQUES ET CONSÉQUENCES DE L'HÉPATITE B

L'hépatite B est un problème de santé publique à l'échelle mondiale puisque l'Organisation Mondiale de la Santé (OMS)[3] estime à plus de 300 millions le nombre de personnes contaminées dans le monde.

 Elle représente en France d'après une étude menée en 1992 : [4]
- 300 000 porteurs chroniques,
- 100 000 nouveaux cas aigus,
- 2000 décès par an.

On peut considérer qu'il y a actuellement 1 à 2% de porteurs du virus dans la tranche des 20/40 ans [5].

 Cette maladie infectieuse est grave puisqu'elle évolue dans de nombreux cas vers une forme chronique avec un risque de développer une cirrhose dans 10% des cas. Son incubation est longue, elle varie de 5 à 14 semaines.

L'hépatite B est responsable de 80% des cancers du foie.

[1] d'après « Risques d'infection par le virus de l'immunodéficience humaine (HIV). Synthèse des connaissances actuelles et évolution de la prévention ». - E. Bouvet - Journée de l'hôpital Claude Bernard - Paris 1992.

[2] d'après « Prévention de l'hépatite B par le vaccin et les immunoglobulines ». - T. Andréani - Revue du praticien - Tome XXXV n° 14.

[3] d'après « PEV : vaccin contre l'hépatite B, lutte contre une pandémie » - OMS - 1989.

[4] d'après « Hépatite B : 10 millions de français exposés » - Impact Médecin - J. P Benhamou - 26 juin 1992.

[5] d'après une communication personnelle du Professeur François Denis, Chef de service du laboratoire de bactériologie, virologie et hygiène du Centre Hospitalier Universitaire de Limoges - 04/08/97.

LES CONSÉQUENCES DE L'HÉPATITE B * : À TITRE D'EXEMPLE, LE CAS DE LA FRANCE

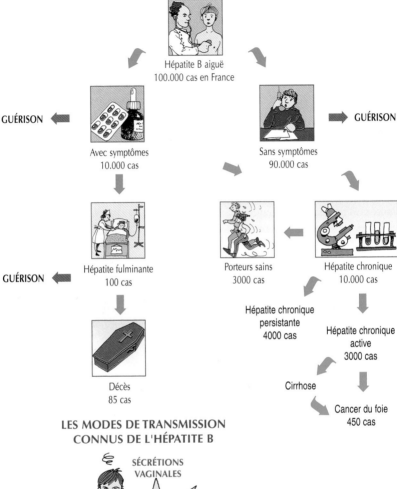

Hépatite B aiguë
100.000 cas en France

GUÉRISON

Avec symptômes
10.000 cas

Sans symptômes
90.000 cas

GUÉRISON

GUÉRISON

Hépatite fulminante
100 cas

Porteurs sains
3000 cas

Hépatite chronique
10.000 cas

Décès
85 cas

Hépatite chronique
persistante
4000 cas

Hépatite chronique
active
3000 cas

Cirrhose

Cancer du foie
450 cas

LES MODES DE TRANSMISSION CONNUS DE L'HÉPATITE B

SÉCRÉTIONS
VAGINALES

SANG

SALIVE

SPERME

Modes de transmission en théorie,
possibles en plongée

* D'après J.P. Benhamou
"Hépatite B, 10 millions de français exposés"
Impact Médecine - 26 juin 1992

1

LES DIFFÉRENTS MODES DE TRANSMISSION POSSIBLES EN PLONGÉE

 Le virus de l'hépatite B (VHB) est présent dans tous les liquides bio-
logiques de l'organisme. En plongée, la transmission est en théorie, possible par : le sang (érosion buccale, aphtes, blessures...) et la salive qui
souillent l'embout buccal et le détendeur ou le tuba.

LES RISQUES DE TRANSMISSION POSSIBLES EN PLONGÉE

LORS DE L'UTILISATION D'UN MATÉRIEL COLLECTIF (PRÊT OU LOCATION)

L'utilisation d'un détendeur ou d'un tuba à usage collectif augmente les risques de contamination s'ils ne sont pas désinfectés correctement après chaque utilisation.

LORS D'UN ÉCHANGE D'EMBOUT

Comme nous venons de le voir précédemment, le sang et la salive
sont des modes possibles de trans-
mission. D'autre part, il semble que
le virus résiste en milieu aqueux.

Le risque de transmission de l'hépatite B semble faible mais non nul
lors des échanges d'embout en
plongée [1].

LES MOYENS DE PRÉVENTION

LA VACCINATION

 La vaccination est de loin la prévention la plus efficace afin de se protéger contre le virus de l'hépatite B. N'hésitez pas à consultez votre
médecin traitant.

L'Organisation Mondiale de la
Santé (OMS) recommande cette
vaccination dans tous les pays.

En France, la Direction Générale
de la Santé multiplie les campagnes
d'incitation à la vaccination.

Le taux de couverture de cette
vaccination, fin 1995, était estimé
en France, en moyenne à 25 % de
la population totale [2].

[1] d'après une communication personnelle du Professeur François Denis, Chef de service du laboratoire de bactériologie, virologie et hygiène du Centre Hospitalier Universitaire de Limoges - 04/08/97.

[2] Vaccination contre l'hépatite B en France - Bilan de la campagne de vaccination en 1995- Collectif - La revue
du praticien - médecine générale - Tome 11 - n°381 - 12 mai 1997

Les injections s'effectuent par voie intramusculaire. Le volume injecté réduit (0,5 ml) et la finesse de l'aiguille concourent au confort de la vaccination.

PROTOCOLES DE VACCINATION [1]

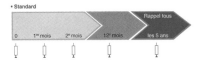

LA DÉSINFECTION DU MATÉRIEL À USAGE COLLECTIF

Les détendeurs, tubas loués ou prêtés devront être désinfectés soigneusement après chaque utilisation.

Il est recommandé de faire tremper ce matériel dans un désinfectant adapté, dilué dans de l'eau pendant 15 à 30 minutes selon les produits. Puis, il sera rincé à grande eau avant d'être confié à un nouvel utilisateur.

L'UTILISATION D'UN EMBOUT BUCCAL PERSONNEL

Dans le cas de l'utilisation d'un détendeur à usage collectif, vous pouvez utiliser votre propre embout buccal.

Un système de clip disponible chez les revendeurs permet de monter et démonter rapidement l'embout buccal d'un détendeur.

Le changement d'embout buccal après chaque utilisation, associé à la désinfection, permet d'assurer une bonne hygiène et par la même occasion de réduire sensiblement les risques de transmission.

Il existe même des préservatifs d'embout qui enfilés sur l'embout du détendeur le coiffe. A usage unique, ils sont jetés après utilisation.

[1] d'après « Relevé Épidémiologique hebdomadaire » OMS - 17 janvier 1992.

L'UTILISATION D'UN DÉTENDEUR PERSONNEL

Bien sûr, afin de limiter les risques de contamination, l'idéal est de posséder et d'utiliser son propre détendeur.

L'UTILISATION D'UN DÉTENDEUR DE SECOURS EN CAS DE PANNE D'AIR

Dans la pratique, la loi française (arrêté du 22 juin 1998) prévoit en milieu naturel que :
- le guide de palanquée est équipé d'un équipement de plongée muni de deux sorties indépendantes et de deux détendeurs complets.
- les plongeurs en autonomie sont munis d'un équipement de plongée permettant d'alimenter en gaz respirable un équipier sans partage d'embout.

La FFESSM recommande[1] que les échanges d'embouts soient réalisés sous forme de simulation. Ils ont plus un but de contrôle de maîtrise technique qu'un côté réaliste.

La sécurité dans l'autonomie passant par l'usage d'un second détendeur.

De plus, elle incite ses membres à se faire vacciner contre l'hépatite B.

La Marine Nationale Française a interdit la réalisation d'échanges d'embouts dans le cadre de ses activités depuis 1994. Ses plongeurs sont dotés de deux détendeurs et la vaccination contre l'hépatite B est rendue obligatoire.

En parallèle, détendeurs, embouts et masques faciaux sont désinfectés.

Dans le reste de l'Europe, les différentes organisations recommandent fortement au guide ou chef de palanquée et au moniteur d'être équipé d'un deuxième détendeur.

En cas de panne d'air, ce qui est heureusement rare, vous respirerez sur le deuxième détendeur de votre moniteur guide de palanquée ou coéquipier afin de favoriser une ventilation normale garante d'une bonne décompression et limitant les risques de contamination.

[1] extrait du Manuel du Moniteur et du Responsable Fédéral - Niveau 2 - FFESSM - 31/07/98

OBJECTIF N° 13

C4

La respiration
sur un détendeur de secours

INTÉRÊT PRATIQUE

*Lors d'une plongée, vous pouvez être amenés à recevoir
ou à donner de l'air à la suite d'une panne d'air
due au mauvais fonctionnement du matériel.*

*Au niveau 1/plongeur ☆, vous deviez être capable de
recevoir et de donner de l'air à un coéquipier
en attendant l'intervention du moniteur ou guide de palanquée.*

*Au niveau 2/plongeur ☆ ☆, votre accès à l'autonomie nécessite d'être
capable de gérer cette situation seule*

CRITÈRES DE RÉUSSITE ACCEPTABLES : vous devez être capable, sans être prévenu, sur le signe « je n'ai plus d'air » :
- selon votre cursus de formation (voir page 323) de simuler ou de réaliser un échange d'embout avec un coéquipier,
- d'assister à l'aide de votre détendeur de secours, un coéquipier en remontant à la vitesse contrôlée préconisée, d'une profondeur de 20 mètres,
- de remonter de la profondeur de 40 mètres, en respirant sur le détendeur de secours de votre moniteur.

CONDITIONS DE RÉALISATION : de jour, visibilité égale ou supérieure à 3 mètres, en pleine eau. La dernière capacité sera travaillée et évaluée en fin de formation

---

Remarques importantes

PRIVILÉGIER L'UTILISATION D'UN DÉTENDEUR DE SECOURS

Dans la pratique, en cas de panne d'air, la respiration sur un détendeur de secours sera privilégiée car elle favorise une ventilation normale garante d'une bonne décompression et supprime les risques de transmission de l'hépatite B ou d'autres agents infectieux.

CONDITIONS DE RÉALISATION D'UNE SIMULATION OU D'UN ÉCHANGE D'EMBOUT

RISQUE INFECTIEUX

La respiration à deux sur un embout fait partie de certains contenus de formation préparant au niveau 2/plongeur ☆ ☆ (voir page 119).

Comme nous l'avons déjà évoqué précédemment (voir page 110), nous attirons votre attention sur le fait que l'échange d'embout peut en théorie, favoriser la transmission du virus de l'hépatite B avec toutes les conséquences qui peuvent en résulter (voir page 111).

A l'heure actuelle, certaines organisations émettent des recommandations. Dans un cas contraire, nous laisserons donc les moniteurs se concerter avec les médecins et leurs élèves et libres de leurs choix pédagogiques.

DÉCOMPRESSION

Si vous réalisez des exercices de simulation d'échange d'embout ou d'échange d'embout au-delà de la zone des douze mètres, nous vous conseillons d'effectuer un palier de principe de 3 à 5 minutes ou selon le cas de majorer la durée de votre dernier palier de 3 à minutes. En effet, dans ce cadre précis votre ventilation en plongée n'est pas normale et ne garantie pas une désaturation de qualité.

En cas de remontée rapide, vous appliquerez la procédure de sécurité prévue par votre moyenne de décompression.

DES ACCESSOIRES UTILES

Une rotule montée sur un détendeur peut faciliter la mise en bouche d'un embout en cas de panne d'air. Elle peut être montée facilement sur tout type de détendeur.

Différents types d'attaches permettent de protéger et de rendre plus facilement accessible votre détendeur de secours en cas de besoin.

Exercice n° 1

Assistez un coéquipier à l'aide de votre détendeur de secours en vous déplaçant

---

 Lire avec attention les remarques situées en pages 115 et 116.

- Sur le signe « je n'ai plus d'air », saisissez votre coéquipier sans le lâcher durant l'ensemble de l'exercice.
- Présentez-lui fusant, votre embout de secours.
- Demandez-lui « si tout va bien ».
- Réalisez un parcours d'une dizaine de mètres sur le fond.
- Regardez régulièrement l'assisté dans les yeux.

VARIANTES

Après avoir réussi l'exercice n° 1, essayez de le réaliser :

1. sans être prévenu au préalable.

2. en réalisant un palier de 5 minutes à 3 mètres.

Exercice n° 2

Recevez de l'air de votre coéquipier, en simulant un échange d'embout quelques minutes au fond, en vous déplaçant.

 Lire avec attention les remarques situées en pages 115 et 116.

1re méthode

L'assisté ventile sur le deuxième détendeur de l'assistant afin de simuler l'échange d'embout. L'assistant ventile sur son détendeur principal durant l'ensemble de l'exercice.

Cette méthode a l'intérêt d'être plus réaliste mais nécessite l'utilisation d'un deuxième détendeur et ne permet de simuler un échange qu'avec un unique coéquipier, au cours d'une même séance.

■ Après avoir lâché votre embout, effectuez le signe "je n'ai plus d'air" à votre coéquipier.

■ Votre coéquipier qui conserve son embout en bouche vous présente son deuxième détendeur.

■ Prenez en main l'embout, et mettez-le fusant, en bouche et précisez si tout va bien.

■ A la suite, réalisez 3 cycles ventilatoires complets et représentez l'embout à votre coéquipier.

■ Votre coéquipier conserve alors son deuxième détendeur en main, durant 2 cycles ventilatoires complets, avant de vous le représenter.

■ Réalisez un parcours d'une dizaine de mètres sur le fond.

2ᵉ méthode

L'assisté ventile sur son propre détendeur pour simuler l'échange d'embout. Le détendeur de l'assisté est conservé en main par l'assistant quand c'est son tour. L'assistant ventile sur son propre détendeur durant l'ensemble de l'exercice.

■ Après avoir lâché votre embout, effectuez le signe "je n'ai plus d'air" à votre coéquipier.

■ Votre coéquipier qui conserve son embout en bouche, saisi votre détendeur et vous le présente.

■ Prenez en main votre embout et mettez-le fusant en bouche et précisez si tout va bien.

■ A la suite, réalisez 3 cycles ventilatoires complets et représentez votre embout à votre coéquipier.

■ Votre coéquipier conserve alors votre détendeur en main, durant 2 cycles ventilatoires complets, avant de vous le représenter.

■ Réalisez un parcours d'une dizaine de mètres sur le fond.

VARIANTES

Après avoir réussi l'exercice n° 2, essayez de le réaliser :

1. sur signal visuel convenu au préalable.

2. lors d'un déplacement sur le fond de 15 puis 25 mètres.

3. sur expiration.

4. en comptant jusqu'à 10 avant de respirer sur l'embout.

5. en réalisant un déplacement de 3 mètres sur le fond, accompagné de votre moniteur avant de prendre son embout.

————— Exercice n° 3 —————

Recevez de l'air de votre coéquipier, échangez l'embout quelques minutes au fond, en vous déplaçant.

 Lire avec attention les remarques situées en pages 115 et 116.

Mêmes consignes que pour l'exercice n°1 page 117 mais :

■ Lors de l'échange, effectuez 3 cycles ventilatoires avant de rendre l'embout.

■ Réalisez un parcours d'une dizaine de mètres sur le fond.

VARIANTES ■

Après avoir réalisé l'exercice n°3, essayez de le réaliser selon les mêmes variantes que l'exercice n°2 page 117.

————— Exercice n° 4 —————

Donnez de l'air à votre coéquipier, en simulant un échange d'embout quelques minutes au fond, en vous déplaçant.

 Lire avec attention les remarques situées en pages 115 à 116.

 L'assistant ventile sur son détendeur principal et utilise un deuxième détendeur afin de simuler l'échange d'embout.

Cette méthode a l'intérêt d'être plus réaliste mais nécessite l'utilisation d'un deuxième détendeur et ne permet de simuler un échange qu'avec un unique coéquipier, au cours d'une même séance.

1re méthode

■ Sur le signe « je n'ai plus d'air », saisissez votre coéquipier sans le lâcher durant l'ensemble de l'exercice.

■ Vous conservez votre détendeur principal en bouche durant l'ensemble de l'exercice.

■ Présentez-lui votre deuxième détendeur fusant.

■ Demandez-lui à la suite si « tout va bien ».

■ Votre coéquipier réalise 3 cycles ventilatoires maximum avant de le rendre.

■ Lors de l'échange, effectuer 2 cycles ventilatoires avant de lui représenter votre deuxième détendeur.

■ Regardez l'assisté régulièrement dans les yeux.

■ Réalisez un parcours d'une dizaine de mètres sur le fond.

2ᵉ méthode

L'assistant ventile sur son détendeur qu'il conserve en bouche durant l'ensemble de l'exercice et donne à l'assisté son propre détendeur pour simuler l'échange d'embout. Il conserve le détendeur de l'assisté en main lorsque c'est son tour de le prendre.

■ Sur le signe "je n'ai plus d'air", saisissez votre coéquipier sans le lâcher durant l'ensemble de l'exercice.

■ Vous conservez votre détendeur en bouche durant l'ensemble de l'exercice.

■ Présentez-lui son propre détendeur fusant en bouche.

■ Demandez-lui à la suite si "tout va bien".

■ Votre coéquipier ventile durant 3 cycles ventilatoires maximum avant de le rendre.

■ A la suite, reprenez son propre détendeur et conservez-le en main durant 2 cycles ventilatoires avant de lui représenter.

■ Regardez l'assisté régulièrement dans les yeux.

■ Réalisez un parcours d'une dizaine de mètres sur le fond.

VARIANTES

Après avoir réalisé l'exercice n°4, essayez de le réaliser selon les mêmes variantes que les exercices n°1 et 2 page 117.

Exercice n° 5

Donnez de l'air à votre coéquipier, échangez l'embout quelques minutes au fond, en vous déplaçant.

 Lire avec attention les remarques situées en pages 115 et 116.

■ Sur le signe « je n'ai plus d'air », saisissez votre coéquipier sans le lâcher durant l'ensemble de l'exercice.

■ Présentez-lui votre embout fusant.

■ Demandez-lui à la suite « si tout va bien ».

■ Lors de l'échange, réalisez 2 cycles ventilatoires avant de lui représenter votre embout.

■ Regardez l'assisté régulièrement dans les yeux.

■ Réalisez un parcours d'une dizaine de mètres sur le fond.

Exercice n° 6

Intervenir sur une panne d'air.

■ Saisissez-le. Ne le lâchez plus durant l'ensemble de l'assistance.

■ Présentez-lui l'embout fusant de votre deuxième détendeur, en lui demandant si tout va bien.

■ Faites signe au reste de la palanquée de remonter.

■ Remontez immédiatement à la palme en contrôlant votre vitesse de remontée. En aucun cas vous ne devez redescendre.

■ Purgez régulièrement votre gilet lors de la remontée.

■ Regardez l'assisté dans les yeux, demandez-lui si tout va bien et vérifiez s'il expire régulièrement lors de la remontée.

 Si l'assisté est confiant, laissez-lui mettre l'embout en bouche. Par contre s'il est angoissé ou stressé, tenez l'embout durant l'ensemble de l'échange.

Remontez d'une profondeur de 40 mètres, en respirant
sur le détendeur de secours de votre moniteur

 Lire avec attention les remarques situées en pages 115 et 116. Cet exercice sera réalisé en fin de formation

■ Après avoir lâché votre embout, tenu en main, effectuez le signe « je n'ai plus d'air » à votre moniteur.

■ Prenez son embout et mettez-le fusant en bouche, précisez si tout va bien.

■ Respirez sur l'embout de votre moniteur en vous déplaçant sur une vingtaine de mètres puis reprenez le vôtre.

VARIANTES

Après avoir réussi l'exercice n° 7, essayez de le réaliser :

1. sans être prévenu au préalable.

2. en effectuant un vidage de masque au cours de la remontée.

3. en réalisant un palier de 5 minutes à 3 mètres.

DIFFICULTÉS

• **Si vous redescendez :**

Vous redescendez car vous ne palmez pas suffisamment ou l'assisté ne palme pas.

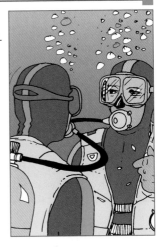

• **Si vous remontez trop vite :**

Pensez à contrôler votre vitesse de remontée en gérant si nécessaire le gilet de
remontée de l'assisté s'il n'est pas en mesure de le faire.

VARIANTES

Après avoir réussi l'exercice n° 7, essayez de le réaliser :

1. au palier.

2. lors d'une descente.

3. lors d'une remontée.

4. sans être prévenu au préalable, lors d'une plongée d'exploration.

C6

La vision sous l'eau

INTÉRÊT PRATIQUE

Vous avez pu constater, en ouvrant les yeux sous l'eau, que votre vision était floue.

CRITÈRES DE RÉUSSITE ACCEPTABLES : vous devez être capable de préciser les modifications qu'entraîne la vision sous l'eau et quelles en sont les applications dans votre pratique.

N. 1 | RAPPELS

Pour voir sous l'eau, il est nécessaire de porter un masque qui isole les yeux du plongeur et lui permet de retrouver une vision presque normale.

Il modifie la perception visuelle : sous l'eau, les objets paraissent plus gros et plus proches.

MODIFICATIONS QU'ENTRAÎNE LA VISION SOUS-MARINE

LE CHAMP DE VISION

Le champ de vision est réduit. Cet effet est accentué par l'effet de tunnel créé par le masque.

Vous êtes obligé de tourner complètement la tête pour voir directement à côté de vous. Plus la vitre est éloignée des yeux, plus le champ de vision se trouve réduit.

LA PERCEPTION DES OBJETS

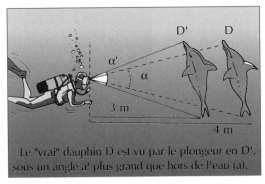

Le "vrai" dauphin D est vu par le plongeur en D',
sous un angle a' plus grand que hors de l'eau (a).

Les objets paraissent plus gros de 1/3 et plus près de 1/4.

Attention ! Il faudra relativiser la taille d'un poisson que vous voyez.

Lorsque vous essayez de saisir un objet, le bout de l'ancre ou une échelle, vous êtes surpris de ne rien saisir.

LA LUMINOSITÉ

Elle varie en fonction de différents paramètres.

• **Le soleil**

plus le temps est clair, plus le soleil est haut et plus la luminosité sera grande sous l'eau.

Il est conseillé de plonger en milieu de journée car le soleil est le plus haut dans le ciel.

• **La clarté de l'eau**

Plus il y a de particules en suspension dans l'eau et plus la luminosité est faible.

Pour cette raison, évitez de remuer le fond en palmant.

Choisissez vos destinations plongées en prenant en compte les périodes où l'eau est plus ou moins chargée de particules en suspension.

LA PROFONDEUR

La luminosité diminue avec la profondeur, une grande quantité de lumière est absorbée par l'eau.

Utilisez une lampe de plongée.

LES COULEURS

La perception des couleurs est modifiée en fonction de la profondeur.

La disparition des couleurs varie en fonction de la profondeur (voir schéma) et de la clarté de l'eau :

- dans une eau claire, le violet et le bleu sont moins absorbés,
- dans une eau trouble, le vert, le jaune, orange et rouge sont moins absorbés que dans l'eau claire.

1 m : l'infrarouge, l'ultraviolet et la majeure partie des rouges sont absorbés

5 m : absorption du rouge

15 m : absorption de l'orangé et d'une partie du violet

30 m : absorption du jaune, l'eau devient bleu vert

40 m : luminosité crépuslaire d'un gris bleu

60 m : pénombre bleutée

Utilisez une lampe de plongée afin de restituer les couleurs.

OBJECTIF N° 15

C6

L'audition sous l'eau

INTÉRÊT PRATIQUE

Vous avez pu constater qu'en plongée, la perception des sons est modifiée.

CRITÈRES DE RÉUSSITE ACCEPTABLES : vous devez être capable de préciser les modifications de perception des sons sous l'eau et quelles en sont les applications dans votre pratique.

LA PROPAGATION DES SONS SOUS L'EAU

L'eau est beaucoup plus dense que l'air (800 fois environ).

Les sons se propagent environ cinq fois plus vite dans l'eau que dans l'air.

Vitesse du son à 20° C :

dans l'air ≈ 340 m/s.

dans l'eau ≈ 1500 m/s.

On entend très bien sous l'eau, mais il est difficile d'identifier la provenance des sons. Il est difficile de savoir si la source du bruit est proche ou éloignée et de quelle direction elle provient.

LES APPLICATIONS EN PLONGÉE

Il est facile d'attirer l'attention en plongée, en tapant son poignard contre sa bouteille de plongée.

Lorsque l'on veut rappeler les palanquées en cas d'accident, on utilise des pétards de rappel.

Lorsqu'un plongeur entend le bruit produit par un bateau à moteur, il doit remonter avec prudence, en réalisant un tour d'horizon à 3 mètres de profondeur pour s'assurer de visu que le bateau qu'il ne peut pas localiser à l'oreille ne présente pas de danger pour lui.

PERF | **OBJECTIF N° 16**

Nage,
bouteille capelée,
en surface

CRITÈRES DE RÉUSSITE ACCEPTABLES : vous devez être capable de nager 250 mètres, la bouteille capelée, sur le ventre, tuba en bouche, sans vous arrêter.

CONDITIONS DE RÉALISATION : de jour, en pleine eau, mer calme à légèrement agitée.

--- Exercice n° 1 ---

Tuba en bouche, nagez bouteille capelée,
sur le ventre, sur 150 mètres.

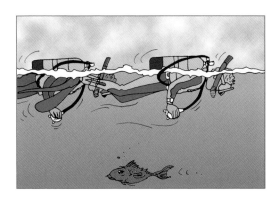

VARIANTES

Après avoir réussi l'exercice n° 1, essayez de le réaliser :

1. en échangeant votre bouteille avec un coéquipier lors du parcours.

2. en effectuant un passage tuba embout tous les 50 mètres.

✒ Test de contrôle (solutions page 338)

■ Questions éliminatoires

1 *Quelles sont vos prérogatives en tant que niveau 2/plongeur ☆ :*

❏ **a.** plongées en autonomie dans la zone de 0 à 20 mètres sous certaines conditions

❏ **b.** plongées en autonomie dans la zone de 0 à 40 mètres sous certaines conditions (espace lointain)

❏ **c.** plongées en état assisté entre 0 et 40 mètres (espace lointain)

❏ **d.** plongées en état assisté jusqu'à 60 mètres

2 *Avant une apnée, afin de limiter le danger de perte de connaissance, on préconise :*

❏ **a.** de s'hyperventiler

❏ **b.** de fermer les yeux

❏ **c.** d'avoir une respiration abdominale et lente

❏ **d.** de provoquer une inspiration forcée

3 *Un apnéiste perd connaissance :*

❏ **a.** vous lui enlevez son masque et tuba au fond

❏ **b.** vous le remontez le plus rapidement possible en surface

❏ **c.** vous lui larguez sa ceinture de lest

❏ **d.** vous le remontez lentement en surface

4 *Quelle est la zone où ont lieu les plus grandes variations de volume ? Entre :*

❏ **a.** 10 mètres et la surface

❏ **b.** 20 mètres et 10 mètres

❏ **c.** 40 mètres et 30 mètres

5 *Quel est le volume en surface, d'un ballon déformable et fermé, si son volume était de 5 litres à 40 mètres ?*

❏ **a.** 1 litre

❏ **b.** 5 litres

❏ **c.** 20 litres

❏ **d.** 25 litres

6 *Quel est le volume en surface, d'un ballon déformable et ouvert, si son volume était de 5 litres à 40 mètres ?*

❏ **a.** 1 litre

❏ **b.** 5 litres

❏ **c.** 20 litres

❏ **d.** 25 litres

1

7 Citez deux conséquences tirées de votre pratique, du aux effets de la pression sur les gaz

❏ **a.** liée au matériel : ... ❏ **b.** liée aux accidents : ...

8 Lors de la remontée, vous :

❏ **a.** effectuez un Valsava pour équilibrer vos oreilles

❏ **b.** remontez en ventilant normalement en insistant légèrement sur l'expiration

9 En cas de mal d'oreille, vous devez :

❏ **a.** consulter un médecin O.R.L.

❏ **b.** mettre un bouchon dans votre oreille pour plonger

10 Pour équilibrer ses oreilles à la descente, il est conseillé :

❏ **a.** de forcer la manœuvre de Valsava

❏ **b.** d'effectuer la manœuvre de Valsava avec douceur

❏ **c.** d'effecteur la manœuvre de Toynbee

11 Parmi ces symptômes, quels sont ceux possibles lors d'une surpression pulmonaire ?

❏ **a.** une douleur abdominale

❏ **b.** une douleur à une articulation

❏ **c.** un mal de dos

❏ **d.** les yeux injectés de sang

❏ **e.** une paralysie

❏ **f.** une douleur thoracique

12 Précisez votre réglementation nationale relative aux bouteilles de plongée.

13 Quelle est votre autonomie à 30 mètres, en sachant que votre consommation en surface est de 20 litres par minute et que vous disposez d'une bouteille de 15 litres gonflée à 200 bars (réserve de 50 bars) ?

❏ **a.** environ 28 minutes

❏ **b.** environ 37 minutes

❏ **c.** environ 50 minutes

❏ **d.** environ 150 minutes

14 Citez deux applications tirées de votre pratique liées à la modification de la propagation des sons sous l'eau :

❏ **a.** ❏ **b.**

4. DAUPHIN 2

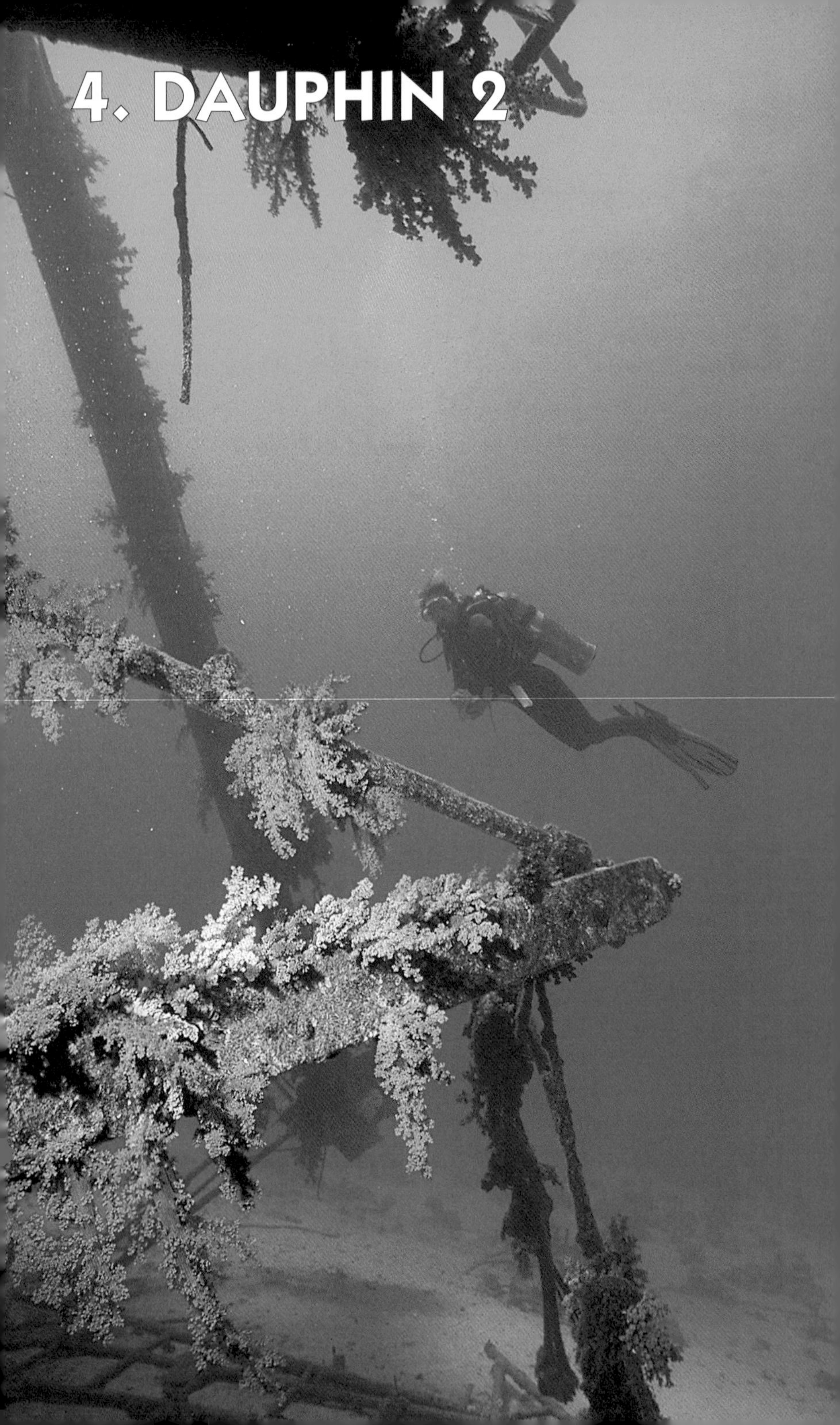

 **DAUPHIN 2**

TYPE	OBJECTIFS	COMPET-ENCES	EXERCICES PRÉPARANT À L'OBJECTIF	CONDITIONS DE RÉALISATION
📖	17 - page 134	FFESSM C6	La toxicité des gaz respirés.	
📖	18 - page 136	FFESSM C4 - C6	L'essoufflement.	
📖	19 - page 139	FFESSM C4 - C6	La noyade en plongée.	
📖	20 - page 141	FFESSM C6	L'accident de décompression.	
📖	21 - page 152	FFESSM C5 - C6	L'utilisation des tables de plongée.	
📖	22 - page 184		Connaissances sur les instruments de plongée.	
🗐	23 - page 220	FFESSM C5	Contrôler ses paramètres de plongée.	De jour, visibilité égale ou supérieure à 3 mètres, profondeur correspondant au niveau d'évolution en autonomie des plongeurs niveau 2/☆ ☆.
🗐	24 - page 223	FFESSM C6	La notion de flottabilité.	
PERF 🗐	25 - page 228	FFESSM C2 - C4	Utilisation du gilet de remontée.	De jour, visibilité égale ou supérieure à 5 mètres, en pleine eau, profondeur initiale proche de 20 mètres.
💡	page 240	FFESSM C2 - C4	Les vêtements secs à volume variable.	
🗐	26 - page 250		Utilisation du vêtement sec à volume variable.	De jour, visibilité égale ou supérieure à 3 mètres, en pleine eau, profondeur proche de 20 mètres.
PERF 🗐	27 - page 258	FFESSM C3	Le poumon ballast.	De jour, visibilité égale ou supérieure à 3 mètres, en pleine eau, profondeur correspondant au niveau d'évolution en autonomie des plongeurs niveau 2/☆ ☆.
📖	28 - page 262	FFESSM C4 - C6	La narcose ou ivresse des profondeurs.	
🗐	29 - page 265	FFESSM C5	Descendre en pleine eau dans le "bleu".	De jour, visibilité égale ou supérieure à 5 mètres, en pleine eau, profondeur correspondant au niveau d'évolution en autonomie des plongeurs niveau 2/☆ ☆.

C6

La toxicité des gaz respirés

INTÉRÊT PRATIQUE

L'air est un mélange gazeux. Les différents composants de ce mélange peuvent être toxiques et provoquer des accidents lorsqu'ils sont respirés à certaines pressions.

CRITÈRES DE RÉUSSITE ACCEPTABLES : vous devez être capable de nommer les principaux composants de l'air et de préciser dans quels accidents ils interviennent.

L'AIR : UN MÉLANGE GAZEUX

1. azote : 79 %
2. oxygène : 20,9 %
3. gaz rares : 0,07 %
4. dioxyde de carbone : 0,03 %

L'air que vous respirez en plongée est le même air que vous respirez actuellement. Il est composé principalement d'azote (N_2), d'oxygène (O_2), de dioxyde de carbone (CO_2).

Les gaz rares (xénon, krypton, argon…) représentent un faible pourcentage sans incidence.

L'AZOTE (N_2) : 79 %

C'est un gaz inerte qui n'est pas utilisé par l'organisme. Il intervient dans la narcose : ivresse des profondeurs (voir page 262) en ayant un effet anesthésiant.

L'OXYGÈNE (O₂) : 20,9%

Essentiel à la vie, il est utilisé par les cellules de l'organisme. Il peut être toxique hors du cadre de la plongée loisir à l'air :

- s'il est respiré, pur, en dessous de 7 mètres (appareil à circuit fermé utilisé notamment par les nageurs de combat).
- s'il est respiré en mélange suroxygéné (Nitrox), en dessous de la profondeur d'utilisation critique du mélange respiré.
- en plongée à l'air, à grande profondeur, en dessous de 70 mètres (hors des limites de la plongée-loisir).

LE DIOXYDE DE CARBONE (CO₂) : 0,03%

Il joue le rôle d'excitant cardio-ventilatoire dans l'organisme.

Il est à l'origine de l'essoufflement (voir page 136).

Il favorise l'apparition de la narcose (voir page 262).

LES FACTEURS DE LA TOXICITÉ

LA CONCENTRATION

Les gaz sont toxiques suivant leur concentration. Les seuils de toxicité sont différents selon les gaz.

LA PROFONDEUR

 La toxicité des gaz augmente avec la pression. C'est pour cette raison qu'un gaz parfaitement toléré en surface peut devenir toxique pour l'organisme lorsqu'il est respiré à une pression plus élevée.

LA DURÉE D'EXPOSITION

Pour des gaz tels que l'oxygène, les seuils de toxicité varient en fonction de la durée d'exposition.

LES FACTEURS ENVIRONNEMENTAUX ET LA SENSIBILITÉ INDIVIDUELLE

Les conditions d'exposition (milieu, température, visibilité, descente en pleine eau, courant...) font varier les limites de toxicité.

De même, selon les individus, leurs états psychique et physique, du jour les seuils de toxicité varient de façon importante.

OBJECTIF N° 18

C4 - C6

L'essoufflement

INTÉRÊT PRATIQUE

Au niveau 1/plongeur ✩, nous avions vu la prévention de cet incident, qui est le résultat d'une mauvaise adaptation respiratoire.

CRITÈRES DE RÉUSSITE ACCEPTABLES : vous devez être capable de décrire les causes principales, les symptômes, la conduite à tenir et la prévention de l'essoufflement.

N. 1 RAPPEL DE LA PRÉVENTION

Vous devez :

Ouvrir correctement votre robinet de conservation.

Ne pas vous immerger si vous êtes déjà essoufflé en surface, car ce problème s'aggraverait avec la profondeur.

Produire un palmage lent, adapté à la profondeur.

Être correctement lesté.

Éviter tout effort violent ou prolongé.

Ne pas faire des apnées poussées, l'embout en bouche.

Avoir une bonne protection isothermique.

Plonger dans un climat affectif et n'entraînant pas de peur ou d'angoisse excessives.

Ne pas attendre de passer sur réserve.

Entretenir et vérifier régulièrement votre matériel de plongée.

LES CAUSES

Il peut avoir pour origines :
- une pollution de l'air : mauvaise orientation de la prise d'air du compresseur ou défaut de filtration,
- un détendeur défectueux : résistances ventilatoires trop importantes,
- un passage sur réserve trop tardif,
- un robinet de conservation mal ouvert,
- un effort excessif : nage à contre-courant, surlestage, cadence de palmage trop élevée
- le froid.

La qualité de l'air doit être contrôlée de façon régulière. L'air utilisé en plongée doit être exempt de pollution.

Appareil AEROTEST (Dräeger) monté sur une bouteille de plongée, permettant de contrôler à l'aide de réactif la qualité de l'air.

LES FACTEURS AGGRAVANTS

La profondeur, l'anxiété ou la peur augmentent le phénomène d'essoufflement et l'aggravent.

LES SYMPTÔMES

EN PLONGÉE

Le plongeur atteint d'un essoufflement ventile de plus en plus rapidement.

Il n'arrive plus à contrôler sa ventilation qui devient de plus en plus superficielle et inefficace. Il a une "soif d'air".

L'essoufflement peut favoriser l'apparition d'une narcose ou d'un accident de décompression.

Si le plongeur panique et remonte en catastrophe, il risque une surpression pulmonaire ou une noyade.

EN SURFACE

Le plongeur peut ressentir de violents maux de tête, éventuellement accompagnés de nausées ou de vomissements et parfois d'une perte de connaissance.

LES SIGNES D'UN ESSOUFFLEMENT

L'augmentation du rythme ventilatoire et le nombre de bulles rejetées par le plongeur, une consommation excessive sont les meilleurs signes de l'essoufflement.

Ces signes ne sont pas toujours perçus facilement par le plongeur qui ne contrôle plus sa ventilation.

 Il est recommandé en pratique d'effectuer de temps à autre de brèves pauses ventilatoires de contrôle de dix à quinze secondes afin de déceler un éventuel début d'essoufflement.

De même les ordinateurs à gestion d'air (type 3 et 4) sont d'excellents moyens de détecter un essoufflement (voir page 136).

CONDUITE A TENIR EN PLONGÉE

L'ESSOUFFLÉ

- Vous devez faire sans attendre le signe : "je suis essoufflé" à votre guide de palanquée ou coéquipier.
- Vous devez arrêter tout mouvement et vous forcer à expirer profondément, pour baisser le taux de CO_2 et enrayer le processus.
- Éventuellement, vous passez votre réserve en attendant son intervention.

L'ASSISTANT

- Si l'essoufflé possède une réserve, baissez-la.
- Sans attendre, réalisez une remontée assistée à vitesse contrôlée avec selon le cas, l'embout maintenu en bouche afin de prévenir un lâcher d'embout.
- Calmer l'essoufflé pour éviter qu'il ne panique.
- En général, les troubles disparaissent lors de la remontée, avant l'arrivée en surface.
- La plongée est terminée.
- Il est recommandé de suivre une décompression plus pénalisante :
  - prendre le temps de plongée immédiatement supérieur dans vos tables pour déterminer votre ou vos paliers ou de majorer votre dernier palier si vous plongez à l'aide d'un ordinateur de plongée,
  - si aucun palier n'est prévu, un palier d'une minute à 6 mètres et un palier de cinq minutes à 3 mètres seront réalisés.
  - En cas de plongée successive, la lettre de groupe à considérer sera celle du temps de plongée immédiatement supérieur réalisé.

CONDUITE A TENIR EN SURFACE

 Dans le cas de maux de tête, allonger la personne et lui faire respirer de l'air enrichi en oxygène ou de l'oxygène pur.

OBJECTIF N° 19

C4 - C6

La noyade en plongée

INTÉRÊT PRATIQUE

Nous sommes des terriens. Lorsque nous plongeons, nous évaluons dans un élément qui n'est pas le nôtre.

La noyade est un risque majeur, à prendre en considération. Elle est responsable de la majorité des décès en plongée.

CRITÈRES DE RÉUSSITE ACCEPTABLES : vous devez être capable de préciser la conduite à tenir et la prévention face à une noyade.

DIFFÉRENTES CAUSES

Elle peut intervenir lors de la pratique en plongée libre ou en scaphandre autonome.

ELLE PEUT ÊTRE PROVOQUÉE PAR :

- une méconnaissance ou une imprudence : épuisement, nage à contre courant, mauvaise condition physique, apnée poussée, hyperventilation poussée, froid, essoufflement, narcose, incarcération dans une épave ou un filet de pêche, panne d'air, mer démontée…
- une défaillance psychique : anxiété, panique.
- une perte de connaissance due à : une hypoglycémie, une syncope, un infarctus du myocarde, une crise d'épilepsie...
- un traumatisme quelconque : chute sur un obstacle, choc contre une embarcation, blessure par hélice...
- un problème matériel : détendeur défectueux…

LES SYMPTÔMES	
Les noyades ont été classées en différents stades suivant leur gravité.	
Stade I	La personne consciente est angoissée, épuisée, refroidie. Elle a "bu la tasse".
Stade II	Mêmes symptômes que I, mais elle a des difficultés à ventiler.
Stade III	La personne est plus ou moins consciente. Sa ventilation est accélérée et superficielle, son pouls rapide. Selon le cas, elle peut vomir.
Stade IV	La personne ne réagit plus, ne ventile plus. L'arrêt cardiaque est imminent ou elle est en état de mort apparente.

LA CONDUITE A TENIR

GÉNÉRALITÉS

L'intervention devra être mise en œuvre rapidement.

La survie de l'accidenté dépend de la rapidité et de l'efficacité de l'intervention.

 La noyade en plongée avec scaphandre autonome s'accompagne très souvent d'un accident de décompression (voir page 141), puisque la personne ne ventile plus ou difficilement.

INTERVENTION DU SECOURISTE

 Qu'il s'agisse d'une noyade en eau de mer, rivière, ou piscine, la conduite à tenir est toujours la même.

 Dans un premier temps, sortir le noyé de l'eau le plus rapidement possible et faire prévenir les secours. Après avoir fait un bilan rapide des fonctions vitales, l'accidenté sera traité selon le cas : ranimation cardio-ventilatoire, oxygénothérapie, évacuation vers un centre hospitalier équipé d'un caisson hyperbare multiplace.

LA PRÉVENTION

- Plonger en bonne condition physique.
- Savoir nager.
- Réaliser des plongées adaptées à son niveau et encadrées par des plongeurs compétents.
- Être toujours équipé d'un gilet ou d'une bouée de remontée.
- Emporter toujours son tuba et revenir, en fin de plongée, sur tuba au bateau.
- Vérifier avant la mise à l'eau, la possibilité de larguer rapidement sa ceinture de lest.
- S'entraîner régulièrement aux exercices de sécurité.
- Laisser toujours une personne compétente de surveillance en surface. Ne jamais laisser un bateau sans surveillance sur le lieu de plongée.
- Ne pas pénétrer dans les épaves et faire attention aux filets.
- Ne jamais sortir de l'eau dans des endroits battus par la mer.
- Pratiquer la plongée en apnée toujours accompagné et surveillé par un coéquipier.
- Marquer un arrêt et faire un tour d'horizon avant de percer la surface.
- Avoir une alimentation et une protection isothermique bien ajustée et adaptée aux conditions météo et à la durée du séjour dans l'eau.
- Ne pas faire d'hyperventilation et d'apnées poussées.

C6

OBJECTIF N°20

L'accident de décompression

INTÉRÊT PRATIQUE

*L'accident de décompression est un accident
qui peut être grave de conséquence.
Il est dû à la respiration, sous pression,
de l'azote contenu dans l'air et à sa mauvaise élimination.*

CRITÈRES DE RÉUSSITE ACCEPTABLES : vous devez être capable de décrire succinctement les symptômes et de préciser la conduite à tenir et la prévention face à l'accident de décompression.

N. 1 | RAPPEL DE LA PRÉVENTION

CONDITIONS PRÉALABLES AVANT DE PLONGER

Abstenez-vous de plonger :

- en cas de fatigue ou climat psychologique défavorable,

- après un long trajet, une nuit blanche,

- si vous n'en avez pas envie.

Vous êtes le seul à juger de votre état psychique et physique, ne vous laissez pas influencer par les autres.

LORS DE LA PLONGÉE

- Ne remontez pas plus vite que les plus petites bulles que vous expirez.

- Respectez les paliers précisés par vos tables ou ordinateur de plongée.

- Réalisez un palier de principe de 3 à 5 minutes à 3 mètres.

APRÈS LA PLONGÉE

- Relevez les paramètres de votre plongée : profondeur maximum atteinte, durée de plongée, heure de sortie, palier éventuel.

- Ne faites pas d'effort violent ou important pendant les 2 h 00 suivant la plongée.

- Ne plongez pas en apnée avant un délai de 6 h 00.

- Attendez 12 à 24 h 00 avant de monter en altitude ou de prendre un moyen aérien en fonction des tables ou de l'ordinateur utilisés.

LA CAUSE

Nous avons vu que grâce au détendeur, le plongeur respire de l'air à la pression ambiante.

L'air contient environ 80% d'azote, gaz qui n'est pas consommé par l'organisme.

LORS D'UNE PLONGÉE

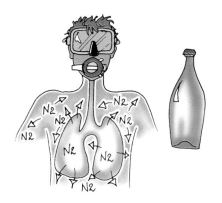

Votre organisme, par la respiration va se charger en azote, sous l'effet de la pression.

Nous pouvons faire le parallèle avec une bouteille d'eau gazeuse encapsulée, qui contient du CO_2 dissous.

La quantité d'azote dissous par l'organisme dépend de la pression et de la durée de la plongée.

Plus vous plongez longtemps et profond et plus votre corps dissout de l'azote.

LORSQUE VOUS REMONTEZ

L'azote contenu dans votre organisme va reprendre sa forme gazeuse.

Le surplus d'azote doit être éliminé par la respiration. Ce processus dure 12 h 00 à 24 h 00, voire plus.

SI VOUS REMONTEZ NORMALEMENT

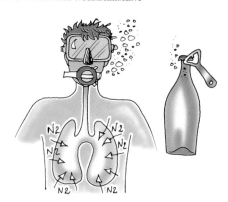

A chaque expiration, de l'azote est éliminé par vos poumons, en quantité suffisante. Des bulles d'azote circulantes se forment normalement, en quantité et grosseur limitées. Elles sont filtrées par les poumons.

Les bulles d'azote circulantes deviennent de plus en plus nombreuses. Leur taille va augmenter avec la baisse de pression (voir page 57). L'azote ne peut être suffisamment évacué, les poumons sont débordés, ils ne peuvent plus piéger les bulles.

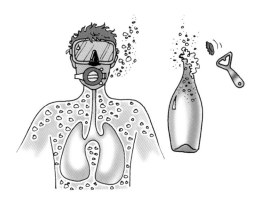

Elles vont se former dans les différents tissus et suivre la circulation sanguine. Lorsqu'elles auront atteint une taille critique, elles vont entraver la circulation sanguine et gêner l'oxygénation des cellules de l'organisme. Les symptômes vont dépendre de leur nombre, taille et localisation.

LES SYMPTÔMES

Les accidents mineurs (type I)

LES ACCIDENTS CUTANÉS

Le plongeur a des démangeaisons, picotements (puces) ou des gonflements douloureux en plaque sous la peau (moutons).

Ils sont dûs au dégazage de l'azote dans les tissus de la peau. Ils peuvent annoncer des accidents majeurs.

Ce type d'accident est relativement rare en plongée-loisir.

LES ACCIDENTS OSTÉO-ARTICULAIRES (BENDS)

Une vive douleur s'intensifiant apparaît à une articulation, en général, celle la plus sollicitée lors de la plongée ; le plus souvent l'épaule, le genou ou le coude.

Sa mobilisation intensifie la douleur et en général le plongeur recherche des positions qui le soulagent.

Ce type d'accident est également peu fréquent en plongée-loisir.

Les accidents majeurs (type II)

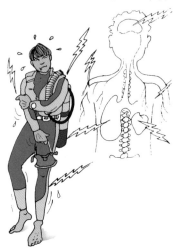

• Troubles ventilatoires et cardiaques

difficultés à ventiler, douleur aiguë localisée au niveau de la poitrine (oppression).

• Troubles neurologiques

- fatigue intense, pâleur, angoisse, refroidissement, maux de tête.
- troubles sensitifs, de la vue, de l'audition, de la parole et du comportement.
- crise convulsive, inconscience, coma.
- douleur violente localisée au bas du dos.
- fourmillement dans les jambes.
- impossibilité d'uriner.
- paralysie, en général des membres inférieurs, de la moitié ou de tout le corps.
- arrêt ventilatoire puis cardiaque.
- mort.

• Troubles de l'oreille

- vertiges, nausées, vomissement.
- surdité ou audition difficile, bourdonnements d'oreille aigus.

LES DÉLAIS D'APPARITION DES SYMPTÔMES

Les symptômes apparaissent entre 15 minutes et 12 heures après la sortie de l'eau.

Dans la majorité des cas, ils interviennent dans l'heure qui suit.

LA CONDUITE A TENIR

Toute apparition de symptômes doit être prise au sérieux.

Si un plongeur se suspecte ou est suspecté d'avoir un des symptômes décrits, vous devez rapidement en fonction de vos compétences en secourisme :

- sortir la victime de l'eau,
- déséquiper et allonger la victime,
- alerter ou faire alerter les secours médicalisés et faire mettre en alerte le caisson de recompression,
- après un bilan rapide, effectuer les gestes de ranimation selon le cas, en fonction de son état,

- appliquer les recommandations qui suivent émises par la dernière conférence européenne

de consensus sur la médecine hyperbare (voir à la suite),
- faire surveiller les autres membres de la palanquée de l'accidenté dans un centre hyperbare médicalisé.

N'abandonnez jamais un traitement entrepris et une procédure d'évacuation même si l'état de la victime s'améliore ou paraît être revenu à la normale.

Une 2e conférence européenne de consensus, organisé par le Comité Européen pour la Médecine Hyperbare (CEHM) s'est tenue à Marseille du 9 au 11 mai 1996.

Un jury international, aidé par dix experts a émis des recommandations sur le traitement des accidents de décompression de plongée de loisirs.

Trois niveaux de recommandations ont été établis :

- **Recommandation de type 1 :**
L'application de cette recommandation est considérée déterminante dans l'évolution du pronostic final de l'accident.
- **Recommandation de type 2 :**
L'application de cette recommandation est considérée comme susceptible de prévenir des conséquences sérieuses pour la victime.
- **Recommandation de type 3 :**
L'application de cette recommandation est considérée comme optionnelle.

Nous nous contentons de rapporter une synthèse[1] des recommandations, à appliquer sur les lieux de l'accident par le plongeur secouriste :

Recommandations de type 1 :

La prise en charge efficiente d'un accident de décompression ne peut se faire que dans un centre médical spécialisé équipé d'un caisson hyperbare et composé d'une équipe médicale et paramédicale entraînée.

L'accident de décompression est une urgence médicale vraie qui doit toujours bénéficier d'un délai de recompression thérapeutique le plus court possible et être orienté d'emblée du site de l'accident vers le service spécialisé receveur le plus proche.

Il ne faut jamais réimmerger l'accidenté car cette méthode est dangereuse.

Entreprendre immédiatement l'administration d'oxygène pur (proche de 100 %) grâce à un masque facial avec réservoir alimenté par un débit d'au moins 15 litres/mm pour l'adulte. L'administration de l'oxygène à 100 % doit être poursuivie jusqu'au moment de la recompression thérapeutique. Celle-ci devra être instaurée au plus tard dans les 6 heures qui suivent l'accident, afin de limiter les problèmes éventuels de toxicité de l'oxygène.

La victime sera encouragée à boire (environ 1 litre/heure) de l'eau plate de préférence saline isotomique (type liquide de réhydratation des sportifs) sauf dans trois circonstances :

[1] synthèse et adaptation réalisée d'après les actes de la 2e conférence européenne de consensus sur le traitement des accidents de décompression de la plongée de loisirs - Comité Européen pour la Médecine Hyperbare - éditeurs : F. Wattel, D. Mathieu - 27 novembre 1996.

- victime peu collaborante ayant des troubles de la conscience voire étant inconsciente,
- nausées et/ou vomissements,
- suspicion de lésion du tube digestif.

Recommandations de type 2 :

Les fonctions vitales seront surveillées jusqu'à une prise en charge médicale.

Réchauffer, rassurer et couvrir la victime.

Aucun médicament ne peut être hautement recommandé, compte tenu de l'absence d'études.

Recommandation optionnelle de type 3 :

Faire prendre jusqu'à 500 mg d'aspirine avec de l'eau si la victime, n'a pas de trouble de la conscience. S'assurer au préalable que la victime n'est pas allergique en la questionnant (en cas de doute s'abstenir).

REMARQUES

La commission médicale nationale de la FFESSM recommande de donner jusqu'à une dose unique maximum de 500 mg d'aspirine chez l'adulte, en suivant les précautions déjà précisées plus haut.

DAN Europe recommande le même protocole secouriste en cas de surpression pulmonaire et d'accident de décompression (voir page 74).

L'aspirine ne fait pas partie de son protocole.

LE CAISSON DE RECOMPRESSION MULTIPLACE

C'est une chambre étanche qui est mise en pression. Suivant sa taille, elle peut accueillir plusieurs accidentés, couchés ou assis selon leur état.

L'accidenté est mis en pression avec un médecin et éventuellement un infirmier.

A l'extérieur, face à un tableau de commande, un technicien contrôle les opérations (mise en pression, gaz respirés).

Un sas permet le passage depuis l'extérieur, du personnel médical, des médicaments et du matériel.

La recompression immédiate a pour but de réduire la taille des bulles.

La respiration d'oxygène pur remplace l'azote contenu dans l'air et permet une meilleure oxygénation de l'organisme.

Elle est alternée avec des pauses à l'air, à cause des effets toxiques de l'oxygène.

Outre la recompression et décompression progressive, l'accidenté suit un traitement médicamenteux. L'accidenté subit les jours suivant son accident, selon le cas, plusieurs séances en caisson, jusqu'à la stabilisation de son état, après récupération partielle ou totale.

LES FACTEURS FAVORISANT L'ACCIDENT DE DÉCOMPRESSION

Des facteurs favorisants sont de plus en plus mis en cause lors de la survenue d'un accident de décompression.

D'après les études statistiques* du Médecin-Chef J.L. Méliet et du docteur B. Grandjean sur les accidents de plongée, la présence d'au moins un facteur favorisant a été constaté dans **80 % des accidents répertoriés** :

- *l'âge* : au-delà de 40 ans, le système circulatoire est moins performant.
- *l'obésité* : les graisses fixent plus facilement l'azote.
- *des antécédents d'accident ou d'incident de plongée.*
- *le tabac, l'alcool, la drogue ou la déshydratation* : ils modifient et altèrent la circulation sanguine.
- *la prise de médicaments* : certains médicaments peuvent perturber votre décompression, renseignez-vous auprès de votre médecin plongeur.
- *la fatigue, le stress, une mauvaise condition physique ou psychique* : ils prédisposent aux accidents de décompression.
- *un effort physique important* :
  - avant la plongée : surtout s'il est accompagné de douleurs musculaires,
  - pendant la plongée : il augmente la quantité d'azote dissoute,
  - après la plongée : il augmente la formation de bulles dans l'organisme.

* - enquête nationale sur les accidents de plongée bilan 1993, B. Grandjean, INFOMED-FFESSM.
  - les tables de plongée à l'air de la Marine Nationale. Procès verbal n°03-90, CEPISMER - Toulon Naval - Médecin Chef J.L. Méliet

- *l'essoufflement* : l'excès de gaz carbonique favorise ce type d'accident.
- *une ventilation anormale en plongée* : la respiration à deux sur un même détendeur, une remontée sur expiration, par exemple à la suite d'une défaillance matérielle, réduisent la qualité de la décompression du fait que l'efficacité de la fonction ventilatoire est réduite.
- *le froid* : il réduit la vitesse d'élimination de l'azote.
- *la profondeur et le temps de plongée* : plus on plonge profond et longtemps et plus notre organisme se charge en azote. Au-delà de 50 mètres, les risques sont accrus.
- *des remontées multiples réalisées au cours de la même plongée.*
- *les plongées successives* : le risque est augmenté d'après les statistiques.
- *une mer agitée* : dans ce cas précis, la réalisation correcte des paliers est rendue difficile et aléatoire.
- *un mauvais lestage* : il rend difficile la tenue des paliers.

LES PROFILS DE PLONGÉE DANGEREUX

Certains profils de plongée augmentent le risque d'accident de décompression.

PROFIL DE PLONGÉE "À NIVEAUX CROISSANT OU INVERSÉ"

Ce type de profil dangereux correspond à un niveau d'évolution croissant au cours de la plongée. Une descente en profondeur est réalisée, par exemple, en fin de plongée après être resté un temps important à une profondeur relativement faible.

Pour aller dans le sens de la sécurité, il est conseillé d'effectuer le début de sa plongée à la profondeur la plus importante prévue.

PROFIL DE PLONGÉE "ASCENSEUR OU YOYO"

Ce type de profil dangereux correspond à des remontées et redescentes successives réalisées au cours d'une même plongée.

Le plongeur remonte et redescend plusieurs fois au cours de la même plongée.

Dans le cadre de plongée technique, ce profil est malheureusement relativement courant.

Ce profil de plongée doit être évité autant que possible car les tables et ordinateurs de plongée n'autorisent que des variations de profondeur modérées au cours d'une même plongée.

PRÉVENTION RELATIVE A LA DÉCOMPRESSION

- Ne faites jamais de manœuvre de Valsalva à la remontée, elle est inutile et dangereuse.
- Durant vos paliers :

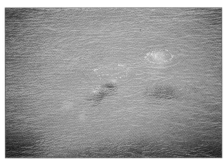

- ventilez amplement et calmement
- ne faites pas d'effort important, tel que palmer à contre-courant,
- ne faites jamais d'apnée,
- évitez de faire des passages d'embout, préférez utiliser un 2e détendeur de secours.

PRÉVENTION RELATIVE AUX FACTEURS FAVORISANTS ET AU PROFIL DE PLONGÉE

Afin de réduire au maximum le risque d'accident :

- **limiter au maximum le nombre de facteurs favorisant énoncés précédemment.**

Si vous êtes caractérisé par un de ces facteurs, selon le cas :

- abstenez-vous de plonger temporairement.
- plongez dans la courbe de sécurité et réalisez un palier de principe de 3 à 5 minutes.
- rallongez la durée de votre palier de 3 mètres.
- **éviter les profils de plongée dangereux**

Malgré tout, si vous effectuez ces types de profils, il est recommandé de suivre une procédure de décompression pénalisante.

L'utilisation d'un ordinateur de plongée est dangereuse pour assurer sa décompression en cas de facteurs favorisant ou lors de la réalisation de profils de plongée dangereux.

Vous devez éviter autant que possible le profil de plongée "ascenseur ou yoyo" qui est dangereux.

Si malgré tout, vous réalisez ce type de profil, afin de limiter les risques d'accident :

- **respectez scrupuleusement la vitesse de remontée préconisée.**
- **limitez les variations importantes de profondeur durant les remontées :** le risque s'accroît lors de variations importantes de profondeur plus particulièrement si elles incluent la zone des dix derniers mètres.
- **limitez le temps passé au fond avant de réaliser les remontées :** le risque est accru si les remontées sont réalisées en fin de plongée, il est recommandé de les réaliser en début de plongée.
- **limitez le nombre de remontées réalisées :** au-delà de 2 ou 3 remontées lors d'une même plongée, le risque semble relativement important.
- **réalisez systématiquement, en fin de plongée avant d'effectuer votre remontée finale, à la suite des remontées multiples, à titre de prévention, un séjour d'au moins 5 minutes, au moins à demi-profondeur (voir page 170).**
- **suivez une procédure de décompression pénalisante à l'aide des tables de plongée.**

PRÉVENTION RELATIVE AUX PLONGÉES MULTIPLES

- Dans le cas d'une plongée successive ou consécutive, pour aller dans le sens de la sécurité, effectuez la plongée la plus profonde en premier.
- Ne changez jamais de tables ou d'ordinateur entre deux plongées.
- Ne faites jamais plus de deux plongées par 24 heures (hors tables).

- Ne faites jamais des plongées successives répétées plusieurs jours de suite sans repos périodique. Au-delà de 4 à 5 jours par semaine, ménagez-vous une demi à une journée de repos.

UN PROJET UTILE ET AMBITIEUX : "SAFE DIVE" DE DAN

Ce projet ambitieux conduit par DAN (voir page 347) a pour ambition de mieux appréhender les profils de plongée des plongeurs loisirs et de savoir s'ils ont une influence sur la survenue possible d'un accident de décompression.

DAN s'est fixé un objectif de deux millions de plongée analysés pour que l'étude soit suffisamment significative pour en tirer des enseignements.

Des enregistrements de profils de plongée sont réalisés sur des volontaires grâce à des ordinateurs de plongée sans affichage qui constituent de véritables "boites noires" qui sont analysées au retour de la plongée. De plus, un questionnaire et une mesure au détecteur doppler réalisée sur le plongeur complète les données enregistrées. L'ensemble des enregistrements est ensuite analysé par des spécialistes en médecine hyperbare.

2

OBJECTIF N°21

 FFESSM

C5 - C6

L'utilisation des tables de plongée

INTÉRÊT PRATIQUE

Lors de la remontée, nous avons vu que le plongeur doit éliminer, en remontant à vitesse contrôlée, par sa ventilation, le surplus d'azote que contient son organisme.

Dans certains cas, il doit s'arrêter lors de la remontée, pour réaliser des paliers, dans le but de laisser le temps à l'azote de s'éliminer.

Utiliser les tables de plongées permet donc de prévenir l'accident de décompression.

CRITÈRES DE RÉUSSITE ACCEPTABLES : au niveau 1/plongeur ☆, nous avions vu les plongées sans palier. Au niveau 2/☆ ☆, vous devez être capable de planifier vos plongées à l'aide des tables de plongée et de les utiliser dans votre pratique, pour assurer votre décompression.

Remarque importante : l'auteur et l'éditeur rejettent toutes responsabilités concernant l'utilisation des tables de plongée, courbes et procédures présentées dans ce livre.

N. 1 RAPPELS

LES PARAMÈTRES DE PLONGÉE

• La profondeur

la profondeur prise en compte est la profondeur maximale atteinte lors de la plongée.

• Le temps de plongée

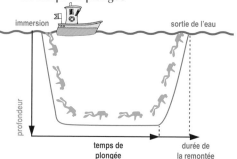

Le temps de plongée débute lorsque l'on s'immerge et s'arrête lorsque l'on débute la remontée à la vitesse préconisée par les tables. On le mesure avec sa montre.

Il est différent du temps donné par un profondimètre électronique ou par un ordinateur qui correspond au temps total d'immersion.

• La durée totale de la remontée (DTR)

elle débute lorsque l'on remonte à la vitesse préconisée par les tables et s'arrête à la sortie de l'eau.

LES PLONGÉES SANS PALIER

COURBES DE SÉCURITÉ DES TABLES MN90

Il n'est pas nécessaire de faire un palier si vous séjournez à une profondeur de :	pendant moins de :
9,25 mètres	illimité
10 mètres	5 h 30 mn
12 mètres	2 h 15 mn
15 mètres	1 h 15 mn
18 mètres	50 mn
20 mètres	40 mn
22 mètres	35 mn
25 mètres	20 mn
28 mètres	15 mn
30 mètres	10 mn

La vitesse de remontée préconisée est de :
- 15 à 17 mètres/mn du fond au premier palier
- 1 mètre/10 secondes entre les paliers
  et du dernier palier à la surface (6 mètres/mn)

L'utilisation de cette courbe n'est valable que dans le cadre de plongées réalisées au niveau de la mer durant lesquelles l'effort fourni par les plongeurs doit être relativement modéré.

Vous ne pouvez pas replonger en utilisant cette courbe sans corrections que 12 h 00 après une première plongée et sans faire plus de deux plongées par 24 heures.

COURBE DE DÉCOMPRESSION SANS PALIER MT92

Il n'est pas nécessaire de faire de palier si vous séjournez à :	pendant un intervalle avant de plonger de :		
Profondeur	12 h 00	6 h 00	4 h 00
7,5 mètres	illimité	illimité	illimité
9 mètres	6 h 00	5 h 30 mn	5 h 00
10,5 mètres	4 h 30 mn	4 h 10 mn	4 h 00
12 mètres	2 h 45 mn	2 h 30 mn	2 h 15 mn
13,5 mètres	1 h 40 mn	1 h 30 mn	1 h 30 mn
15 mètres	1 h 20 mn	1 h 10 mn	1 h 00
18 mètres	50 mn	40 mn	35 mn
21 mètres	35 mn	25 mn	20 mn
24 mètres	25 mn	20 mn	10 mn
27 mètres	20 mn	15 mn	10 mn
30 mètres	15 mn	10 mn	5 mn

La vitesse de remontée préconisée est de 9 à 15 mètres/mn

L'utilisation de cette courbe n'est valable que dans le cadre de plongées réalisées à une altitude comprise entre 0 et 300 mètres.

L'intervalle correspond au temps compris entre la fin d'une première plongée éventuelle et le début d'une autre plongée. Pour une première plongée, prendre l'intervalle de 12 h 00.

Si l'intervalle ne figure pas dans le tableau, prendre la valeur d'intervalle inférieure pour aller dans le sens de la sécurité. Un maximum de deux plongées par 24 heures est autorisé en utilisant ces tables.

LE PALIER DE PRINCIPE

Il est nécessaire ou recommandé selon les tables d'effectuer **un palier de principe,** avant de remonter en surface, afin d'accroître sa sécurité quand on réalise des plongées supérieures à 12 mètres (40 pieds) et ne nécessitant pas de palier dans la courbe de plongées sans palier, ou lorsque l'on possède un profil pénalisant (voir page 159).

	Tables	Palier de principe de
	MN90 MT92	3 à 5 minutes à 3 mètres recommandés

DURANT LA REMONTÉE

Ne remontez jamais plus haut que votre guide ou chef de palanquée, c'est lui qui vous indique la vitesse de remontée.

Ne remontez jamais plus vite que les plus petites bulles que vous expirez. La vitesse préconisée varie en fonction des tables de plongée utilisées.

	Tables	Vitesse de remontée préconisée
	MN90	15 à 17 mètres/mn remontée entre paliers et entre le dernier palier et la surface : 1 mètre/10 secondes
	MT92	9 à 15 mètres/mn

DIFFÉRENTES TABLES DE PLONGÉE

La décompression est un phéno-mène complexe. Les conceptions actuelles reposent sur des bases anciennes, énoncées dès 1905 par le physiologiste anglais, John Scott Haldane.

Dans le monde entier, différents travaux de recherche ont été menés par des scientifiques. Ils ont donné naissance à différentes tables de plongée qui reposent sur des conceptions différentes.

Dans le commerce, vous pouvez trouver différentes présentations de ces tables. Dans de nombreux cas, ce sont des extraits de la table qui sont commer-cialisés, car certaines profondeurs ou certains temps d'immersion sortent du cadre de la plongée loisir.

Pour être utilisable lors de votre pratique, les tables doivent être suffisamment lisibles pour ne pas provoquer des erreurs de lecture, tout en étant d'encombre-ment réduit, pour se loger dans la poche de votre gilet de remonté.

De plus, elles doivent être immergeables et solides pour durer.

 En France, deux princi-pales tables de plongée sont utilisées :

1. tables Marine Nationale Française 1990 (MN90)
2. tables Ministère du Travail Français 1992 (MT92)

LA SÉCURITÉ DES TABLES DE PLONGÉE

Malgré les énormes progrès réalisés par la recherche scienti-fique, le risque d'accident de décompression n'est pas écarté, même en respectant les tables de plongée.

Mais fort heureusement, l'amé-lioration des tables de plongée au fil des années a réduit considéra-blement le risque d'accident. Il faut souligner que nous bénéficions actuellement des résultats de plus d'un siècle d'utilisation des tables de plongée.

Les phénomènes liés à la décompression sont complexes et sont loin d'être parfaitement connus ou maîtrisés.

D'autre part, il est impossible de proposer des procédures individualisées qui tiennent compte des caractéristiques physiologiques variées et propres à chaque plongeur. Les tables de plongées ne sont que des solutions générales.

Il n'y a donc pas de tables parfaitement sûres, leur utilisation implique un certain risque même s'il est faible.

 Mais le respect des tables de plongée et des règles de prévention est la seule solution permettant de réduire au maximum les risques d'accidents.

Ce problème n'est pas spécifique à la plongée mais est général à toute activité. Par exemple, lorsque vous roulez en voiture, vous n'êtes pas à l'abri d'un accident de la circulation même si vous respectez le code de la route.

Par contre, le fait de le respecter réduit votre probabilité d'avoir un accident.

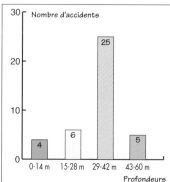

Dans le futur, on arrivera à réduire encore plus le risque en améliorant les tables actuelles grâce aux données statistiques liées aux accidents de plongée. A titre d'exemple, pour les tables de la Marine Nationale Française, le risque d'accident en utilisant la précédente version (GERS 65) était d'un accident inexpliqué pour 8 000 plongées par an. Aujourd'hui, avec la dernière version (MN90), le risque est considéré comme étant de deux à trois accidents inexpliqués pour 250 000 plongées par an.

Répartition des accidents de décompression avec respect des tables GERS 65 d'après le docteur J.L. Méliet - CEPISMER P.V. 03/90

DES PROBLÈMES D'ADAPTATION

La mise au point d'une table de plongée demande un budget de recherche très important et qui peut être difficilement supporté par le secteur de la plongée-loisir. C'est pour cette raison que le "plongeur-loisir" utilise des tables de plongée conçues pour d'autres.

La très grande majorité des tables utilisées dans le cadre de la plongée loisir ont été conçues pour le domaine militaire ou du travail sous-marin.

Les principales tables utilisées en France ont été conçues pour le domaine militaire (MN 90) ou du travail sous-marin (M.T. 92).

> Une table de plongée est élaborée et validée afin d'être utilisée par une population spécifique et relativement homogène, sélectionnée selon des critères précis : âge, taille, poids, sexe, condition physique... Plus un plongeur possède un profil éloigné du profil de référence qui a servi à l'élaboration d'une table et plus la probabilité d'accident avec respect de cette table est élevée.

L'engouement du grand public pour notre activité, qui est une bonne chose, a rendu la population des "plongeurs-loisir" de plus en plus disparate. Cette population dans son ensemble n'est pas représentative des échantillons de populations qui ont servi à l'élaboration et à la validation des différentes tables utilisées.

Par exemple, un plongeur de 62 ans, sédentaire, fumeur, ayant de l'embonpoint... est loin d'être représentatif du profil d'un plongeur militaire de 32 ans, en parfaite condition physique et entraîné ou d'un jeune travailleur sous-marin en activité

QUELLES TABLES CHOISIR ?

Les avis sont partagés sur le choix des tables de plongée à utiliser dans le cadre de la plongée loisir.

La sécurité d'une table ne s'évalue pas seulement sur les procédures qu'elle propose mais surtout d'après les données statistiques issues de son utilisation.

Le manque de recul, ou l'utilisation relativement récente de ces nouvelles tables permet difficilement de se prononcer à l'heure actuelle et de clore le débat.

> A titre d'illustration, nous vous présentons dans cet ouvrage, dans le cadre de votre formation, les tables FFESSM/MN90 établies à partir des tables de la Marine Nationale française.
>
> Ces tables servent de référence en France pour les examens théoriques de plongée de la F.F.E.S.S.M., du Ministère de la Jeunesse et aux Sports et sont couramment utilisées.
>
> Par la suite, dans votre pratique, vous pourrez faire le choix d'utiliser des tables de plongée différentes avec lesquelles vous devrez vous familiariser au préalable.

L'IMPORTANCE DES BASES DE DONNÉES SUR LA PLONGÉE LOISIR

Comme nous l'avons déjà vu, seule la constitution de bases de données sur les accidents de plongée peut permettre d'évaluer le risque lié à l'utilisation des tables de plongée afin de les améliorer.

Malheureusement, dans certains pays, il existe à l'heure actuelle peu de données statistiques sur l'utilisation des tables de plongée en plongée loisir.

Une grande majorité des organisations de plongée ont mis en place des questionnaires afin de constituer des bases de données de ce type.

Plus les bases de données seront importantes et plus on pourra déterminer si des tables données sont suffisamment fiables lorsqu'elles sont utilisées dans le domaine de la plongée loisir. D'où l'importance d'envoyer le questionnaire mis en place en cas d'accident de plongée.

Ces questionnaires sont en général collectés, anonymés et exploités par un médecin expert, coordonnateur afin de respecter le secret médical.

Vous pouvez obtenir ce type de questionnaire en contactant votre organisation de plongée (voir page 344).

L'une des fonctions d'un organisme comme DAN (voir page 347) est de recueillir et d'analyser les informations concernant les accidents de plongée dans le monde entier pour en déterminer les causes, développer et améliorer les méthodes de traitement. Il publie régulièrement un rapport sur l'analyse des accidents et décès en plongée loisir qu'il a recensé.

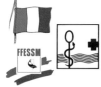

La commission médicale de la FFESSM a mis en place un questionnaire depuis 1991 afin de constituer une telle base de données.

LES TABLES MARINE NATIONALE 1999 (MN90)

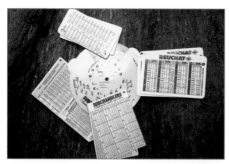

1. tables FFESSM
2. tables 3B - CTR Ile de France
3. tables SUBCHANDLERS
4. tables BIGATA
5. tables VIEUX PLONGEUR
6. tables COMPTOIR DES SPORTS

ELLES COMPRENNENT PLUSIEURS TABLEAUX

- **Pour une plongée simple**
- plongées simples de 6 à 65 mètres.

- **Pour une deuxième plongée, successive**
- le tableau de détermination de l'azote résiduel.

- le tableau de détermination de la majoration.

- le tableau de diminution de l'azote résiduel par respiration d'oxygène pur, en surface.

Ce dernier tableau ne nous intéresse pas, car il sort de votre formation conduisant au niveau 2/plongeur ☆ ☆.

LIMITES ET CONDITIONS D'UTILISATION

A QUI S'ADRESSENT CES TABLES ?

La Marine Nationale Française a élaboré ces tables à l'origine pour qu'elles soient utilisées à l'air par ses plongeurs, des jeunes de 32 ans en moyenne, en bonne condition physique. C'est pour cette raison que certaines personnes qui correspondent à des profils pénalisants : âgées de plus de 40 ans, possédant de l'embonpoint, en mauvaise condition physique devront plonger dans des conditions de plongée peu contraignantes adaptées et suivre une procédure de décompression plus pénalisante.

PROFONDEUR D'UTILISATION

Sa profondeur maximale d'utilisation est de 60 mètres, ce qui dépasse largement le cadre de la plongée loisir (limite conseillée : 40 mètres).

Les profondeurs de 62 et 65 mètres existent dans le cas où un plongeur dépasserait **accidentellement** la profondeur limite de 60 mètres.

VITESSE DE REMONTÉE DU FOND AU PREMIER PALIER

Votre vitesse de remontée doit être comprise entre 15 et 17 mètres/mn.

Dans le cadre de la réalisation des problèmes de plongée théoriques, la FFESSM a décidé par convention qu'une vitesse de remontée de 15 mètres/mn soit employée. Cette mesure vise à uniformiser les méthodes de calcul.

VITESSE DE REMONTÉE AUX PALIERS

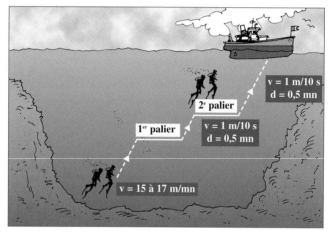

Entre les paliers et du palier de 3 mètres à la surface, la vitesse de remontée est fixée à 1 mètre en 10 secondes, soit 6 mètres par minute.

Cette vitesse de remontée lente correspond en pratique à une remontée "main sur main", le long d'une ligne de mouillage. Elle représente une durée de remontée entre chaque palier ou du palier de 3 mètres à la surface de 30 secondes ou 0,5 minute.

NOMBRE DE PLONGÉES PAR 24 HEURES

Deux plongées par 24 heures maximum peuvent être réalisées en utilisant ces tables.

POUR RÉALISER UNE DEUXIÈME PLONGÉE, PEUT-ON CHANGER DE TABLES ?

Vous ne pouvez pas utiliser un 2e type de table pour réaliser une 2e plongée car deux tables différentes ne sont pas basées sur les mêmes données.

PRENDRE L'AVION OU MONTER EN ALTITUDE APRÈS UNE PLONGÉE

Après votre sortie de l'eau, votre organisme élimine encore de l'azote. Si vous devez monter en altitude ou prendre l'avion, nous vous conseillons d'attendre 12 à 24 heures après votre sortie de l'eau.

Dans le cas d'une plongée, comportant une remontée trop rapide, nous vous conseillons d'attendre 24 heures.

La Marine Nationale Française recommande à l'intention de son personnel plongeur un intervalle de temps à respecter entre la fin de la plongée réalisée à l'aide des tables MN90 et la prise d'un moyen aérien.

Le tableau suivant donne, en fonction du groupe de plongée successive de la plongée effectuée et du niveau de vol envisagé, l'intervalle du temps qu'il est nécessaire de respecter entre la fin de la plongée et le décollage.

VOL APRÈS LA PLONGÉE				
GROUPE DE LA PLONGÉE EFFECTUÉE (**GPS**)	NIVEAU DE VOL			
	entre 0 et 300 m	entre 300 et 3000 m	entre 3000 et 4500 m	> 4500 m
Groupe de A à F	pas de limitation particulière	3 h	5 h	12 h
Groupe de G à P	pas de limitation particulière	5 h	8 h	24 h
Groupe supérieure à P	pas de limitation particulière	24 h		

PLONGER EN ALTITUDE

Les tables ont été conçues pour être utilisées au niveau de la mer.

Lors de plongées en altitude, la pression atmosphérique est moindre.

 Les tables ne peuvent être utilisées sans adaptation, prenant en compte cette différence. Vous devez suivre une formation adaptée, si vous désirez pratiquer ce type de plongée.

• L'effort en plongée

La table a été conçue pour des plongées à l'air, nécessitant un effort moyen, correspondant à une nage de 0,5 nœud (inférieure à 1 km/h).

Si lors d'une plongée, vous êtes contraint de produire un effort important, vous sortez du cadre d'utilisation des tables.

• L'essoufflement en plongée

Comme nous l'avons vu précédemment (voir page 136), l'essoufflement en plongée peut favoriser l'apparition d'un accident de décompression.

• Une ventilation anormale en plongée. Comme nous l'avons déjà évoqué, la respiration à deux sur un même détendeur, une remontée sur expiration, par exemple à la suite d'une défaillance matérielle, réduisent la qualité de la décompression du fait que l'efficacité de la fonction ventilatoire est réduite.

• Des conditions de plongée difficiles

- le stress
- une mauvaise visibilité
- l'eau froide (températures inférieures à 4° C)
- un contrôle incertain de la profondeur
- de mauvaises conditions de mer.

L'ensemble de ces conditions peut favoriser l'apparition d'un accident de décompression.

Ces différentes conditions doivent être évitées en préparant correctement votre plongée.

Si en plongée, vous vous retrouvez malgré tout dans une de ces conditions, nous vous conseillons :

- d'utiliser le temps de plongée immédiatement supérieur disponible dans la table pour déterminer vos paliers, ou de majorer votre dernier palier si vous plongez à l'aide d'un ordinateur de plongée,
- si aucun palier n'est pas prévu, un palier d'une minute à 6 mètres et un palier de cinq minutes à 3 mètres seront réalisés,
- en cas de plongée successive, la lettre de groupe à considérer sera celle du temps de plongée immédiatement supérieur au temps réalisé.

Sont à distinguer :

la **plongée simple** qui est une première plongée ne succédant à aucune plongée, et la **seconde plongée** qui est une plongée effectuée après une plongée simple.

Nous vous conseillons de représenter sous forme graphique les plongées que vous désirez planifier dans le cadre d'exercices ou dans votre pratique.

De cette manière, vous éviterez d'oublier des paramètres et vous visualiserez mieux le profil de la plongée.

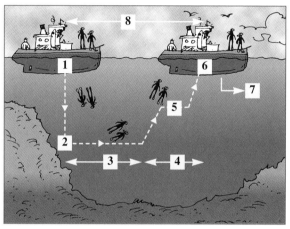

1. H.D. : Heure de départ
2. Profondeur maximum atteinte
3. Temps de plongée ou durée de la plongée
4. D.T.R. : Durée totale de la remontée
5. Palier
6. H.S. : Heure de sortie
7. Lettre de groupe
8. T.T.P. : Temps total de plongée ou durée totale de plongée

Nous considérerons une vitesse de remontée théorique du fond au premier palier de 15 mètres/mn pour l'ensemble des problèmes de plongée qui suivent (voir page 160).

Pour nous familiariser avec les différents cas, nous allons suivre Patrick et Dominique, lors de leurs plongées.

Regardons ensemble un extrait du tableau des plongées simples.

Profondeur	Durée de la plongée	Durée des paliers à					DTR	Groupe de plongée successive (GPS)
		15 m	12 m	9 m	6 m	3 m		
32 m ❶	❷ 5	❸					❹ 3	❺ B
	10						3	D
	15					1	4	E
	20					3	6	G
	25					6	9	H
	30					14	17	I
	35					22	25	K
	40				1	29	33	K
	45				4	34	41	L
	50				7	39	49	M
	55				11	43	57	N
	1 h 00				15	46	64	N

❶ La profondeur (en mètres)

La profondeur à prendre en compte sera la profondeur **la plus importante** atteinte lors de la plongée.

Si la valeur n'y figure pas, prenez **la valeur immédiatement supérieure.**

❷ La durée ou le temps de la plongée

C'est le temps compris entre l'immersion et le début de la remontée entre 15 et 17 m/mn.

Si le temps n'y figure pas, prenez **le temps immédiatement supérieur.**

❸ La durée des paliers

Elle est en rapport avec la durée et la profondeur de la plongée ; en aucun cas, vous ne pouvez minorer les valeurs précisées.

❹ La durée totale de la remontée (DTR)

Elle a été supprimée des tables MN90 par le COMISMER (Marine Nationale Française) depuis décembre 1996. Elle a été rajoutée dans les tables FFESSM/MN90 afin de faciliter les calculs de l'heure de sortie théorique. (H.S.). Elle comprend la durée de la remontée à 15 mètres/minute, la durée des paliers, la durée de remontée entre paliers et entre le dernier palier et la surface.

La colonne DTR n'est pas utilisable dans 3 cas particuliers (voir page 165).

Dans la pratique, il n'est pas nécessaire de calculer l'heure de sortie (H.S.) et donc par voie de conséquence de déterminer la durée totale de remontée (DTR).

L'heure de sortie est tout simplement lue à l'aide de votre montre de plongée.

❺ Le groupe de plongée

Il est caractérisé par une lettre ; il permet de calculer les paramètres des plongées successives : c'est la mémoire de la première plongée (nous y reviendrons ultérieurement).

DÉTERMINATION OU CALCUL DE LA DURÉE TOTALE DE LA REMONTÉE : CAS PARTICULIERS

La colonne de durée totale de remontée (DTR) est utilisable dans la majorité des problèmes de plongée sauf pour certains cas particuliers dont entre autres :
- une remontée lente (voir page 168),
- une remontée depuis le palier de demi-profondeur (voir page 172),
- une plongée consécutive (voir page 175), lorsque la deuxième plongée est moins profonde que la première et qu'elle nécessite un ou des paliers(s).

Dans ces cas particuliers, il est nécessaire de déterminer ou de calculer la durée totale de remontée (DTR) en utilisant d'autres méthodes.

• Détermination de la "durée totale de remontée" (DTR)* :

La méthode la plus simple consiste à déterminer la DTR en lisant le tableau ci-après, en n'oubliant pas de rajouter la durée des paliers aux valeurs précisées dans le tableau :

DURÉE DE REMONTÉE JUSQU'AU PREMIER PALIER PLUS TEMPS INTERPALIERS, EN MINUTES

Profondeur du premier palier	PROFONDEUR DE REMONTÉE																
	6 m	8 m	10 m	12 m	15 m	18 m	20 m	22 m	25 m	28 m	30 m	32 m	35 m	38 m	40 m	42 m	45 m
sans palier	1	1	1	1	1	2	2	2	2	2	2	3	3	3	3	3	3
3 m	1	1	1	2	2	2	2	2	2	3	3	3	3	3	3	4	4
6 m	1	2	2	2	2	2	2	3	3	3	3	3	3	4	4	4	4
9 m			2	2	2	3	3	3	3	3	3	4	4	4	4	4	4
12 m				2	3	3	3	3	3	4	4	4	4	4	4	4	5
15 m					3	3	3	3	4	4	4	4	4	5	5	5	5

* Réalisé d'après Tables de Plongée Fédérales - tables et Mode d'emploi - extrait du tableau IV - FFESSM - 1999.

• Calcul de la "durée totale de remontée"

- considérer que la vitesse de remontée est de 15 mètres par minute jusqu'au premier palier.

- calculer le nombre de mètres depuis le fond jusqu'au premier palier rencontré, ou bien jusqu'à la surface en cas d'absence de palier. Cela fournit une distance d.

- calculer la durée de cette remontée par la formule du type :

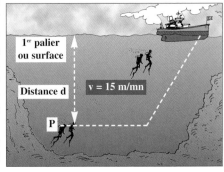

1ᵉʳ palier ou surface

Distance d

v = 15 m/mn

P

$$\text{durée en minutes} = \frac{\text{distance d (en mètres)}}{15}$$

- ajouter la durée des éventuels paliers ainsi que les durées de passage d'un palier à l'autre et du dernier palier à la surface (30 secondes, c'est-à-dire 0,5 minute entre chaque palier et entre le dernier palier et la surface).

- arrondir à l'entier immédiatement supérieur la somme obtenue

• A titre d'illustration

Plongée simple en mer :

immersion à 10 h 00, temps de plongée de 50 minutes à 18 mètres

• Durée totale de la remontée : 18/15 = 1,2 mn ≈ 2 mn

• Heure de sortie : 10 h 52

Il faut relativiser l'importance de ces calculs, en sachant que dans la pratique la détermination de l'heure de sortie est donnée par la lecture de la montre, lors de la sortie de l'eau.

Patrick et Dominique plongent à 10 h 00 ; ils descendent à 27 mètres explorer une épave. 34 minutes après leur immersion, ils remontent entre 15 et 17 mètres/mn.

Profondeur	Durée de la plongée	Durée des paliers à					DTR	Groupe de plongée successive
		15 m	12 m	9 m	6 m	3 m		
28 m ❶	5						2	B
	10						2	D
	15						2	E
	20					1	4	F
	25					2	5	G
	30					6	9	H
	❷ 35					❸ 12	❹ 15	❻ I
	40					19	22	J
	45					25	28	K
	50					32	35	L
	55				2	36	41	M
	1 h 00				4	40	47	M

❶ **La profondeur** 27 mètres ne figure pas dans le tableau, nous prendrons la valeur supérieure : 28 mètres.

❷ **La durée de plongée** 34 minutes ne figure pas dans le tableau, nous prendrons la valeur supérieure : 35 minutes.

❸ **Palier :** 12 minutes à 3 mètres.

❹ **Durée totale de la remontée (DTR)**
Vous avez la possibilité de lire le tableau page 165 ou de calculer la DTR :
Pour remonter du fond au premier palier :
$$(27 - 3)/15 = 1,6 \text{ mn}$$
Pour remonter du palier à la surface : 0,5 mn (voir page 166)
DTR = 1,6 + 12 + 0,5 = 14,1 mn arrondi à 15 mn.

❺ **Temps total de plongée (TTP)** sera de :
$$34 + 15 = 49 \text{ mn.}$$

❻ Ils feront donc un palier de 12 minutes à 3 mètres.
Ils sortiront de l'eau à 10 h 49 avec une lettre de groupe I.

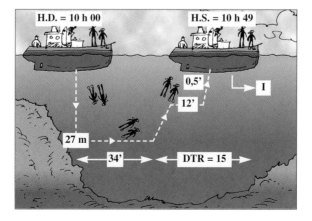

Cas particulier :
   la remontée lente : v < 15 m/mn

C'est une remontée dont la vitesse est inférieure à 15 m/mn.

Dans ce cas, la durée de cette remontée lente doit être incluse dans le temps de plongée.

La durée de plongée s'arrêtera lorsque vous remonterez à une vitesse comprise entre 15 et 17 m/mn.

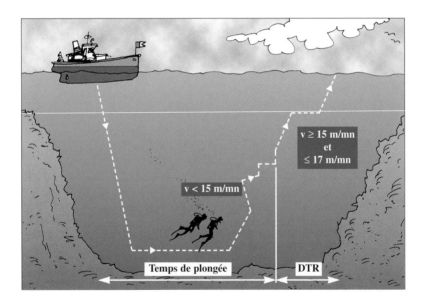

Imaginons que Patrick et Dominique réalisent la même plongée simple à 10 h 00 à 27 mètres pendant 34 minutes et ils décident de remonter lentement pendant 2 minutes pour contempler un tombant jusqu'à la profondeur de 15 mètres. Ils remontent ensuite normalement (entre 15 et 17 m/mn).

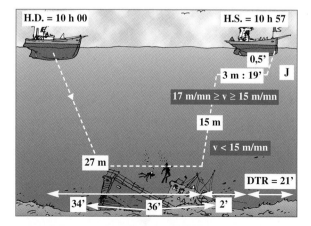

Profondeur	Durée de la plongée	Durée des paliers à					DTR	Groupe de plongée successive
		15 m	12 m	9 m	6 m	3 m		
❶ 28 m	5						2	B
	10						2	D
	15						2	E
	20					1	4	F
	25					2	5	G
	30					6	9	H
	35					12	15	I
❷	40					❸19	❹22	❻ J
	45					25	28	K
	50					32	35	L
	55				2	36	41	M
	1 h 00				4	40	47	M

❶ **La profondeur** 27 mètres ne figure pas dans le tableau, nous prendrons la valeur supérieure : 28 mètres.

❷ **La durée de plongée** 34 + 2 minutes (remontée lente) = 36 minutes ne figure pas dans le tableau, nous prendrons la valeur supérieure : 40 minutes.

❸ **Palier :** 19 minutes à 3 mètres.

❹ **Durée totale de la remontée (DTR)**

Nous prendrons en compte la remontée depuis la profondeur de 15 mètres d'où ils sont remontés à la vitesse préconisée et non depuis le fond situé à 27 mètres.

Vous avez la possibilité de lire le tableau page 165 ou de calculer la DTR : pour remonter de 15 mètres au premier palier :

$$(15 - 3)/15 = 0,8 \text{ mn}$$

Pour remonter du palier à la surface : 0,5 mn (voir page 166)
DTR = 0,8 + 19 + 0,5 = 20,3 mn arrondi à 21 minutes

❺ **Le temps total de plongée (TTP)** sera de : 36 + 21 = 57 mn.

❻ **Ils feront donc un palier de 19 minutes à 3 mètres.**
Ils sortiront de l'eau à 10 h 57 avec une lettre de groupe J.

INCIDENTS DE PLONGÉE

LA REMONTÉE RAPIDE : V > 17 m/mn

C'est une remontée dont la vitesse est supérieure à 17 mètres/mn.

Un plongeur peut ne pas maîtriser l'utilisation de son gilet de remontée et remonter rapidement.

Une telle remontée accidentelle doit être évitée par l'apprentissage.

- **Mais dans le cas où vous remontez trop vite d'une profondeur supérieure ou égale à 6 mètres**

Ne vous affolez pas, vous devez :
- si la réimmersion est possible en moins de 3 minutes, Prévenir la personne responsable de la sécurité surface, si besoin est, changer votre bouteille.
- en l'absence de signes d'un accident de plongée (voir page 105), redescendre accompagné **le plus tôt possible**, à la moitié de la profondeur maximale atteinte, prise en compte pour rentrer dans les tables. Vous y resterez 5 minutes.
- remonter à la vitesse de 15 à 17 m/mn.
- pour faire vos paliers, prendre comme :
  - temps de plongée : le temps compris entre le début de votre plongée initiale et la fin des 5 minutes passées à mi-profondeur.
  - profondeur : la profondeur maximale atteinte lors de la plongée.
  - **réaliser au minimum un palier de 2 minutes à 3 mètres.**

Si vous ne pouvez pas vous réimerger dans les moins de 3 minutes, vous devez considérer cette situation comme un accident de décompression déclaré et intervenir en conséquence (voir page 144).

Après votre plongée, soyez attentif à toute sensation inhabituelle : fatigue, picotement, malaise.

N'hésitez pas à en avertir votre guide de palanquée ou le directeur de plongée.

Pour les problèmes de plongée théoriques, si rien n'est précisé, nous considérerons afin d'harmoniser les résultats que le palier à mi-profondeur sera rejoint dans un délai de 1 à 2 minutes après l'arrivée en surface.

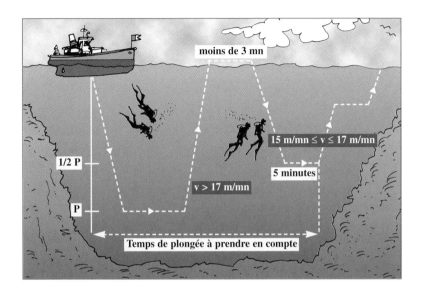

Imaginons que Patrick et Dominique réalisent la même plongée simple à 10 h 00, ils descendent à 27 mètres. 34 minutes après leur immersion, Patrick remonte en catastrophe, sans contrôler sa remontée. Il arrive en surface après une remontée de 1 minute et y reste 2 minutes.

Profondeur	Durée de la plongée	Durée des paliers à					DTR	Groupe de plongée successive
		15 m	12 m	9 m	6 m	3 m		
❶ 28 m	5						2	B
	10						2	D
	15						2	E
	20					1	4	F
	25					2	5	G
	30					6	9	H
	35					12	15	I
	40					19	22	J
	❷ 45					**❹** 25	**❺** 28	**❼** K
	50					32	35	L
	55				2	36	41	M
	1 h 00				4	40	47	M

❶ La profondeur 27 mètres ne figure pas dans le tableau, nous prendrons la valeur supérieure : 28 mètres.

❷ Temps à prendre en compte pour déterminer les paliers :

34 + 1 (remontée rapide) + 2 (temps en surface) + 5 (temps à 1/2P) = 42 mn arrondis à 45 mn pour rentrer dans la table.

❸ Palier à demi-profondeur :

$$27/2 = 13,5 \text{ m arrondis à 14 mètres.}$$

❹ Palier :

25 minutes à 3 mètres.

❺ Durée totale de la remontée (DTR) :

> Nous prendrons en compte la remontée depuis la profondeur de 14 mètres d'où ils sont remontés à la vitesse préconisée et non depuis le fond situé à 27 mètres.

Pour remonter de 14 mètres au premier palier :

$$(14 - 3)/15 = 0,74 \text{ mn}$$

Pour remonter du palier à la surface : 0,5 mn (voir page 166)

DTR = 0,74 + 25 + 0,5 = 26,24 mn arrondis à 27 minutes.

❻ Le temps total de plongée (TTP) sera de :

$$34 + 1 + 2 + 5 + 27 = 69 \text{ mn.}$$

Deux minutes après leur émersion, Patrick est à 14 mètres (1/2P) avec Dominique et y reste 5 minutes. Auparavant, il a prévenu la personne responsable de la sécurité surface sur le bateau et a capelé une nouvelle bouteille.

Ils feront donc un palier de 25 minutes à 3 mètres.

❼ Ils sortiront de l'eau à 11 h 09, avec une lettre de groupe K.

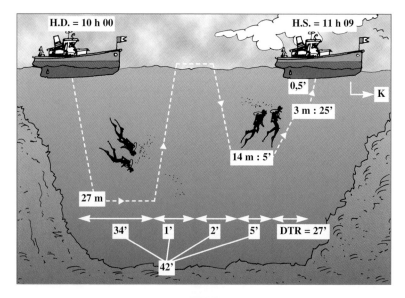

MAUVAISE EXÉCUTION D'UN PALIER OU PALIER INTERROMPU

La FFESSM préconise une procédure, dans ce cas qui doit être exceptionnel. En l'absence de signe d'un accident de plongée, le plongeur dispose de moins de 3 minutes en surface pour changer de bouteille et redescendre accompagné pour refaire entièrement le palier interrompu.

 Quant à elle, la Marine Nationale Française, dans ce cas, préconise pour ses plongeurs de refaire la totalité des paliers.

 Si vous ne pouvez ps vous réimerger dans les 3 minutes, vous devez considérer cette situation comme un accident de décompression déclaré et intervenir en conséquence (voir page 144).

 Après votre plongée, soyez attentif à toute sensation inhabituelle : fatigue, picotement, malaise.
N'hésitez pas à en avertir votre guide de palanquée ou le directeur de plongée.

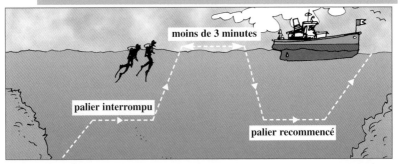

Imaginons que Patrick et Dominique réalisent la même plongée simple à 10 h 00, ils descendent à 27 mètres. 34 minutes après leur immersion, ils remontent normalement jusqu'à leur palier de 3 mètres où ils doivent rester 12 minutes. Au bout de deux minutes, Patrick et Dominique sont en panne d'air.

❶ **La profondeur** de 27 mètres.

❷ **La durée de plongée** 34 minutes.

❸ **Palier :** 12 minutes à 3 mètres.

❹ **Durée totale de la remontée (DTR)**
Pour remonter du fond au premier palier : $(27 - 3)/15 = 1,6$ mn
Pour remonter du palier à la surface : 0,5 mn (voir page 166)
DTR = 1,6 + 2 (palier inachevé) + 2 (temps en surface) + 12 (palier refait) + 0,5 = 18,1 mn arrondis à 19 mn.

❹ **Temps total de plongée (TTP) :** 34 + 19 = 53 mn

 173

Ils remontent en surface pour capeler une nouvelle bouteille. Deux minutes plus tard (3 minutes maximum), ils ont rejoint leur palier interrompu et effectuent donc 12 minutes à 3 mètres.

⑥ Ils sortent de l'eau à 10 h 53, avec une lettre de groupe I.

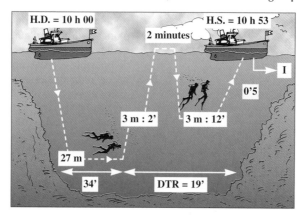

UNE SECONDE PLONGÉE

Rappelons qu'il s'agit d'une plongée effectuée après une plongée simple.

Si vous effectuez une seconde plongée, il faut tenir compte du temps compris entre votre sortie de l'eau, à la fin de la 1re plongée et votre immersion lors de la seconde plongée.

Ce temps qui sépare deux plongées, s'appelle **un intervalle (I)**.

Selon l'intervalle, la méthode de calcul sera différente.

1. Intervalle > 12 h 00 : nouvelle plongée simple

Si vous effectuez une seconde plongée après un intervalle supérieur à 12 h 00, cette nouvelle plongée est considérée comme une plongée simple (voir page 164).

2. Intervalle < 15 minutes : plongée consécutive ou additive

Si vous effectuez une seconde plongée après un intervalle inférieur à 15 minutes, cette nouvelle plongée est appelée plongée consécutive ou additive (voir page 175).

3. 15 minutes ≤ intervalle ≤ 12 h 00 : plongée successive

Si vous effectuez une seconde plongée après un intervalle compris entre 15 minutes et 12 h 00 inclus, cette nouvelle plongée est appelée plongée successive (voir page 177).

LA PLONGÉE CONSÉCUTIVE OU ADDITIVE : I < 15 minutes

Dans ce cas précis, pour effectuer vos paliers, vous tiendrez compte des paramètres suivant :

- *la profondeur :* la plus importante atteinte au cours des deux plongées.
- *la durée de plongée :* la somme des durées de la 1ʳᵉ et de la 2ᵉ plongée.

Vous utiliserez ensuite le tableau des plongées simples (voir page 164).

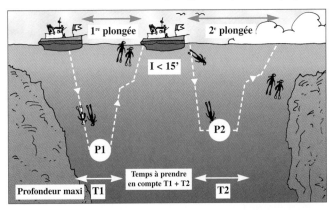

Imaginons que Patrick et Dominique réalisent la même plongée simple à 10 h 00, à 27 mètres pendant 34 minutes.

Après leur sortie de l'eau, Dominique s'aperçoit qu'elle a perdu son phare de plongée.

Ils changent alors de bouteille et après 11 minutes passées en surface, ils replongent à 15 mètres pendant 10 minutes.

Profondeur ❶	Durée de la plongée	Durée des paliers à					DTR	Groupe de plongée successive
		15 m	12 m	9 m	6 m	3 m		
28 m	5						2	B
	10						2	D
	15						2	E
	20					1	4	F
	25					2	5	G
	30					6	9	H
	35					12	15	I
	40					19	22	J
❷ 45						❸25	❹28	❻K
	50					32	35	L
	55				2	36	41	M
	1 h 00				4	40	47	M

❶ La profondeur de 27 mètres ne figure pas dans le tableau, nous prendrons la valeur supérieure : 28 mètres.

❷ Temps à prendre en compte pour déterminer les paliers :

Nous prendrons en compte la somme des temps des deux plongées : 44 minutes (34 + 10) donc arrondi à 45 mn pour rentrer dans la table

❸ Palier

25 minutes à 3 mètres

❹ Durée totale de la remontée (DTR)

> nous prendrons en compte le temps nécessaire pour remonter depuis la profondeur de 15 mètres (profondeur de la 2e plongée) jusqu'au premier palier.

Pour remonter de 15 mètres au premier palier :

$$(15 - 3)/15 = 0,8 \text{ mn}$$

Pour remonter du palier à la surface : 0,5 mn (voir page 166)
DTR = 0,8 + 25 + 0,5 = 26,3 mn arrondis à 27 mn.

❺ Le temps total de plongée (TTP) sera de :

$$10 + 27 = 37 \text{ mn.}$$

Ils réaliseront un palier de 25 minutes à 3 mètres. Ils sortiront de l'eau à 11 h 37, avec une lettre de groupe K.

Ils réaliseront un palier de 25 minutes à 3 mètres.

❻ Ils sortiront de l'eau à 11 h 37, avec une lettre de groupe K.

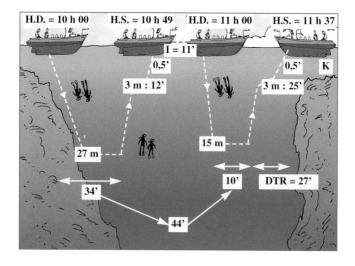

La plongée successive : 15 minutes ≤ I ≤ 12 h 00

Lorsque vous commencez votre deuxième plongée, votre organisme n'a pas fini d'éliminer l'azote dissous lors de la première plongée.

Il faut tenir compte de cette surcharge en déterminant une majoration.

 Cette majoration correspond au temps qu'il faudrait passer à la profondeur de la deuxième plongée pour avoir la même quantité d'azote dissous.

Représentation schématique de la quantité d'azote présent dans l'organisme après une première et deuxième plongée.

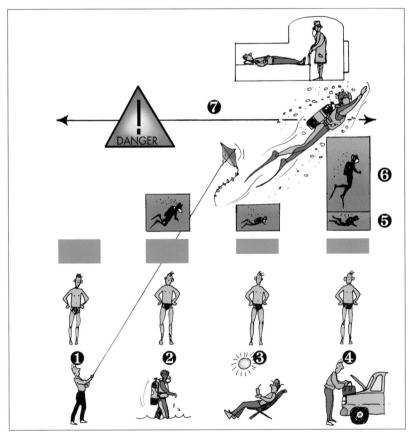

❶ En surface sans plonger

❷ Après une première plongée

❸ Après un intervalle de temps passé en surface suite à la première plongée

❹ Après la deuxième plongée suite à un intervalle passé en surface

❺ Excès d'azote de la 1re plongée

❻ Excès d'azote de la 2e plongée

❼ Limite maximale à ne pas dépasser

Dans un premier temps, il est nécessaire de déterminer votre azote résiduel. Pour cela, regardons le tableau ci-joint.

❶ GPS	❷	15	30	45	1 h	1 h 30 ❸	2 h	2 h 30
A		0,84	0,83	0,83	0,83	0,82	0,82	0,82
B		0,88	0,88	0,87	0,86	0,85	0,85	0,84
C		0,92	0,91	0,90	0,89	0,88	0,87	0,85
D		0,97	0,95	0,94	0,93	0,91	0,89	0,88
E		1,00	0,98	0,97	0,96	0,93	0,91	0,89
F		1,05	1,03	1,01	0,99	0,96	0,94	0,91
G		1,08	1,06	1,04	1,02	0,98	0,96	0,93
H		1,13	1,10	1,08	1,05	1,01	0,98	0,95

(Le titre de l'ensemble de ces colonnes est **INTERVALLES SURFACE**)

❶ **Groupe de plongée successive (GPS)** : c'est la mémoire de votre 1re plongée, vous retiendrez la lettre de groupe de votre 1re plongée lue dans le tableau des plongées simples (voir page 164).

❷ **Intervalle** : c'est le temps qui sépare vos deux plongées. Si la valeur n'y figure pas, prenez la valeur immédiatement **inférieure**.

❸ **L'azote résiduel** : c'est la quantité d'azote résiduel dans votre organisme, déterminée à partir de votre intervalle et de votre lettre de groupe.

Patrick et Dominique sortent de l'eau à 10 h 49 après leur première plongée avec une lettre de groupe I. Ils désirent replonger à 12 h 00.

Groupe	15	30	45	1 h	1 h 30	2 h	2 h 30
A	0,84	0,83	0,83	0,83	0,82	0,82	0,82
B	0,88	0,88	0,87	0,86	0,85	0,85	0,84
C	0,92	0,91	0,90	0,89	0,88	0,87	0,85
D	0,97	0,95	0,94	0,93	0,91	0,89	0,88
E	1,00	0,98	0,97	0,96	0,93	0,91	0,89
F	1,05	1,03	1,01	0,99	0,96	0,94	0,91
G	1,08	1,06	1,04	1,02	0,98	0,96	0,93
H	1,13	1,10	1,08	1,05	1,01	0,98	0,95
I	1,17	1,14	1,11	1,08	1,04	1,00	0,97
J	1,20	1,17	1,14	1,11	1,06	1,02	0,98
K	1,25	1,21	1,18	1,15	1,09	1,04	1,01

(Le titre de l'ensemble de ces colonnes est **INTERVALLES SURFACE**)

Ils prendront comme intervalle 1 h car 1 h 11 ne figure pas dans le tableau. La lettre de groupe étant I, leur azote résiduel sera de 1,08.

Maintenant que vous connaissez votre azote résiduel, vous pouvez déterminer votre majoration.

Regardons le tableau de détermination de la majoration.

Azote résiduel	PROFONDEUR DE LA 2ᵉ PLONGÉE										
	12 m	15 m	18 m	20 m	22 m	25 m	28 m	30 m	32 m	35 m	38 m
0,82	4	3	2	2	2	2	2	1	1	1	1
0,84	7	6	5	4	4	3	3	3	3	2	2
0,86	11	9	7	7	6	5	5	4	4	4	3
0,89	17	13	11	10	9	8	7	7	6	6	5
0,92	23	18	15	13	12	11	10	9	8	8	7
0,95	29	23	19	17	15	13	12	11	10	10	9
0,99	38	30	24	22	20	17	15	14	13	12	11
1,03	47	37	30	27	24	21	19	17	16	15	14
1,07	57	44	36	32	29	25	22	21	19	18	16
1,11	68	52	42	37	34	29	26	24	22	20	19

❶ **Azote résiduel :** c'est la valeur que vous venez de déterminer. Si votre valeur n'y figure pas, prenez la valeur immédiatement **supérieure**.

❷ **Profondeur de la 2ᵉ plongée :** c'est la profondeur à laquelle vous descendrez lors de votre 2ᵉ plongée. Si la valeur n'y figure pas, la FFESSM préconise dans le cadre de ses examens théoriques de prendre la valeur immédiatement **supérieure**. La Marine Nationale Française précise, quant à elle, à l'intention de ses plongeurs de prendre la valeur immédiatement **inférieure**.

❸ **Majoration :** c'est le temps que vous devez rajouter au temps de la 2ᵉ plongée, pour tenir compte de la 1ʳᵉ plongée que vous avez déjà effectuée.

Reprenons l'exemple précédent. Dominique et Patrick ont un azote résiduel égal à 1,08, ils désirent replonger à 19 mètres.

Azote résiduel	PROFONDEUR DE LA 2ᵉ PLONGÉE				
	12 m	15 m	18 m	20 m	22 m
0,82	4	3	2	2	2
0,84	7	6	5	4	4
0,86	11	9	7	7	6
0,89	17	13	11	10	9
0,92	23	18	15	13	12
0,95	29	23	19	17	15
0,99	38	30	24	22	20
1,03	47	37	30	27	24
1,07	57	44	36	32	29
1,11	68	52	42	37	34
1,16	81	62	50	44	40

Si nous prenons la méthode de détermination de la FFESSM (voir plus haut) : ils prendront comme valeur d'azote résiduel 1,11 et 20 mètres puisque leurs valeurs initiales ne figurent pas dans le tableau.

Leur majoration sera de 37 minutes.

Pour calculer les paliers de la 2ᵉ plongée, il faut prendre en compte :

- *La durée fictive ou le temps fictif :* qui est égal à la somme de la majoration et de la durée de la 2ᵉ plongée.

- *La profondeur :* la profondeur atteinte lors de la deuxième plongée.

Vous utiliserez ensuite le tableau des plongées simples (voir page 164).

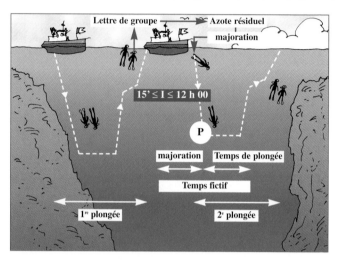

Prenons le même exemple précédent : Dominique et Patrick ont une majoration égale à 37 minutes, ils plongent à 12 h 00 à une profondeur de 19 mètres pendant 10 minutes.

Profondeur	Durée de la plongée	Durée des paliers à					DTR	Groupe de plongée successive
		15 m	12 m	9 m	6 m	3 m		
20 m ❶	5						2	B
	10						2	B
	15						2	D
	20						2	D
	25						2	E
	30						2	F
	35						2	G
	40						2	H
	45					1	3	I
❷ 50					❸	4	6	❼ I
	55					9	11	J
	1 h 00					13	15	K

❶ **La profondeur** de 19 mètres ne figure pas dans le tableau, nous prendrons la valeur supérieure : 20 mètres.

❷ **Temps à prendre en compte pour déterminer les paliers (temps fictif) :**
37 + 10 = 47 mn arrondi à 50 mn pour rentrer dans la table.

❸ **Palier :**
4 minutes à 3 mètres.

❹ **Durée totale de la remontée (DTR)**
Pour remonter de 19 mètres au premier palier :
$$(19 - 3)/15 = 1,07 \text{ mn}$$
Pour remonter du palier à la surface : 0,5 mn (voir page 166)
DTR = 1,07 + 4 + 0,5 = 5,57 mn arrondis à 6 minutes.

❺ **Le temps total de plongée (TTP)** sera de :
$$10 + 6 = 16 \text{ mn.}$$

 Ils réaliseront un palier de 4 minutes à 3 mètres.
❼ **Ils sortiront de l'eau à 12 h 16, avec une lettre de groupe I.**

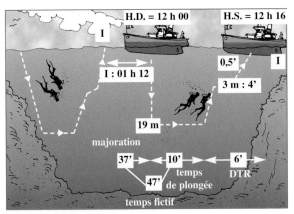

RÉCAPITULATIF D'UTILISATION DES TABLEAUX

Pour aller dans le sens de la sécurité, si vos valeurs de départ ne figurent pas dans l'un des tableaux suivants, vous prenez la valeur immédiatement :

Tableau	Paramètres			
	Profondeur	Temps	Intervalles	Azote résiduel
des plongées simples	Supérieure	Supérieure		
détermination azote résiduel			Inférieure	
détermination majoration	Supérieure[1]			Supérieure

[1] Il s'agit de la méthode de détermination de la FFESSM préconisée dans le cadre des examens théoriques. La Marine Nationale Française précise à l'intention de ses plongeurs de prendre quant à elle, la valeur immédiatement **inférieure**.

PLANIFIEZ VOTRE PLONGÉE

RÈGLES GÉNÉRALES

Une plongée ne s'improvise pas, elle se prépare. Il doit être exceptionnel de calculer ses paliers sous l'eau (surtout dans le cas d'une deuxième plongée) pour limiter les risques d'erreurs.

Vous devez déterminer, avant de plonger, la profondeur, le temps de plongée et déterminer vos paliers.

Pour cette raison, il est important lorsque vous ne décidez pas du lieu de plongée, de vous informer de ses caractéristiques auprès du responsable, pour savoir s'il est compatible avec votre niveau et pour planifier votre plongée.

Limitez les risques : ne faites pas la course à la profondeur, d'autant plus que, les plus belles plongées se situent le plus souvent proche de la surface.

Vérifiez que le temps de plongée, la durée des paliers soient compatibles avec votre autonomie en air (voir page 000) et avec les conditions de plongée. Lors de plongées sans palier, faites un palier de principe. N'hésitez pas à vous ménager une certaine marge de sécurité (voir page 000).

PLANIFIEZ UNE DEUXIÈME PLONGÉE

Relevez toujours les paramètres de vos plongées : profondeur, temps, paliers, lettre de groupe.... Ils vous permettront de planifier une deuxième plongée.

Effectuez toujours la plongée la plus profonde en premier, pour aller dans le sens de la sécurité.

Lorsque vous réalisez une deuxième plongée avec des

coéquipiers qui n'ont pas réalisé la même première plongée :

- en cas de plongée consécutive : il faut prendre en compte les paramètres de plongée de celui qui a réalisé la première plongée la plus pénalisante (profondeur et temps les plus importants).

- en cas de plongée successive : il faut prendre en compte la majoration la plus importante du groupe.

Préférez réaliser une plongée successive après un intervalle de surface relativement important.

PROFONDEUR PRÉVUE INITIALEMENT DÉPASSÉE OU NON ATTEINTE

Vous pouvez à la suite d'un manque de préparation, d'une inadvertance ou d'une erreur technique atteindre une profondeur supérieure ou au contraire une profondeur inférieure à la profondeur initialement prévue lors de la planification de votre plongée successive.

Ces situations doivent rester exceptionnelles et être évitées par l'entraînement et une préparation rigoureuse de la plongée en surface.

Vous pouvez prévoir cette éventualité lors de votre planification de plongée et retenir une fourchette de majorations liées à des profondeurs encadrant la profondeur que vous êtes fixée.

A titre d'exemple :

- 20 mètres – majoration = 4 minutes
- **18 mètres – majoration = 5 minutes : profondeur prévue**
- 15 mètres – majoration = 6 minutes

Si malgré tout, l'une de ces circonstances vous arrive, vous pouvez appliquer des procédures de calculs particulières afin de limiter les risques d'erreur dans vos calculs.

La Marine Nationale préconise comme procédures pour ses plongeurs :

- profondeur atteinte supérieure à celle de prévue : de conserver la majoration calculée initialement et de déterminer les paliers à l'aide du temps fictif et de la profondeur réellement atteinte.

- profondeur atteinte inférieure à celle de prévue : de conserver la majoration calculée initialement et de déterminer les paliers à l'aide de la durée fictive et de la profondeur utilisée pour le calcul.

Connaissances
sur les instruments de plongée

INTÉRÊT PRATIQUE

La gestion de votre décompression nécessite l'utilisation d'instruments de plongée afin de contrôler les paramètres de votre plongée : temps, profondeur, pression. Pour le manomètre sous-marin, veuillez consulter les pages 000.

Un certain nombre d'accidents en plongée sont dûs à leur mauvaise utilisation en plongée, d'où l'importance de se familiariser à leur utilisation

CRITÈRES DE RÉUSSITE ACCEPTABLES : vous devez être capable de préciser les conditions d'emploi et les limites d'utilisation de vos instruments de plongée et plus particulièrement des ordinateurs de plongée afin de les utiliser à bon escient dans votre pratique.

LES MONTRES DE PLONGÉE

Elles indiquent l'heure et mesurent le temps écoulé en plongée.

1. montre à aiguilles.
2. montre profondimètre à aiguilles et à affichage digital.
3. montre profondimètre à affichage digital.
4. montre ordinateur de plongée.

LA MONTRE A AIGUILLES (1)

1. lunette crantée avec cliquet anti-retour.
2. index.
3. remontoir.
4. protection du remontoir.
5. indication concernant la résistance à la pression.

Juste avant de s'immerger, on place l'index (2) de la lunette crantée (1), en la faisant tourner et en le plaçant face à la grande aiguille des minutes.

Au cours de la plongée, on lit l'indication en minutes sur la lunette figurant face à la grande aiguille.

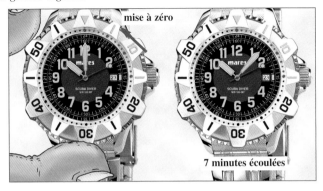

LA MONTRE A AFFICHAGE DIGITAL (2) ET (3)

Elle possède une fonction chronomètre permettant de mesurer le temps écoulé.

LA MONTRE PROFONDIMÈTRE (2) ET (3)

Outre les fonctions multiples telles que l'heure, date, jour, réveil, chronomètre, elle possède un capteur de pression qui indique la profondeur sous forme digitale.

LA MONTRE ORDINATEUR DE PLONGÉE (4)

La marque finlandaise Suunto® commercialise une montre avec ordinateur de plongée intégré : la "Spyder" (voir page 202).

CONSEILS D'ACHAT

Pour être sûr d'avoir une montre de qualité suffisante, il faut qu'elle soit garantie étanche au moins à 100 mètres.

Le cadran doit être suffisamment lisible et le bracelet en matière non oxydable et fiable pour éviter sa perte.

Si elle est à aiguilles, elle doit obligatoirement posséder une lunette crantée munie d'un cliquet anti-retour (1) et d'une protection du remontoir. (4).

Conseils d'entretien

Bien la rincer à l'eau douce après chaque plongée et la faire réviser tous les deux ans afin de revoir les joints d'étanchéité et l'usure éventuelle de la pile (montre à quartz).

Mentions portées sur la montre		Utilisation recommandée d'après la marque CASIO® pour ses modèles de montre à quartz
100 M water résistant	Étanche à une pression de 10 AT	Baignades, plongée en piscine et en apnée. Aucune plongée avec bouteille, ni plongée professionnelle. Utilisation des poussoirs sous l'eau sauf poussoirs intégrés. Laver la montre à l'eau douce après utilisation en mer. Bien sécher.
200 M water résistant	Étanche à une pression de 20 AT	Plongée avec bouteilles mais à des profondeurs ne nécessitant pas l'utilisation de l'hélium. Ne pas utiliser les boutons poussoirs pendant votre toilette ou shampoing alors qu'il y a de la mousse sur le boîtier de la montre. L'étanchéité pourrait en être affectée.

LES PROFONDIMÈTRES

Ils servent à mesurer la profondeur à laquelle on se trouve en plongée.

1. profondimètre à capillaire.
2. profondimètre mécanique à bain d'huile.
3. profondimètre électronique.

Le profondimètre a capillaire (1)

D'un prix réduit, il suit la loi de Mariotte (voir page 59). Il est peu adapté à la plongée autonome car il est peu précis et peu lisible, sauf à faible profondeur (entre 10 mètres et la surface).

Le profondimètre mécanique a bain d'huile (2)

Relativement précis, il utilise le principe du tube de bourdon (voir page 59).

Mais dans ce cas, le tube se déforme en se refermant sur lui-même sous l'action de la pression de l'huile, due à la déformation du boîtier.

• **L'aiguille traînante**

1. aiguille traînante.

2. aiguille principale.

3. remise à zéro de l'aiguille traînante.

Ce mécanisme est constitué d'une aiguille (1) que pousse l'aiguille principale (2) lors de la descente.

Lorsque la pression diminue, l'aiguille traînante reste en place et indique la profondeur maximale atteinte.

Une vis (3) permet la remise à zéro en surface.

• **La remise à zéro de l'aiguille principale**

Ce mécanisme permet de remettre à zéro l'aiguille principale, lorsque celle-ci a subi un décalage lors d'un choc ou de vibrations ou lors de plongée en altitude, pour tenir compte de la pression atmosphérique plus faible.

LE PROFONDIMÈTRE ÉLECTRONIQUE (3)

1. écran à cristaux liquides.

2. contacts humides.

Fruit du développement de l'électronique en plongée, il a l'avantage d'avoir une précision importante, de l'ordre de 10 à 30 cm.

Alimenté par une pile au lithium (longue durée), il est équipé d'un capteur de pression et d'une horloge qui fournissent des signaux électriques à un microprocesseur.

Des informations s'affichent sur un écran à cristaux liquides (1), d'autres sont stockées en mémoire.

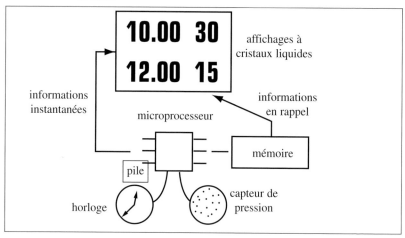

schéma de principe

• **En général les informations disponibles sont :**

      - en plongée :   - la profondeur instantanée,
                               - la profondeur maximale atteinte,
                               - le temps d'immersion,
                               - la température ambiante,
                               - une alarme visuelle ou sonore de la vitesse de remontée.

      - en surface :   - l'intervalle de surface,
                               - les paramètres des dernières plongées.

FONCTIONNEMENT

    • **Mise en fonction par contacts humides**

Le plus souvent, le déclenchement de l'appareil s'effectue manuellement en manipulant avec ses doigts humidifiés, des contacts humides ou automatiquement lorsqu'on l'immerge d'un ou deux mètres.

• Mise en fonction par bouton poussoir

Certains profondimètres électroniques ou ordinateurs possèdent un bouton poussoir pour les mettre en fonction.

 Ces instruments de mesure doivent être précis pour des raisons de sécurité. Des erreurs sont particulièrement dangereuses pour les profondeurs correspondant aux paliers. Le marquage CE indique la conformité avec les directives de l'Union Européenne (EMC 89/336/EEC). Un projet de norme européenne est à l'étude (PREN 13319).

Les qualités et le prix abordable du profondimètre électronique font qu'il s'est imposé sur le marché au détriment des profondimètres mécaniques qui ont quasiment disparu de nos jours.

Pour être suffisamment précis, il doit être électronique ou à bain d'huile avec aiguille traînante.

La précision de lecture doit être bonne.

Le boîtier doit être robuste et d'encombrement modéré.

Le bracelet de maintien doit être solide et comporter une boucle fiable.

CONSEILS D'ENTRETIEN

Des chocs peuvent le dérégler et le détériorer.

Il doit être un appareil de mesure précis. Prenez-en soin en le protégeant des chocs.

Ne le laissez pas traîner au fond de votre sac de plongée. Il risque d'être endommagé.

Le profondimètre électronique possède en général des contacts humides permettant sa mise en marche : séchez-le et rangez-le dans un endroit sec. Vérifiez régulièrement l'usure des piles.

Vérifiez régulièrement sa précision, en le comparant en plongée avec d'autres.

Si vous constatez de trop grandes différences, ne l'utilisez plus en plongée et confiez-le à votre revendeur agréé.

Pour apprécier sa précision, il est conseillé de le faire étalonner une fois par an par un spécialiste.

L'ORDINATEUR D'AIDE A LA PLONGÉE

Cet instrument de plus en plus populaire est un profondimètre électronique perfectionné.

Un microprocesseur exploite des informations liées à la plongée pour donner au plongeur des indications relatives à sa décompression.

L'OPTIMISATION DU TEMPS DE PLONGÉE

Vous avez pu constater que lors de certaines plongées, les tables de plongée imposaient plus de paliers qu'un ordinateur de plongée.

En fait, ce résultat est dû au principe de calcul des tables de plongée qui est différent de celui des ordinateurs de plongée.

• **La plongée à l'aide des tables de plongée**

Les tables de plongée prennent en compte un profil de plongée dit "rectangulaire ou carré". En effet, le plongeur détermine ses paliers en considérant qu'il est resté à la profondeur maximum atteinte durant l'ensemble du temps de plongée même si ce n'est pas le cas (voir page 000).

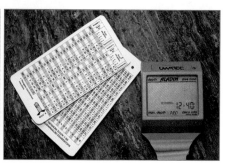

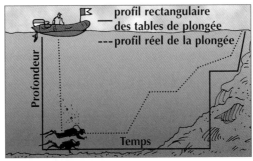

Or le plus souvent, le plongeur-loisir ne passe qu'une petite partie de son temps de plongée à la profondeur maximum atteinte.

Lors d'une plongée-loisir, dans ce cas de figure dit à profil "variable", les tables de plongée sont plus pénalisantes que nécessaire, le plongeur ayant moins saturé d'azote que lors d'une plongée à profil rectangulaire (voir page 162).

Dans le cas d'un profil "variable", le fait que les tables de plongée soient plus pénalisantes, en imposant une procédure de décompression plus sévère que les ordinateurs, constitue une marge de sécurité supplémentaire.

• **La plongée à l'aide d'un ordinateur de plongée**

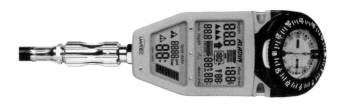

Les instruments de la dernière génération tentent de simuler en continu et en temps réel, l'absorption et l'élimination de l'azote dans l'organisme.

Des modèles mathématiques appelés compartiments qui sont sensés représenter les réactions de l'organisme vis à vis de l'azote sous pression sont stockés en mémoire.

Ils sont issus des travaux qui ont abouti à la conception d'un type de tables de plongée. En général, ce sont les tables suisses : Bühlmann ou Hahn ou américaines : US Navy ou des variantes (Spencer...).

Il faut aussi évoquer l'initiative récente de la marque Beuchat® qui commercialise deux ordinateurs qui sont basés sur un algorithme développé par la COMEX® (voir page 197).

Les ordinateurs de plongée de dernière génération permettent d'optimiser le temps de plongée en fonction du profil de l'ordinateur de plongée qui se rapproche du profil réel de la plongée réalisée.

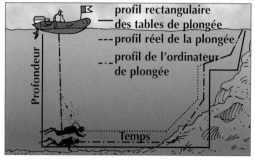

Dans le cas d'une plongée-loisir à profil "variable", les ordinateurs de plongée permettent d'optimiser le temps de plongée en limitant les paliers. Ils prennent en compte une saturation en azote moins importante que les tables de plongée compte tenu du profil variable de la plongée. D'autre part, lors de la remontée, ils réactualisent les calculs en considérant une désaturation progressive et continue. Ce qui explique que dans certains cas, un palier affiché au fond peut disparaître au cours de la remontée, considérant la désaturation partielle.

 Ordinateurs de 1ᴱᴿ type : une gestion des plongées sans décompression

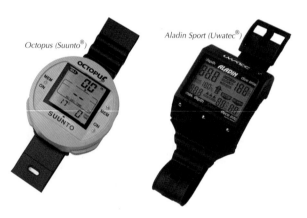

Octopus (Suunto®)

Aladin Sport (Uwatec®)

Ce type d'ordinateur est conçu pour plonger dans "les limites de la courbe de sécurité", lors de plongées ne nécessitant pas de décompression et peu profondes.

Il indique les paliers à réaliser. Il faut s'y maintenir jusqu'à disparition de l'information. Ceci permet au plongeur qui sort par mégarde de la courbe de sécurité, d'assurer sa décompression.

Le temps de palier n'est pas précisé au préalable.

ORDINATEURS DE 2ᴱ TYPE : UNE GESTION DES PLONGÉES AVEC DÉCOMPRESSION

B'Air (Tek Plongée®)

Data 100 (Oceanic®)

Guardian (Mares®)

Favor Lux (Suunto®)

Aladin Pro (Uwatec®)

CX 2000 (Beuchat®)

Ce type d'ordinateur est conçu pour gérer des plongées avec paliers de décompression.

Il possède le plus souvent une fonction permettant de planifier sa plongée, en faisant défiler sa courbe de sécurité actualisée.

Certains appareils de ce type, disposent d'une interface PC (vendue en option) qui permet de paramétrer certaines foncions de l'appareil et d'archiver les données relatives aux plongées réalisées sous la forme d'un carnet de plongée.

Datamax Pro (Oceanic®)

Aladin Air (Uwatec®)

Favorite Air Lux (Suunto®)

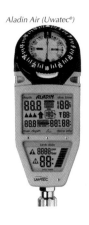

Eon Lux (Suunto®)

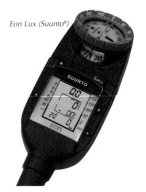

Air Lab (Mares®)

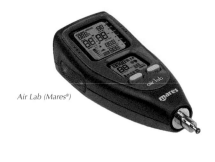

Ces ordinateurs intègrent la gestion de l'air, en plus de la gestion de la décompression. Ils indiquent votre autonomie en fonction de votre consommation en air et de la simulation de votre "bilan en azote".

Les informations relatives à la pression de la bouteille et à la consommation en air sont intégrées grâce au flexible qui relie le 1ᵉʳ étage du détendeur à l'appareil.

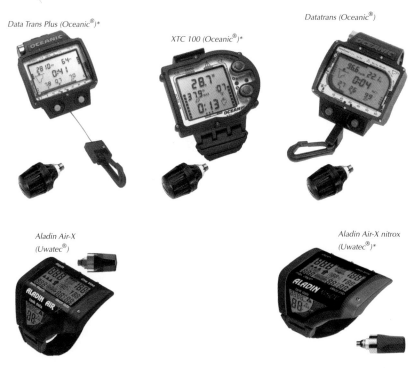

Data Trans Plus (Oceanic®)*

Datatrans (Oceanic®)

XTC 100 (Oceanic®)*

Aladin Air-X (Uwatec®)

Aladin Air-X nitrox (Uwatec®)*

C'est le type d'appareil le plus sophistiqué du marché.

Relativement récent et révolutionnaire, ce type d'ordinateur permet une gestion de l'autonomie en plongée avec encore plus de liberté, sans flexible. La transmission des informations relatives à la pression s'effectue par induction. D'autre part, ce type d'appareil intègre dans ses calculs de décompression certains facteurs favorisant l'accident de décompression (voir page 141).

* Ordinateurs Nitrox gérant les plongées à l'air et aux mélanges suroxygénés (voir pages 205).

NIVEAU DE SÉCURITÉ PERSONNALISABLE

 Les facteurs qui prédisposent aux accidents de décompression (voir page 000) varient d'un plongeur à l'autre et peuvent aussi varier pour un même plongeur d'un jour à l'autre.

Certains ordinateurs tels que ceux de la marque Suunto® sont dotés d'un réglage personnalisable à trois niveaux progressifs de sécurité (A0, A1, A2).

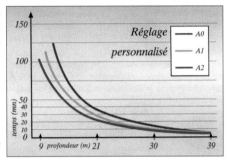

d'après une documentation Suunto®

 Cette fonction permet au plongeur de choisir des paramètres plus sévères si ses caractéristiques personnelles ou les conditions de plongée présentent des facteurs susceptibles d'accroître le risque d'accidents de décompression.

LES MODÈLES DE DÉCOMPRESSION DITS ADAPTATIFS

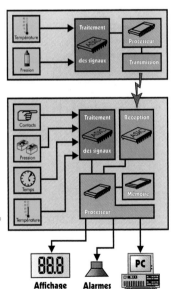

Certains ordinateurs de plongée intègrent un modèle de décompression dit adaptatif. C'est le cas du modèle ZH-L8 ADT qui fait suite aux travaux du Professeur Bühlmann et fruit d'une collaboration entre les sociétés Uwatec® et Dynatron AG.

Il est adaptatif car il est capable de tenir compte de différents facteurs extérieurs.

d'après une documentation Uwatec®

 Lors de situations considérées à risques par l'appareil, la procédure de décompression est rendue plus pénalisante.

LES MODÈLES DE DÉCOMPRESSION ADAPTATIFS ET PERSONNALISÉS

Certains ordinateurs de plongée associent les deux types d'approches précédentes.

C'est par exemple le cas de l'ordinateur CX 2000 commercialisé par la marque Beuchat® (voir page 193).

Le CX 2000 est équipé d'un système de durcissement des décompressions par basculement sur une autre base de calcul lorsque les situations sont considérées à risque par l'appareil.

De même, il est également doté de 6 programmes personnalisés (P1 à P6) que l'on peut valider en surface par action sur les contacts humides.

Le contenu de ces programmes est partiellement modifiable par l'utilisateur via l'interface PC.

P0 : programme de base le seul non modifiable.

P1 : programme en relation avec le "mode de durcissement".

P2 : programme comportant 7 cas de durcissement automatique.

P3 : programme affectée au NITROX I. Il a une alarme profondeur fixée à 38/40 mètres.

P4 : programme affectée au NITROX II. Il a une alarme profondeur fixée à 32/34 mètres.

P5 : programme comportant 8 cas de durcissement automatique.

P6 : programme uniquement utilisé pour faire le changement d'unité en complément d'un programme de plongée.

A TITRE D'EXEMPLE : LES PRINCIPALES FONCTIONS DE L'ALADIN AIR-X (4ᴱ TYPE)

Nous vous présentons à la suite, à titre d'exemple, certaines caractéristiques de l'Aladin Air-X commercialisé par la marque Uwatec®.

 Les caractéristiques d'un modèle à l'autre, selon les marques peuvent être quelque peu différentes. **Dans tous les cas, lisez attentivement la notice d'utilisation de votre ordinateur avant toute utilisation.**

TRANSMISSION SANS FLEXIBLE DES INFORMATIONS LIÉES À LA PRESSION DE LA BOUTEILLE

Un émetteur monté sur la sortie H.P. du premier étage du détendeur transmet les informations relatives à la pression au récepteur fixé au poignet. Cette transmission est réalisée grâce aux champs électriques créés par les deux bobinages que constituent l'émetteur et le récepteur.

Chaque appareil commercialisé possède une fréquence spécifique parmi un nombre d'environ 60 000. Ainsi on évite toute erreur de transmission ou problème de brouillage au cas où plusieurs plongeurs, au sein d'une même palanquée posséderaient ce même type d'appareil.

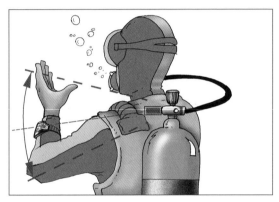

ALARME D'INTERRUPTION DE TRANSMISSION

Une alarme signale si l'appareil ne reçoit plus d'informations de l'émetteur.

L'indication "– – –" qui apparaît sur l'écran inférieur, à la place de la pression de la bouteille précise que l'émetteur n'est pas couplé avec l'ordinateur de plongée (récepteur).

ICÔNE D'ÉTAT DE LA BATTERIE

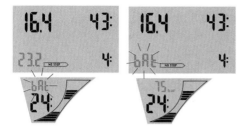

L'indication "**bAt**" qui clignote en alternance indique que vous devez faire changer les piles dans les plus brefs délais par un spécialiste.

CALCUL DE L'AUTONOMIE

Il indique votre autonomie en permanence au cours de la plongée, en fonction de votre profil de plongée et de votre consommation en air.

ALARME D'AUTONOMIE

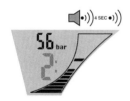

Lorsque le temps d'autonomie devient inférieur à 3 minutes, il clignote et émet des bips sonores. Il est alors impératif de remonter.

PRISE EN COMPTE DE CERTAINS FACTEURS FAVORISANTS

Nous avons vu l'importance des facteurs favorisants dans l'apparition des accidents de décompression (voir page 000).

Ce type d'appareil prend en compte la vitesse de remontée, la température de l'eau et la consommation en air qui est liée à l'activité physique du plongeur.

En les intégrant, il réajuste si nécessaire la procédure de décompression en la rendant plus pénalisante : apparition ou allongement de paliers de décompression.

ALARME DE TROP GRANDE CONSOMMATION D'AIR

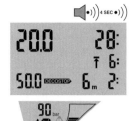

Cette alarme permet au plongeur de prendre conscience que sa consommation d'air est trop importante, qu'il subit un essoufflement (voir page 136).

Cette alarme est intéressante pour prévenir le plongeur d'un risque d'essoufflement en plongée (voir page 136), d'un effort considéré trop violent ou d'une fuite d'air importante.

CONTRÔLE DE LA VITESSE DE REMONTÉE

La vitesse de remontée est affichée en pourcentage sur l'écran : 100 % correspond à la vitesse préconisée par l'ordinateur à la profondeur instantanée. Elle varie de 7 à 20 m/mn en fonction de la profondeur.

Lorsque la vitesse de remontée est supérieure à 100 %, une flèche de remontée rapide s'affiche.

Une alarme sonore se déclenche à partir de 110 %.

Si la vitesse de remontée est excessive pendant trop de temps, l'information de remontée rapide est enregistrée en mémoire.

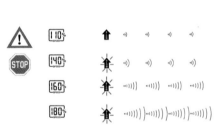

En cas de remontée trop rapide l'appareil peut vous demander d'effectuer une procédure de décompression plus pénalisante.

ALARME DE NON RESPECT DE LA DÉCOMPRESSION ET DU PROFIL PRÉCONISÉ

Si un palier de décompression n'a pas été effectué correctement, la flèche DECOSTOP clignote et une alarme sonore retentit.

Si l'alarme de décompression est active pendant un cumul de temps d'au-moins une minute, elle apparaît en mémoire dans le carnet de plongée.

Si le plongeur remonte en surface malgré l'alarme de décompression (voir ci-dessus), la flèche va continuer à clignoter pour le rendre attentif au risque d'un accident de décompression.

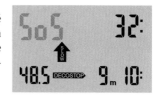

 Après un intervalle de 3 minutes consécutives passées à une profondeur inférieure à 1,20 mètre sans avoir respecté les paliers de décompression prévus par l'appareil, l'indication SOS apparaît et clignote à la place de la profondeur. Dans ce cas précis, plus aucun calcul de décompression n'est effectué et il est interdit de se réimmmerger pendant 24 heures.

 Lors de l'intervalle surface, si l'indication "**Atn**" (Attention) apparaît à la place de la profondeur de plongée, il est alors nécessaire de respecter un intervalle de temps en surface plus long avant de replonger (voir notice). Le nom respect du profil de décompression préconisé lors d'une plongée précédente ou le cumul de plongées successives peuvent en être la ou les causes.

AJUSTEMENT DE LA PROCÉDURE DE DÉCOMPRESSION
EN CAS DE SITUATIONS À RISQUES EN LA RENDANT PLUS PÉNALISANTE

 Situations considérées à risques par l'appareil et rendant plus pénalisante la procédure de décompression :
- remontée rapide,
- plongée en eau froide,
- plongée avec un effort physique important,
- plongée à profil "ascenseur ou yoyo",
- déplacement en altitude après une plongée,
- plongées successives,
- plongées répétitives sur plusieurs jours.

INFORMATIONS EN MÉMOIRE PLUS COMPLÈTES

Il permet de conserver en mémoire les 19 dernières plongées. En plus des informations traditionnelles, l'air utilisé en bars est précisé pour chaque plongée.

POSSIBILITÉ DE SIMULER EN SURFACE UN PROFIL DE PLONGÉE

Il est possible de simuler le profil d'une plongée avec ou sans palier en sélectionnant :
- l'intervalle de surface
- la profondeur
- le temps de plongée

Détermination de l'intervalle surface.

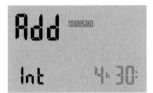

Simulation d'une plongée sans palier.

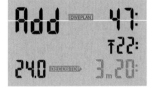

Simulation d'une plongée avec palier.

Ce mode permet notamment de se familiariser avec les différentes informations affichées et fonctions de l'appareil.

LA MONTRE ORDINATEUR DE PLONGÉE

La marque Suunto© commercialise une montre de précision qui intègre un véritable ordinateur de plongée de 3e type (voir pages 194) : la Spyder®.

Outre les fonctions d'une montre haut de gamme, rétro-éclairée à alarme et chronomètre, elle permet de gérer des plongées multiprofondeurs sans ou avec décompression. Elle dispose de possibilités de réglage personnalisé étendues (voir page 185) et d'une interface PC permettant un transfert des données sur PC (voir pages 203).

CONNECTIQUES ET INTERFACE PC

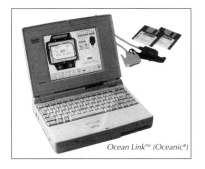

Ocean Link™ (Oceanic®)

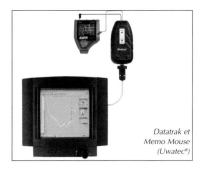

Datatrak et
Memo Mouse
(Uwatec®)

Suunto Dive Log (Suunto®)

Suunto Dive Log (Suunto®)

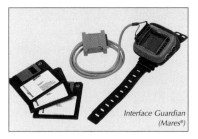

Interface Guardian
(Mares®)

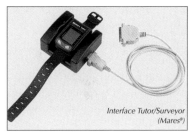

Interface Tutor/Surveyor
(Mares®)

La très grande majorité des modèles d'ordinateurs de plongée haut de gamme peut être équipée d'une interface PC vendue en option.

Il n'existe malheureusement pas d'interface Macintosh disponible sur le marché pour ceux qui sont équipés de ce type d'ordinateur.

La connexion de l'appareil à un ordinateur compatible PC permet grâce à un logiciel idoine d'obtenir les profils de plongée, de les conserver en mémoire sous forme de carnet de plongée et pour certains de personnaliser certains réglages de votre ordinateur de plongée : système métrique ou angloxason, alarmes, valeur de la réserve...

Afin de faire face au problème de stockage des données qui est limité sur un ordinateur de plongée, la marque Uwatec® commercialise avec son système d'interface DataTrack® un mini disque dur portable, puisqu'il tient dans la main : la Memo Mouse®.

Elle augmente les capacités de stockage de votre ordinateur de plongée.

La Memo Mouse® permet sur le lieu de plongée de récupérer les données de votre ordinateur de plongée, en conservant jusqu'à 60 heures d'informations.

Les profils d'un ou plusieurs ordinateurs de plongée peuvent être conservés de cette manière.

De retour chez vous, ce moyen de stockage temporaire vous permettra de récupérer sur votre ordinateur PC, à l'aide de l'interface, l'ensemble des données stockées par exemple pendant un "séjour plongée".

La Memo Mouse est compatible avec l'ensemble des ordinateurs Aladin de la marque.

L'interface PC et son logiciel permettent de simuler des plongées et d'analyser les profils de plongée et constituent une aide pédagogique par excellence.

Sur le tracé graphique matérialisant le profil de plongée, toute anomalie en plongée ressort clairement, de plus sa nature est précisée et est détaillée :
- vitesse de remontée excessive,
- non respect d'un palier,
- consommation d'air excessive,
- interruption d'émission.

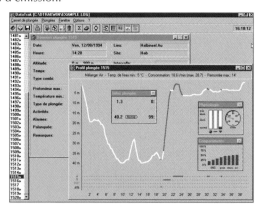

Les informations stockées dans les ordinateurs de plongée sont utiles en cas d'accident de décompression et peuvent faciliter le diagnostic et le choix thérapeutique du médecin. Pour cette raison, l'accidenté sera évacué avec son ordinateur de plongée, s'il en possède un.

A l'avenir, il serait utile que les fabricants standardisent leurs différentes interfaces PC, ceci rendrait possible une analyse des profils de plongée en cas d'accident par le médecin hyperbariste. En effet, la multiplicité des types d'interfaces en fonction des ordinateurs de plongée utilisés ne permet pas cette possibilité à l'heure actuelle.

LES ORDINATEURS NITROX

Aladin Pro Nitrox
(Uwatec®)

Aladin Air-X Nitrox
(Uwatec®)

Air Lab (Mares®)

Data Trans Plus (Oceanic®)

Solution Vario Lux
(Suunto®)

XTC 100 (Oceanic®)

 Certains ordinateurs sont conçus pour permettre de gérer des plongées à l'air et au Nitrox (mélanges suroxygénés).

Ils possèdent des fonctions et caractéristiques similaires aux "ordinateurs classiques" les plus perfectionnés (3e et 4e type) mais disposent en plus de fonctions propres à la gestion des "plongées Nitrox".

Le taux d'oxygène peut être programmé en fonction du type de mélange utilisé : entre 21 % (air) jusqu'à 50 % selon les modèles.

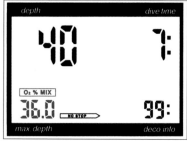

valeur en % du mélange sélectionné

Du fait de la toxicité de l'oxygène lors de l'utilisation des mélanges suroxygénés (Nitrox), des alarmes avertissent le plongeur quand il atteint des valeurs limites.

alarme de profondeur limite programmable

Le plus souvent, ces ordinateurs offrent la possibilité de changer de mélange respiratoire au cours d'une même journée (air ou différents types de mélanges suroxygénés).

L'ordinateur prend alors en compte ces modifications dans ses calculs de décompression.

Ce type d'ordinateur risque à terme de remplacer les "ordinateurs classiques" qui ne permettent que de plonger à l'air.

alarme de toxicité de l'oxygène

Nous attirons votre attention sur le fait que la "plongée Nitrox" demande de suivre une formation qualifiante ainsi que de se familiariser à l'utilisation de ce type d'ordinateur spécifique.

• **Approximation purement théorique**

Les ordinateurs de plongée ne permettent qu'une approximation théorique de la réalité physiologique qui est beaucoup plus complexe et qui ne peut se résumer à de simples calculs théoriques.

Comme nous l'avons vu (voir page 155) les tables de plongée sont le résultat d'années d'expérimentation avant d'être diffusées. Elles subissent des modifications en fonction de l'analyse des données relatives à leur utilisation.

Par contre, l'utilisation des ordinateurs de plongée ne peut donner lieu à ce type d'analyse scientifique afin de les valider.

Il est impossible de rationaliser une expérimentation, vu le trop grand nombre de paramètres pris en compte par l'ordinateur et la multiplication des profils possibles qui peuvent varier presque à l'infini.

Chaque plongée réalisée à l'aide d'un ordinateur de plongée représente un nouveau profil de plongée qui n'a jamais été testé, ni validé d'un point de vue statistique.

Votre ordinateur de plongée pourra réaliser des calculs de décompression même dans le cadre de plongées considérées dangereuses (plus de 2 plongées par jour, remontée rapide, remontée yoyo...). Mais ces calculs resteront purement théoriques et trop éloignés des réalités physiologiques d'où le risque accru d'accident de décompression lors de ce type d'écart de comportement sortant de son cadre d'utilisation.

• **Plongée loisir d'exploration**

Les ordinateurs de plongée ont été conçus pour être utiliser dans le cadre de **plongées loisir, d'exploration, de préférence réalisées dans la courbe de sécurité et dans des conditions de plongée peu contraignantes.**

Toute utilisation sortant de ce cadre d'utilisation est fortement déconseillée : plongées professionnelles, plongées techniques, plongées dans des conditions contraignantes...

• Disparités physiologiques

Comme pour les tables de plongée, l'ordinateur de plongée ne prend pas en compte les variations physiologiques qui peuvent être importantes d'une personne à l'autre : âge, déshydratation, tabac, consommation d'alcool, traitement médical, mauvaise condition physique, obésité... qui peuvent être des facteurs favorisants un accident de décompression (voir page 141).

A chacun d'apprécier sa marge de sécurité en fonction de ses caractéristiques physiques et psychiques.

Nous déconseillons aux personnes qui sont caractérisées par un profil pénalisant (voir page 159) d'utiliser un ordinateur de plongée en mode décompression, avec paliers.

Nous leur conseillons seulement d'utiliser ce type d'appareil dans le cadre de plongées peu contraignantes réalisées dans la courbe de sécurité sans paliers.

Dans le cadre de plongées imposant des paliers de décompression, nous leur conseillons vivement d'utiliser des tables de plongée, plus pénalisantes.

• Prise en compte des facteurs favorisants ?

Par contre, comme le précise le Dr Méliet[1], à l'origine des tables MN90, au sujet des modèles permettant de rendre les paramètres modulables : "la modification apportée aux caractéristiques des compartiments (période, seuils) est pour l'instant nettement discutable et partial."

En effet, la prise en compte de certains facteurs favorisants est une bonne chose mais la procédure de décompression plus pénalisante proposée est-elle adaptée à la réalité physiologique d'un plongeur donné ?

Des progrès importants ont été réalisés, certains appareils perfectionnés (4e type, et certains de 3e type, voir pages 195 et 194) prennent en compte certains facteurs favorisants : froid, effort en plongée, plongées "ascenseur", plongées intensives... Comme pour les tables de plongée, d'autres facteurs favorisants importants ne sont pas pris en compte par ces ordinateurs perfectionnés (voir page 147).

Les perfectionnements de ces appareils vont dans le bon sens, il serait souhaitable dans le futur, qu'ils intègrent un nombre plus important de facteurs favorisants.

Nous vous **déconseillons d'utiliser un ordinateur de plongée** afin d'assurer votre décompression **en cas de facteurs favorisants**.

Il est préférable dans ce cas d'adopter des procédures de décompression plus pénalisantes afin d'augmenter votre marge de sécurité.

[1] Interview réalisé par M. Jean-Louis Blanchard dans le cadre du dossier "Des idées nouvelles sur la décompression ?" - Subaqua n°159 - Juillet/Août 1998.

• Fiabilité de l'électronique

Tout appareillage peut être faillible. Un ordinateur d'aide à la plongée qui tombe en panne, lors d'une plongée risque de mettre en danger la vie du plongeur.

C'est pour cette raison que ce dernier doit planifier sa plongée avant l'immersion et connaître l'utilisation des tables de plongée, pour être à même, lorsqu'il détecte une anomalie, d'assurer sa décompression à l'aide des tables.

En cas de panne, ce qui est heureusement rare, la CMAS (voir page 344) conseille des procédures particulières[1] :

- plongée unitaire sans palier :
assurer votre décompression à l'aide des tables, la successive est autorisée à l'aide des mêmes tables.
- plongée unitaire avec palier(s) :
si aucun palier n'est commencé, appliquer la procédure précédente,
si un palier est entamé, terminer les paliers indiqués, la successive est dans ce cas précis interdite (24 heures).
- plongée successive sans palier :
remonter à la vitesse préconisée, effectuer un palier de sécurité si les conditions le permettent.
- plongée successive avec palier(s) :
si l'ordinateur était équipé du mode planification, dès la panne, arrêter immédiatement la plongée, remonter à la vitesse préconisée et effectuer les paliers connus,
si l'ordinateur n'était pas équipé du mode planification, dès la panne, arrêter immédiatement la plongée, remonter à 6 mètres à la vitesse préconisée et rester le maximum de temps au palier, à cette profondeur (pas 3 mètres).
Dans ce cas précis, il est interdit de replonger dans les 24 heures.

La CMAS insiste sur l'intérêt de disposer d'un ordinateur ayant un mode planification de plongée et de planifier sa plongée en surface.

De plus elle recommande de se munir en plongée, d'une montre, manomètre et des tables de plongée afin de pallier à une éventuelle défaillance de votre ordinateur de plongée.

[1] adapté d'après les ordinateurs de plongée - recommandations - CMAS - 1998

• Respect scrupuleux des indications fournies par l'appareil

Il est important de respecter les indications fournies par l'appareil : notamment la vitesse de remontée et les paliers préconisés.

En cas de non respect de ces indications, les calculs effectués par l'appareil ne sont plus valables. **Seuls les ordinateurs de 4ᵉ type et certains de 3ᵉ type (voir pages 195 et 194) rendent pénalisante la procédure de décompression en cas d'erreur d'utilisation (voir page 000).**

Si cela vous arrive, suite à une erreur d'utilisation, nous vous conseillons d'augmenter votre marge de sécurité en adoptant une procédure de décompression plus pénalisante et selon le cas d'attendre un délai de 48 heures avant de replonger (voir en détail la notice de votre appareil).

• Bases de calcul différentes

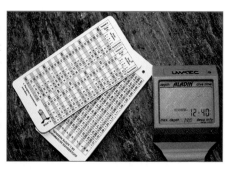

Les ordinateurs de plongée qui existent sur le marché ne suivent pas tous les mêmes bases de calcul.

De même, les ordinateurs de plongée sont basés sur des bases de calcul très différentes de celles des tables de plongée.

Pour cette raison, vous ne devez pas utiliser un ordinateur différent ou passer aux tables de plongée dans le cas de plongée répétitives.

Afin de changer de procédure de décompression, il est nécessaire d'avoir complètement désaturé. Nous vous conseillons d'attendre un délai de repos de 48 heures.

• Profil de plongée recommandé (profil décroissant)

Le profil idéal quand on utilise un ordinateur de plongée consiste à descendre à la profondeur maximum projetée en début de plongée puis de remonter graduellement vers la surface pour terminer par un palier de sécurité de 3 à 5 minutes.

• Profil de plongée dangereux à proscrire

Un certain nombre de profils de plongée sont considérés dangereux :

- **plongées réalisées à la limite de la courbe de sécurité, sans paliers.**
- **plongées profondes** (profondeur supérieure à 40 mètres) : le taux d'accident d'après les statistiques semble supérieur avec les ordinateurs de plongée.

• Profil de plongée "ascenseur ou yoyo" ① (voir page 148)

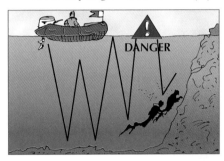

Ces profils sont le plus souvent effectués lors de plongées techniques. **C'est pour cette raison que nous déconseillons l'utilisation d'un ordinateur afin d'assurer sa décompression lors de ce type de plongée.**

• Profil de plongée "croissant ou inversé" ② (voir page 148)

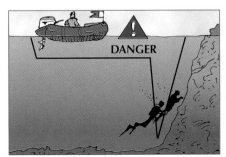

Ce sont des profils de plongée où le plongeur effectue le début de sa plongée à une profondeur plus faible que la profondeur maximum atteinte. Il est conseillé d'effectuer un profil inverse décroissant (voir haut de la page).

- **Plongée successive réalisée à une profondeur plus importante que la première plongée** ③

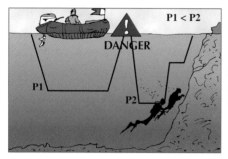

P1 < P2

DANGER

Pour des raisons de sécurité, réalisez toujours la plongée la plus profonde des plongées en premier (P1 > P2).

NOMBRE ET FRÉQUENCE DES PLONGÉES

La plupart des ordinateurs de plongée sont conçus (**voir leur notice**) pour :
- deux plongées maximum sans palier de décompression, dans la courbe de sécurité, par tranche de 24 heures,

ou - deux plongées maximum dont une avec palier(s) dans des limites raisonnables de temps et de profondeur et l'autre sans palier, dans la courbe de sécurité, par tranche de 24 heures.

Le plus souvent, le fabricant recommande d'effectuer un repos complet d'une journée tous les 4 jours de plongée.

En surface, les ordinateurs de plongée actualisent votre "bilan en azote" pour en tenir compte lors d'une prochaine plongée.

 Pour cette raison, il est indispensable de vous munir de votre appareil en cabine lorsque vous prenez l'avion ou lors de vos changements importants d'altitude afin que l'appareil prenne en compte vos variations d'altitude.

La majorité des ordinateurs de plongée vous indiquent théoriquement quand vous pouvez prendre l'avion, en vous précisant un délai d'attente.

 Nous vous conseillons d'augmenter votre marge de sécurité en attendant un délai de 12 à 24 heures après votre dernière plongée.

Conseils d'achat

Afin de choisir un type d'ordinateur adapté aux plongées que vous souhaitez pratiquer, faites-vous conseiller au préalable par votre moniteur de plongée et votre revendeur spécialisé.

Achetez de préférence un ordinateur au moins de 2e type (voir page 193) qui est plus adapté à la manière de plonger en Europe (plongées avec paliers).

L'ordinateur devra être caractérisé par :
- des informations sur les paramètres de plongée : temps, profondeur instantanée et maximale atteinte, palier(s), intervalle surface,
- un écran pas trop chargé en information,
- des informations lisibles en plongée,
- un affichage non alterné des informations,
- un mode de planification des plongées,
- un mode altitude,
- un affichage précis de la vitesse de remontée :% ou barregraphe et alarme sonore,
- une alarme de non respect des règles d'utilisation de l'appareil,
- des procédures à suivre en cas d'abandon de palier ou de remontée trop rapide,
- une information sur l'état de la pile,
- une notice complète traduite dans votre langue…

 Ces instruments de mesure doivent être précis pour des raisons de sécurité. Des erreurs sont particulièrement dangereuses pour les profondeurs correspondant aux paliers. Le marquage CE indique la conformité avec les directives de l'Union Européenne (EMC 89/336/EEC). Un projet de norme européenne est à l'étude (PREN 13319).

QUE PENSER DES ORDINATEURS DE PLONGÉE ?

L'ORDINATEUR : UNE AIDE À LA PLONGÉE

Matériel apparu relativement récemment sur le marché, l'ordinateur alimente de nombreuses controverses.

Les accidents mettant en cause l'utilisation des ordinateurs de plongée sont encore relativement nombreux à l'heure actuelle.

D'après les rapports nationaux sur les accidents de plongée-loisir

réalisés par le docteur Grandjean, sur 20 accidents survenus avec respect du profil de décompression choisi, 55% des accidents (1993) mettaient en cause les ordinateurs de plongée.

Incidence des facteurs favorisants dans la survenue d'un accident mettant en cause un ordinateur de plongée sur 3 ans de 1991 à 1993[1]				
Plongée	Facteurs favorisants présents			
	1991	1992	1993	Total
Simple	12/20	8/22	7/18	27/60 44,99%
Successive	4/6	2/3	1/2	7/11 63,63%
Total	16/26 61,53%	10/25 40%	8/20 40%	34/71 47,88%

[1] Tableaux et analyse réalisés d'après les enquêtes nationales du docteur Grandjean des années 1991 à 1993 publiées dans INFOMED, la revue de la Commission Médicale et Prévention Nationale de la F.F.E.S.S.M.

La majorité de ces accidents sont imputables à l'utilisation des ordinateurs dans des conditions de plongée comportant des facteurs favorisants non prévus par ces appareils (voir page 147).

Nous pensons qu'il faut relativiser ces chiffres car comme tout appareil nouveau, il a entraîné un certain nombre d'accidents dus à une mauvaise utilisation. Cela a été le cas des bouées de remontée lors de leur apparition sur le marché.

D'autre part, il représente l'avenir et viendra à être amélioré dans le futur.

 Certains plongeurs imaginent que la liberté que procurent ces appareils leur permet de "tout faire en plongée".

Comme nous l'avons vu, ces appareils (voir page 148) imposent un profil de décompression plus serré. D'où l'importance d'être raisonnable et de ne pas réaliser des plongées limites.

L'ordinateur de plongée doit être seulement considéré comme une aide à la plongée. Le plongeur doit rester maître du choix de sa procédure de décompression.

UN APPRENTISSAGE INDISPENSABLE

Un ordinateur de plongée doit être utilisé en connaissance de cause (comme pour les tables de plongée), en ayant prit connaissance au préalable des risques possibles d'accident.

 D'autre part, il est nécessaire de suivre un apprentissage adapté conduit par votre moniteur de plongée afin de vous familiariser à son utilisation.

• **Suite à votre achat**

- Relisez attentivement le cha-pitre : "les limites d'utilisation des ordinateurs de plongée" (voir pages 207 et suivantes).

- Lisez et relisez attentivement et régulièrement la notice d'utili-sation de l'appareil fournie par le fabricant.

- Familiarisez-vous à son utilisa-tion avec votre moniteur.

• **Conseils généraux**

- Ne prêtez ou n'empruntez jamais un ordinateur de plongée, c'est un appa-reil personnel.

- Conservez l'appareil avec vous lorsque vous voyagez en avion ou lorsque vous montez en altitude afin que l'ordinateur prenne en compte toutes les variations de pression que vous allez subir.

• **Avant de vous immerger**

- Planifiez toujours vos plongées en surface avant de plonger.

- Vérifiez que votre autonomie en air est suffi-sante.

- Effectuez toujours la plus profonde des plon-gées en premier.

- Evitez de réaliser des plongées comportant des valeurs proches de la courbe de sécurité.

- N'utilisez pas un ordinateur de plongée pour assurer votre décompression dans le cadre de plongées techniques.

- N'utilisez pas votre ordinateur en mode décompression si vous avez un pro-fil pénalisant ou en cas de facteurs favorisants (voir page 159 ou 147).

- Portez un masque correcteur ou des lentilles de vue, si nécessaire, pour évi-ter des erreurs de lecture.

- Même si la plupart des ordinateurs s'initialisent automatiquement lors de l'immersion, nous vous conseillons de le mettre en fonction manuellement afin de vérifier son état de marche avant votre mise à l'eau. En cas d'ano-malie, ne l'utilisez pas, confiez-le à un revendeur spécialisé.

• En plongée

- Ne dépassez pas les valeurs limites des paramètres de plongée que vous avez prévus lors
de votre planification en surface.
- Limitez le nombre de facteurs favorisants (voir
page 147).
- Evitez de réaliser des profils de plongée dangereux (voir page 211).
- Vérifiez la précision de votre appareil en le
comparant avec ceux des différents membres
de la palanquée (notamment au fond et aux
paliers).
- En cas d'anomalie en plongée, arrêtez immédiatement votre plongée et remontez en suivant la procédure adaptée à votre situation
(voir page 170). Puis n'utilisez plus votre ordinateur et confiez-le à un revendeur spécialisé ;

- Regardez régulièrement les indications que vous fournit votre appareil.
Evitez de pousser votre temps de plongée au maximum.
- Nous vous conseillons de remonter dès que votre ordinateur indique un
palier tout en conservant une réserve d'air adaptée.
- Contrôlez votre vitesse de remontée, en suivant la vitesse de remontée préconisée par votre appareil.
- En cas de remontée rapide ou mauvaise exécution ou d'abandon de palier,
respectez les informations et instructions fournies par votre ordinateur. A
défaut d'indication, suivez les procédures d'urgences prévues pour vos
tables de plongée.
- Prenez en compte, dans la palanquée, l'ordinateur qui fournit les informations les plus pénalisantes pour la décompression : vitesse de remontée la
plus lente et paliers les plus profonds et importants.
- Pour les plongées sans paliers, réalisez un palier de sécurité de 3 à 5 minutes
à 3 mètres si les conditions le permettent.
- En cas de mer houleuse rendant la tenue du dernier palier difficile, suivre les
indications de l'ordinateur, ou à défaut réalisez le palier un peu plus profond, sans descendre en dessous des 6 mètres.

• Après la plongée

- Ne faites pas d'effort violent ou important ou des apnées après votre plongée
- Respectez le nombre de plongée par tranche de 24 heures à ne pas dépasser précisé par la notice de votre appareil.
- Préférez faire une deuxième plongée après un intervalle de surface relativement important.

- Quoique dise votre ordinateur, nous vous conseillons d'attendre au minimum un intervalle de 12 à 24 heures après la fin de votre dernière plongée avant de monter en altitude ou de prendre l'avion.
- Attendez un repos complet d'au moins 48 heures si vous souhaitez changer de mode de décompression (utilisation des tables de plongée ou d'un autre appareil) ou si vous avez eu un incident (en utilisant votre ordinateur) lors de la dernière plongée : non respect du profil préconisé, paliers non respectés, panne de l'appareil... (voir la notice de votre appareil).

• Conseils d'entretien

Suite à votre plongée, rincez votre ordinateur à l'eau douce et séchez-le.

Protégez-le des chocs en le transportant au sec dans une housse. S'il est stocké dans un endroit humide (sac de plongée, housse humide...) il risque de se mettre en fonction s'il possède des contacts humides (voir page 188).

N'exposez pas votre appareil à de fortes températures.

Vérifiez l'usure des piles régulièrement et faites-les changer par un spécialiste dès que le voyant s'allume.

Ne nettoyez pas l'écran avec de l'alcool ou tout autre solvant.

Les contacts humides ne doivent pas être nettoyés avec des détergents ou un ustensile abrasif, ni graissés.

- Ne testez jamais votre ordinateur dans un caisson sec et ne laissez jamais votre ordinateur en soute lorsque vous voyagez en avion car vous risqueriez de l'endommager.
- Faites vérifier votre ordinateur de plongée par un spécialiste agréé à chaque fois que vous décelez une anomalie et au moins une fois par an, en fin de saison par exemple.

LA CONSOLE DE PLONGÉE

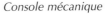

Console électronique   *Console mécanique*

Elle rassemble en un seul élément deux ou trois instruments : manomètre sous-marin, profondimètre ou ordinateur, compas ou boussole.

Elle est reliée au premier étage du détendeur par le tuyau du manomètre.

Elle permet d'éviter la dispersion des instruments sur le poignet, accrochés au gilet... et permet de consulter en même temps un ensemble de paramètres.

CONSEILS D'ACHAT

Profondimètre et ordinateur de plongée sont des appareils fragiles et importants pour votre sécurité.

 Nous vous recommandons fortement, si vous souhaitez les mettre en console de vous équiper d'un raccord rapide haute pression permettant de désolidariser du flexible haute pression de la console du premier étage du détendeur.

De même, certains ordinateurs de 3e type (voir page 194) sont équipés en standard d'un raccord rapide.

Ce système vous permettra à la suite de votre plongée de ne pas laisser votre console au fond de votre sac de plongée et d'éviter ainsi qu'elle subit des chocs.

CONSEILS D'ENTRETIEN

 Après chaque plongée, rincez la console à l'eau douce, séchez-la et protégez-la des chocs et des rayures.

C5

OBJECTIF N°23

Contrôler
ses paramètres de plongée

INTÉRÊT PRATIQUE

*Dans le cadre de l'autonomie, pour votre sécurité,
il est important que vous soyez capable d'appliquer
vos connaissances théoriques sur l'utilisation des tables
de plongée lors de votre pratique.*

CRITÈRES DE RÉUSSITE ACCEPTABLES : à l'aide de vos instruments, lors de plongées d'exploration : simple sans palier, plongée avec remontée lente, simple avec palier, consécutive et successive, vous devez être capable de contrôler les paramètres de plongée (temps, profondeur) préalablement fournis par votre moniteur et d'effectuer les procédures et les paliers prévus par les tables de plongée.

CONDITIONS DE RÉALISATION : de jour, visibilité égale ou supérieure à 3 mètres, profondeur correspondant au niveau d'évolution en autonomie des plongeurs niveau 2/☆ ☆ (zone des 20 mètres). Votre moniteur assurera la conduite de palanquée : orientation et sécurité collective.

Exercice n° 1
Contrôlez vos paramètres de plongée : temps,
profondeur, lors d'une plongée simple, sans palier.

- Votre moniteur vous indique en surface un temps et une profondeur à ne pas dépasser lors de la plongée.

- Il assure la conduite de palanquée : orientation et sécurité collective.

- S'il dépasse la profondeur prévue, prévenez-le.

- A la fin du temps prévu, vous le préviendrez qu'il est temps de remonter.

DIFFICULTÉS

❏ **Si vous avez dépassé le temps de plongée ou la profondeur prévue :**

Consultez régulièrement vos instruments
(montre, profondimètre, ordinateur).

VARIANTES

Après avoir réussi l'exercice n° 1,
essayez de le réaliser :

1. en changeant de type d'instrument :
profondimètre différent, ordinateur
d'aide à la plongée, montre différente
(à affichage digital ou à aiguille).

2. lors d'une plongée avec un profil
variable, fond accidenté et irrégulier.

3. lors d'une plongée avec remontée
lente.

Exercice n° 2
Contrôlez vos paramètres de plongée : temps,
profondeur, paliers lors d'une plongée d'exploration

Remarque importante : cet exercice sera réalisé lors d'une plongée simple
avec palier, d'une plongée consécutive ou d'une plongée successive. Vous ne
serez pas informé au préalable du type de plongée réalisé.

Mêmes consignes que pour l'exercice n° 1, mais :

- Votre moniteur vous
indique en surface un
temps et une profon-
deur à ne pas dépasser
ainsi que l'heure d'im-
mersion prévue.

- Vous déterminez vos
paliers en surface.

- Vous indiquez à votre
moniteur le temps et la
profondeur du palier
donné par les tables, et
vous le réalisez.

DIFFICULTÉS

❏ **Si vous vous êtes trompé dans la réalisation du palier**

Revoyez la partie théorique traitant de l'utilisation des tables (voir page 000).

VARIANTES

Après avoir réussi l'exercice n° 2, essayez de le réaliser selon les mêmes
variantes que l'exercice n° 1.

Exercice n° 3
Réalisez la procédure adaptée
en cas de remontée rapide

- A la fin d'une plongée normale, sans palier, votre moniteur vous demande de considérer que vous êtes remonté trop rapidement.

- Changez de bouteille si nécessaire.

- Précisez à votre moniteur la procédure que vous comptez suivre puis conduisez la descente en vous assurant que l'ensemble de la palanquée suit.

- Votre moniteur assure la sécurité collective au sein de la palanquée.

- Vous indiquerez à votre moniteur le temps et la profondeur du ou des paliers éventuels, et vous le contrôlerez.

DIFFICULTÉS

❏ **Si vous vous êtes trompé de procédure**
Revoyez la partie théorique s'y rapportant (voir page 170).

VARIANTES

Après avoir réussi l'exercice n° 3, essayez de le réaliser selon les mêmes variantes que l'exercice n° 1, puis sans être prévenu au préalable.

Exercice n° 4
Réaliser la procédure adaptée
en cas de mauvaise exécution ou d'abandon de palier.

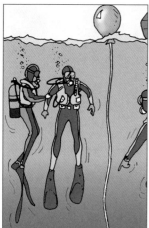

Mêmes consignes que l'exercice n° 3, mais à la fin d'une plongée normale avec palier, votre moniteur vous demande de considérer que vous avez abandonné le palier.

DIFFICULTÉS

❏ **Si vous vous êtes trompé de procédure**
Revoyez la partie théorique s'y rapportant (voir page 173).

VARIANTES

Après avoir réussi l'exercice n° 4, essayez de le réaliser selon les mêmes variantes que l'exercice n° 3.

C6

La notion de flottabilité

INTÉRÊT PRATIQUE

La notion de flottabilité est importante en plongée,
puisqu'elle régit l'ensemble de nos évolutions.

Critères de réussite acceptables : vous devez être capable en vous aidant
d'exemples chiffrés tirés de votre pratique, d'expliquer la notion de flottabilité.

Afin de simplifier, il est entendu que dans ce chapitre, les masses et les poids seront toujours exprimés numériquement par le même nombre. le poids d'un corps est une force engendrée par l'attraction terrestre. Elle s'exerce sur tout corps de haut en bas et est proportionnelle à sa masse. De même, nous exprimerons la masse en kilogramme (kg) et le poids en kilogramme force (kgf). A titre d'exemple, nous considérerons qu'un corps qui a une masse de 10 kg aura au sec un poids de 10 kgf.

LE PRINCIPE D'ARCHIMÈDE

❏ **Pourquoi est-il nécessaire de compenser la flottabilité de votre combinaison en portant une ceinture de lest ?**

Dans un premier temps (1), imaginons un plongeur équipé d'une combinaison sous la surface : il a une masse de 75 kg et un volume de 80 litres (ou dm³). On néglige volontairement les effets dûs à la pression.

Dans un deuxième temps (2), il rajoute une ceinture de lest de 5 kg.

Dans un troisième temps (3), il rajoute 5 plombs de 1 kg à sa ceinture de lest.

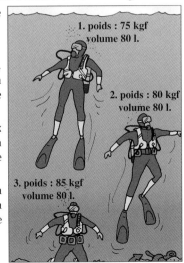

1. poids : 75 kgf
volume 80 l.

2. poids : 80 kgf
volume 80 l.

3. poids : 85 kgf
volume 80 l.

❏ **Que constatons-nous ?**

(1) Le plongeur a tendance à remonter, la valeur de son poids est **inférieure** à la valeur de son volume, on dit qu'il a une **flottabilité positive**.

(2) Le plongeur se maintient entre deux eaux, la valeur de son poids est **égale** à la valeur de son volume, on dit qu'il a une **flottabilité nulle**.

(3) Le plongeur a tendance à couler, la valeur de son poids est **supérieure** à la valeur de son volume, on dit qu'il a une **flottabilité négative**.

D'après notre précédente observation, nous pouvons vérifier **le principe d'Archimède**.

> Tout corps plongé dans l'eau reçoit de la part de celle-ci une poussée verticale, dirigée de bas en haut, égale au poids du volume d'eau déplacée.

Cette poussée s'appelle la poussée d'Archimède (PArch.) et le poids du corps dans l'eau, le poids apparent (Papp.). Nous appellerons le poids réel (Préel), le poids du corps dans l'air.

Reprenons notre exemple précédent :

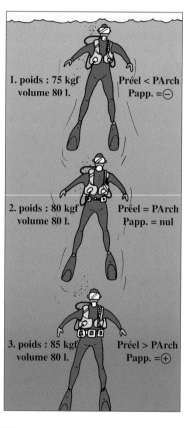

1. poids : 75 kgf
volume 80 l.
Préel < PArch
Papp. = ⊖

2. poids : 80 kgf
volume 80 l.
Préel = PArch
Papp. = nul

3. poids : 85 kgf
volume 80 l.
Préel > PArch
Papp. = ⊕

Le poids apparent est donné par la formule :

$$\text{Papp} = \text{Préel} - \text{PArch.}$$

Calculons le poids apparent de notre plongeur dans notre exemple :

1	Papp = 75 – 80 = – 5 kgf	flottabilité positive	il a tendance à remonter
2	Papp = 80 – 80 = 0 kgf	flottabilité nulle	il se maintient entre deux eaux
3	Papp = 85 – 80 = 5 kgf	flottabilité négative	il a tendance à couler

CONSÉQUENCES EN PLONGÉE

SUR LA PRATIQUE

• Le phoque

En surface, un plongeur nu, poumons pleins, flotte.

S'il désire s'immerger, il modifie son volume en expirant l'air de ses poumons et en sortant une partie de son corps de l'eau, réduisant ainsi la poussée d'Archimède.

De cette manière, il augmente son poids apparent et il coule.

• Le canard

Le fait de sortir ses jambes de l'eau à la verticale réduit la poussée d'Archimède et facilite donc sa descente.

• Le poumon balast

Il permet d'affiner la stabilisation au palier ainsi que le niveau d'évolution sur le fond.

Si le plongeur inspire, il augmente son volume donc sa poussée d'Archimède. Son poids apparent a donc diminué et il a tendance à remonter.

S'il expire, c'est le contraire : il augmente son poids apparent et coule.

• **La combinaison**

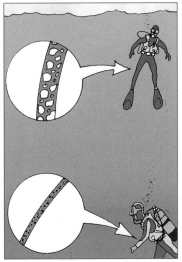

Dans notre démonstration du principe d'Archimède, nous avions précisé que nous négligions l'effet de la pression.

En fait la pression écrase les microbulles de gaz que contient le néoprène de la combinaison. De plus, lors de la descente viennent s'ajouter les cavités naturelles, qui elles aussi diminuent de volume (dans le cas de l'apnée).

D'autre part, en "plongée bouteille", la consommation de notre réserve d'air au cours de la plongée va avoir pour conséquence de diminuer légèrement notre poids réel.

Pour cette raison, un plongeur correctement lesté à 3 mètres ne le sera plus sur un fond de 30 ou 40 mètres et lors de la tenue de son palier à 3 mètres, en fin de plongée. Pour cette raison, le "lestage idéal" doit être déterminé à 3 mètres, en étant équipé d'une bouteille ayant une pression comprise entre 30 et 50 bars.

• **La bouée ou le gilet de remontée :**

Gonflés, ils permettent d'augmenter le volume du plongeur donc d'augmenter la poussée d'Archimède, c'est-à-dire diminuer le poids apparent.

• **Le parachute :**

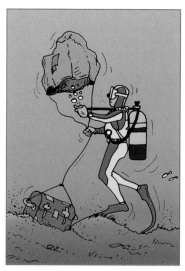

C'est un sac permettant de remonter des objets.

On gonfle un parachute d'air ce qui crée une poussée d'Archimède supplémentaire en rapport avec son volume, et permet ainsi de décoller l'objet du fond.

LES FACTEURS INFLUENÇANT LA FLOTTABILITÉ

Le volume, le poids, la densité du milieu

Nous venons de voir que si nous faisons varier le volume ou le poids d'un corps, nous modifions sa flottabilité. Un autre facteur l'influence : la densité de l'eau.

L'eau salée est plus dense que l'eau douce.

Lorsque vous plongez en mer, vous êtes obligé de rajouter environ un kilogramme à votre ceinture pour être correctement lesté par rapport au lest utilisé quand vous plongez en eau douce.

PERF 🛢️ OBJECTIF N°25

C2 - C4

Utilisation du gilet de remontée

INTÉRÊT PRATIQUE

*A niveau 1/plongeur ☆ nous avons utilisé le gilet de remontée,
dans le but de se stabiliser au fond ou en surface.*

⚠️ La très grande majorité des formations de niveau 1/plongeur ☆ aborde de nos jours l'utilisation de ce type de matériel. Si vous n'avez pas abordé son utilisation dans le cadre de votre formation de plongeur niveau 1/plongeur ☆, reportez-vous au "Code Vagnon de la plongée : Brevets plongée niveau 1/plongeur ☆" et abordez son initiation avec votre moniteur.

Au niveau 2/plongeur, nous allons envisager de nouvelles applications pratiques :
- remonter sans palmer en cas d'incident,
- assister un coéquipier conscient en difficulté, qui a un malaise ou qui est essoufflé ou narcosé,
- sauver un coéquipier qui a perdu connaissance.

CRITÈRES DE RÉUSSITE ACCEPTABLES : à l'aide d'un gilet, vous devez être capable de :
- vous stabilisez sans vous aider du palmage entre 15 et 20 mètres,
- réalisez une remontée contrôlée, une assistance, un sauvetage, à la vitesse de vos plus petites bulles, sans utiliser le palmage comme mode principal de remontée et sans jamais redescendre.

CONDITIONS DE RÉALISATION : de jour, visibilité égale ou supérieure à 5 mètres, en pleine eau, profondeur initiale proche de 20 mètres.

─── **Exercice n° 1** ───

Stabilisez-vous entre 0,5 et 1 mètre d'un fond irrégulier à l'aide du direct-system durant l'ensemble d'une plongée exploration

Exercice n° 2
Stabilisez-vous entre 15 et 20 mètres
à l'aide du direct-system

VARIANTES

Après avoir réussi l'exercice n° 2, essayez de le réaliser :

1. à la bouche.

2. sans vous aider du palmage.

3. en rajoutant un plomb de 1 kg dans la poche de votre gilet.

4. en n'insufflant de l'air à l'aide du direct-system que 3 fois maximum.

Exercice n° 3
Descendre à la même vitesse que votre moniteur
à l'aide du gilet et du direct-system.

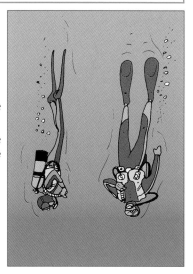

Gonfler votre gilet réduit votre vitesse de descente.

Vous ne devez pas dépasser ou être dépassé de plus de 2 mètres par votre moniteur.

VARIANTES

Après avoir réussi l'exercice n° 3, essayez de le réaliser suivant les mêmes variantes que l'exercice n° 2 sauf (4).

Exercice n° 4

Remontez en contrôlant votre vitesse de remontée à l'aide des "petites bulles", par purge constante.

En cas de remontée rapide, vous devez appliquer la procédure de sécurité prévue par votre moyen de décompression.

Gonflez votre gilet à l'aide du direct-system jusqu'à ce que vous décolliez du fond.

Appuyez sur le bouton de la purge lente, en le maintenant enfoncé durant l'ensemble de la remontée.

La hauteur de l'embout de purge détermine la quantité d'air purgé.

Ne remontez pas plus vite que vos plus petites bulles.

En aucun cas vous ne devez redescendre.

Utilisez le poumon ballast si vous ralentissez trop.

Vous ne devez pas palmer durant l'ensemble de la remontée

DIFFICULTÉS

❑ **Si vous avez tendance à remonter trop vite :**

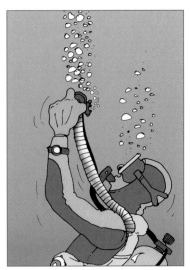

plus vous élevez l'embout de votre purge lente, plus une quantité d'air importante est purgée.

DIFFICULTÉS

❏ **Si vous avez tendance à remonter trop lentement :**

plus vous baissez l'embout de votre purge lente et moins vous purgez d'air.

❏ **Si vous redescendez :**

vous devez doser la purge de votre gilet, vous avez trop purgé d'un coup.

DIFFICULTÉS

❏ **Si vous avez des difficultés à contrôler vos instruments :**

placez vos instruments à portée de vue, c'est-à-dire à l'intérieur de l'avant-bras situé du même côté de la purge lente.

VARIANTES

Après avoir réussi l'exercice n° 4, essayez de le réaliser :

1. en remontant à la même vitesse que votre moniteur.

2. même exercice que (1) mais le moniteur ralentissant sa remontée à certains moments

3. en contrôlant votre vitesse à l'aide de vos instruments.

Exercice n° 5

Remontez en contrôlant votre vitesse de remontée
par purge constante les yeux fermés.

 En cas de remontée rapide, vous devez appliquer la procédure de sécurité prévue par votre moyen de décompression.

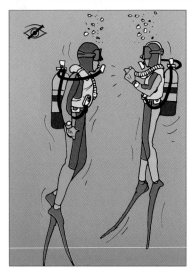

Mêmes consignes que pour l'exercice n° 4, mais :

- le moniteur est situé face à vous, prêt à intervenir pour stopper votre remontée si vous remontez trop rapidement.

- il vous tape sur l'épaule si vous avez tendance à remonter trop vite.

- essayez de ressentir les accélérations et les ralentissements.

Exercice n° 6

Remontez en contrôlant votre vitesse de remontée
par purges successives.

 En cas de remontée rapide, vous devez appliquer la procédure de sécurité prévue par votre moyen de décompression.

Mêmes consignes que pour l'exercice n° 4, mais :

- vous tenez votre embout de purge au-dessus de la tête durant l'ensemble de la remontée.

- la durée durant laquelle vous appuyez sur le bouton de votre purge lente détermine la quantité d'air purgé.

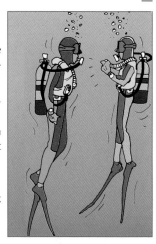

❏ **Si vous avez tendance à remonter trop vite :**

plus vous appuyez longtemps sur le bouton de votre purge lente et plus une quantité d'air importante est purgée.

❏ **Si vous avez tendance à remonter trop lentement :**

moins vous appuyez longtemps sur le bouton de votre purge lente, et moins l'air de votre gilet est purgé.

❏ **Si vous redescendez :**

vous avez purgé trop d'un coup. Dosez mieux la purge de votre gilet.

VARIANTES

Après avoir réussi l'exercice n° 6, essayez de le réaliser suivant les mêmes variantes que l'exercice n° 4 et :

1. en vous arrêtant à 3 mètres pendant 1 minute.

2. en purgeant votre gilet à l'aide de votre purge rapide ou feustop.

3. en utilisant un matériel différent de votre gilet personnel.

Exercice n° 7
Remontez en contrôlant votre vitesse de remontée
par purges successives, les yeux fermés.

 En cas de remontée rapide, vous devez appliquer la procédure de sécurité prévue par votre moyen de décompression.

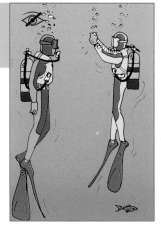

Mêmes consignes que pour l'exercice n° 5.

Exercice n° 8

Assistez un coéquipier conscient,
en le remontant à l'aide de votre gilet de remontée.

 En cas de remontée rapide, vous devez appliquer la procédure de sécurité prévue par votre moyen de décompression.

Afin d'être efficace en cas d'assistance, il est important de connaître le fonctionnement du gilet de remontée de vos partenaires de plongée.

Cette familiarisation est faite en surface lors du briefing avant la plongée.

Vous devez être particulièrement attentif au moindre signe de perte de connaissance de l'assisté. Si votre coéquipier en difficulté lâche son embout durant l'assistance, elle se transforme immédiatement en sauvetage (voir exercice n° 9, page 236).

Vous pouvez vous prémunir contre cette éventualité en intervenant directement en prise sauvetage.

Stabilisés en pleine eau, vous interviendrez sur le signe "je suis essoufflé" ou "ça ne va pas" ou "j'ai le vertige, je suis narcosé".

Dirigez-vous sur votre coéquipier en passant votre réserve si vous en possédez une.

Saisissez-le, sans le lâcher durant l'ensemble de la remontée.

Contrôlez son et votre manomètre et baissez sa réserve selon le cas.

Précisez aux autres plongeurs de remonter.

Aidez-vous du palmage pour amorcer votre remontée le temps de gonfler suffisamment votre gilet à l'aide du direct-system pour remonter.

En aucun cas vous ne devez redescendre.

Vous devez le tenir près de vous, en formant un ensemble rigide.

Lorsque vous avez suffisamment de vitesse, purgez entièrement le gilet de l'assisté, s'il en possède un.

Pensez à le purger de temps en temps, surtout dans la zone des 10 mètres, le peu d'air contenu se dilate à la remontée.

Regardez le régulièrement dans les yeux pour le rassurer et vérifier qu'il expire régulièrement durant l'ensemble de la remontée.

Ne remontez pas plus vite que vos plus petites bulles.

Réalisez avant les paliers éventuels, selon le cas

Faites un tour d'horizon à 3 mètres.

Gonflez entièrement le gilet de l'assisté en surface selon son état.

Informez votre directeur de plongée.

DIFFICULTÉS

❏ **Si votre intervention est lente ou si vous oubliez des éléments :**

à terre, les yeux fermés, au calme, visualisez mentalement le contexte, le signal, ("ça ne va pas") votre position par rapport à l'assisté…, l'ensemble des actions que vous envisagez de réaliser.

❏ **Si vous redescendez après avoir purgé le gilet de l'assisté :**

vous avez purgé le gilet de l'assisté trop tôt, sans avoir une vitesse suffisante.

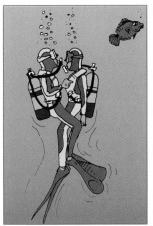

❏ **Si vous avez des difficultés à tenir l'accidenté durant la remontée ou si vous le tenez à bout de bras :**

saisissez l'assisté par une sangle ou l'enveloppe de son gilet de façon à le tenir près du corps.

Lorsque vous avez suffisamment de vitesse, ceinturez ses jambes à l'aide des vôtres.

❏ **Si vous avez tendance à remonter trop lentement :**

selon le cas, utilisez le poumon ballast ou l'inflateur ou un léger palmage pour reprendre de la vitesse afin d'éviter de redescendre.

❏ **Si vous crevez la surface, sans pouvoir vous stabilisez à 3 mètres :**

il est important de purger totalement votre gilet bien avant d'arriver à 3 mètres (en général 5 ou 6 mètres).

Vous avez une certaine inertie qui varie en fonction de votre vitesse de remontée, de la corpulence et du matériel.

Utilisez le poumon ballast pour faciliter votre stabilisation, si vous remontez légèrement trop vite ou si vous avez purgé légèrement trop tôt.

VARIANTES

Après avoir réussi l'exercice n° 8, essayez de le réaliser :

1. en utilisant le gilet de l'assisté.

2. en contrôlant votre vitesse à l'aide de vos instruments.

3. en utilisant une technique de purge différente : purge constante ou purges successives.

4. en vous stabilisant à 3 mètres et en y restant une minute.

5. en utilisant un matériel différent de votre gilet de remontée habituel.

Exercice n° 9

Sauvez un coéquipier ayant perdu connaissance en le remontant, en contrôlant votre vitesse à l'aide de votre gilet de remontée.

Afin d'être efficace en cas de sauvetage, il est important de connaître le fonctionnement du détendeur et du gilet de remontée de vos partenaires de plongée. Cette familiarisation est faite en surface lors du briefing avant la plongée.

En cas de remontée rapide, vous devez appliquer la procédure de sécurité prévue par votre moyen de décompression.

Mêmes consignes que pour l'exercice n° 8 mais :

- Remettez-lui son embout fusant en bouche. Vous devez le lui maintenir en bouche durant l'ensemble du sauvetage.

- Avec une jambe, balayez-lui ses jambes pour vous assurer qu'elles sont bien dégagées de tout obstacle (filet, corde...).

- Effectuez un tour d'horizon à 3 mètres et le signe de détresse en surface au moins trois fois en direction du bateau.

- Gonflez, selon le cas, la bouée de l'accidenté en surface pour lui maintenir la tête hors de l'eau.

❏ **Si l'embout n'est pas correctement remis en bouche :**

positionnez le fusant en bouche en le faisant glisser sur la joue de l'accidenté.

vérifiez bien qu'il est correctement mis en bouche.

❏ **Si l'embout est lâché lors du sauvetage :**

vous devez le maintenir en bouche durant l'ensemble du sauvetage.

maintenez-le en crochetant le menton de l'accidenté avec votre main.

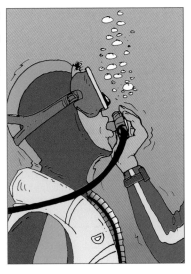

Nous vous conseillons de remonter l'accidenté face à vous en passant votre bras sous la collerette de sa bouée ou la sangle haute de son gilet.

De cette manière vous pouvez contrôler si l'embout est bien maintenu en bouche ou s'il reprend connaissance.

Nous vous déconseillons de le remonter dos à vous car vous ne voyez pas si votre victime reprend conscience ou si son embout est bien maintenu. Cependant si vous choisissez cette méthode, il est important de bien vérifier que l'embout est correctement positionné avant de le saisir ; votre avant-bras sous son bras.

❏ **Si vous intervention est lente ou si vous oubliez des éléments :**

à terre, les yeux fermés, au calme, visualisez mentalement le contexte, le signal, la perte de l'embout, votre position par rapport à l'assisté…, l'ensemble des actions que vous envisagez de réaliser.

VARIANTES

Après avoir réussi l'exercice n° 9, essayez de le réaliser suivant les mêmes variantes que l'exercice n° 8 sauf (4).

Exercice n° 10
Tractez en surface un coéquipier en difficulté,
sur 15 mètres jusqu'à l'échelle du bateau.

Gonflez le gilet de l'accidenté afin de lui assurer une flottabilité suffisante.

Réalisez au moins trois fois le signe de détresse en surface, en direction du bateau.

Maintenez l'embout de l'accidenté en bouche jusqu'à ce qu'il soit maintenu à l'échelle, tête hors de l'eau.

Le coéquipier qui joue le rôle de l'accidenté maintient le bras tendu hors de l'eau en faisant le signe "OK, tout va bien" pour signaler qu'il s'agit d'un exercice.

Selon le type de tractage, prenez et fixez des points de repères dans l'alignement de votre trajet.

❏ **Si vous êtes gêné par les jambes de l'accidenté :**

Selon le type de technique que vous employez, vous pouvez palmer sur le côté, (nous vous conseillons cette méthode qui permet de vous diriger plus facilement en direction du bateau, en le visualisant lors du trajet)

ou sur le dos, palmez en écartant légèrement les jambes.

Si vous utilisez cette méthode, il est nécessaire de prendre des points de repère pour vous diriger.

VARIANTES

Après avoir réussi l'exercice n° 10, essayez de le réaliser :

1. sur 20 mètres.

2. par mer légèrement agitée.

3. en changeant de coéquipier.

4. avec un léger courant.

Les vêtements secs à volume variable

INTÉRÊT PRATIQUE

Au niveau 1/plongeur ☆, nous avions évoqué ce type de vêtement qui devient de plus en plus populaire.
Vous pouvez être intéressé par l'utilisation de ce type de vêtement qui demande de suivre une formation spécifique
Ils sont recommandés lors de plongées pratiquées en eaux froides ou lors de longues immersions. Ils permettent de pratiquer la plongée toute l'année, avec confort, malgré les conditions climatiques.
Outre leurs propriétés isothermiques, ils permettent de s'équilibrer comme avec un gilet de remontée

DIFFÉRENTS TYPES

Ils sont général monopièces, avec ou sans cagoule et bottillons attenants.

1. vêtement sec en néoprène.
2. vêtement sec en toile nylon enduite.
3. vêtement sec en toile caoutchoutée.

LE VÊTEMENT SEC EN NÉOPRÈNE (1)

Il est fabriqué en néoprène doublé de deux faces nylon de 6 à 8 mm d'épaisseur. Il est proposé en différents coloris, pour tous les goûts et coupé près du corps pour plus d'esthétique. Il a une souplesse comparable au vêtement humide de même type.

Certains modèles sont en néoprène compressé, généralement en 4 mn et pour certains de 2 mm d'épaisseur. Ce type de matériau confère une souplesse sans égal, tout en offrant une bonne qualité isothermique. De part leurs caractéristiques exceptionnelles les vêtements réalisés dans ces matières sont beaucoup plus chers à l'achat.

LE VÊTEMENT SEC EN TOILE (2) ET (3)

Ce type le plus répandu offre une flottabilité moindre. Il est léger et compact quand il est en toile nylon enduite (2) et son isothermie varie peu avec la profondeur.

D'un bon confort, son habillage est plus facile et son séchage plus rapide.

LES VÊTEMENTS SECS EN TOILE CAOUTCHOUTÉE

Ils sont conseillés lors de plongées relativement statiques (travaux sous-marins, archéologie…) car ils sont peu souples.

Certains modèles possèdent une cagoule séparée semi-étanche qui malgré un bon confort isothermique rend plus confortable le port du vêtement sans cagoule en surface. De plus, elle est plus facile à mettre en place et à réparer ou changer.

PRINCIPE D'ISOLATION

Les vêtements sont étanches et gonflés d'air qui se réchauffe au contact du corps en l'isolant ainsi du milieu ambiant.

Mais pour les deux derniers types de vêtements (2) et (3), l'isolation qu'ils procurent n'est pas suffisante dans certains cas et il est nécessaire de les porter par-dessus un sous-vêtement en lainage appelé "souris".

En contre-partie, ils présentent l'avantage de pouvoir adapter votre isothermie en fonction de la température de l'eau, de votre niveau d'activité et de votre sensibilité personnelle au froid. A partir de 10 mètres de profondeur, la qualité isothermique des vêtements secs en toile est supérieure, à condition de porter une souris de bonne qualité.

Dans la majorité des cas, le vêtement sec en néoprène (1) peut être porté à même la peau.

Dans des eaux particulièrement froides, il est conseillé de le porter par-dessus un sous-vêtement léger en lycra ou coton.

PRINCIPE D'ISOLATION

Habillé d'un vêtement étanche, votre corps est normalement maintenu au sec grâce à des manchons aux poignets (1) et (2) d'une collerette au cou (3) et (4) et d'une fermeture étanche (voir page 243).

1. *manchon d'étanchéité de poignets en feuille anglaise.*
2. *manchon d'étanchéité en néoprène lisse.*

Les manchons et la collerette sont réalisés en "feuille anglaise" (latex) ou en néoprène lisse tranché.

L'étanchéité est supérieure avec la "feuille anglaise" mais celle-ci est fragile. Le néoprène lisse est plus robuste mais son confort est moindre.

3. *collerette en feuille anglaise.*
4. *collerette en néoprène lisse.*

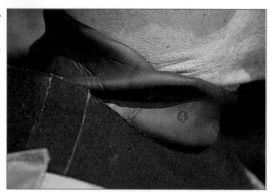

- Une fermeture éclair étanche est disposée dans le dos, d'une épaule à l'autre ou d'un flanc à l'autre.

Dans ce dernier cas, sa fermeture peut être effectuée par soi-même grâce à quelques efforts de contorsion.

LES MOYENS DE GONFLAGE

PAR INFLATEUR BUCCAL

Il présente le même inconvénient que celui d'un gilet de remontée.

Il est nécessaire de lâcher l'embout du détendeur pour le gonfler à la bouche.

Son gonflage est lent et peu efficace et laisse entrer un peu d'eau dans le vêtement.

PAR DIRECT-SYSTEM

1. tuyau M.P. (non-visible)
2. raccord rapide
3. inflateur

C'est le procédé le plus utilisé. L'air provenant de la bouteille est utilisé pour gonfler le vêtement.

L'admission d'air est réalisée en pressant le bouton de l'inflateur (3).

Le plus souvent, il est placé sur la poitrine, permettant ainsi un accès aisé.

LES MOYENS DE PURGE

Au cours de la remontée, le volume d'air que vous avez insufflé sous pression au fond, va augmenter (voir page 59).

Il est alors indispensable de purger régulièrement le vêtement, pour éviter un gonflage excessif et une remontée trop rapide. Les purges doivent être placées à des endroits appropriés et doivent être facilement accessibles des deux mains lorsqu'elles sont manuelles.

LES SOUPAPES TARÉES

Elles purgent automatiquement le vêtement lors de la remontée.

Certaines possèdent un tarage réglable, offrant plus ou moins de sensibilité.

LES SOUPAPES MANUELLES

Elles permettent, en pressant un bouton, de doser la quantité d'air purgé.

LES SOUPAPES TARÉES ET MANUELLES

Elles combinent en un même élément les deux soupapes précédentes.

Pour régler le tarage, il suffit de tourner le dessus de la purge.

LE LESTAGE

L'air emprisonné dans le vêtement et le port d'une "souris" nécessitent un lestage approprié. Les premiers vêtements secs nécessitaient l'emploi d'un lest conséquent de l'ordre de 8 à 10 kg selon les modèles. Aujourd'hui l'amélioration des matériaux employés et des coupes taillées plus près du corps ont permis de réduire le lestage nécessaire.

LA CEINTURE DE PLOMB

Elle présente l'inconvénient d'être inconfortable lorsque le nombre de plombs est important.

Elle "casse les reins" et ne permet pas une progression très hydrodynamique.

Il est conseillé de répartir le lestage sur l'ensemble du corps.

LE BAUDRIER

Une ou deux plaques de plomb en position dorsale et ventrale permettent de mieux répartir un lestage important, le rendant plus confortable à porter.

 Le port d'un baudrier qui est plus difficile à larguer qu'une ceinture de leste rend obligatoire le port d'un gilet de remontée en complément.

MÉTHODES D'HABILLAGE

Enfiler un vêtement sec est une question d'habitude. Après quelques plongées, vous vous sentirez vite familiarisé.

SANS ASSISTANT

Nous vous déconseillons d'utiliser cette méthode qui est difficile à réaliser et qui peut endommager le vêtement.

La plongée se pratique en groupe, il est donc facile de faire appel à une aide extérieure.

AVEC ASSISTANT

Au préalable, talquez le vêtement pour l'enfiler plus facilement.

Retirez tout ce qui pourrait l'endommager : montre, bijoux...

Prenez soin de la collerette et des manchons, ils sont fragiles : attention aux ongles longs ou boucles d'oreilles.

Enfilez en premier les jambes à mi-corps, puis les bras sans forcer.

Si vous avez les cheveux longs, dégagez-les. Enfilez la tête en saisissant la cagoule et la collerette des deux mains. Descendez la collerette sur le cou, sans créer de bourrelets : elle doit l'épouser.

Des cheveux ne doivent pas être situés entre la collerette et votre cou, ils limiteraient l'étanchéité.

 Ne tirez en aucun cas sur la cagoule uniquement, accompagnez toujours la collerette.

INTERVENTION DE L'ASSISTANT

Il vérifiera le positionnement de la collerette sur l'ensemble du cou et fera coulisser la glissière de fermeture en rapprochant les deux bords.

Ne la fermez qu'au dernier moment afin d'assurer une bonne ventilation et l'évacuation de la transpiration, voire d'éviter une hyperthermie en cas d'attente importante sous un soleil de plomb.

Il est important, au préalable, de bien dégager les cheveux et la "souris" qui pourraient se coincer dans la fermeture.

La collerette si elle est en néoprène doit être retournée correctement sur la peau pour assurer une bonne étanchéité.

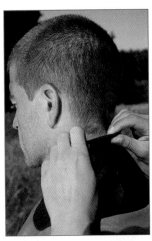

CONSEILS D'UTILISATION

Familiarisez-vous à son utilisation avec votre moniteur.

Vous ne pouvez vous lester que lorsque vous avez fermé votre vêtement et chaussé vos palmes.

Lestez-vous raisonnablement et vérifiez que le lest est largable.

 Équipez-vous toujours d'un gilet ou d'une bouée de remontée. Ils vous permettront de vous maintenir en surface confortablement. En cas d'entrée d'eau dans la combinaison ou en cas d'assistance ou sauvetage, ils vous seront d'une aide précieuse.

Certains vêtements secs sont équipés d'une bouée dorsale attenante qui peut remplacer un gilet de remontée

Plongez toujours avec des plongeurs connaissant le fonctionnement de votre vêtement. Si vous avez besoin d'être assisté, ils doivent pouvoir vous aider.

CONSEILS D'ACHAT

Nous vous conseillons d'acheter un vêtement en néoprène ou en nylon enduit ou en Trilaminate. Ils sont plus adaptés à la pratique de loisir.

Préférez un vêtement équipé de bottillons attenants, qui limitent les entrées d'eau.

Vérifiez que ce dernier est bien ajusté sans trop vous serrer et envisagez éventuellement le port d'une "souris".

Assurez-vous que la taille de la collerette et des manchons soit bien adaptée, rendant le vêtement étanche.

Vérifiez l'accessibilité de l'inflateur et des soupapes ainsi que leur solidité.

CONSEILS D'ENTRETIEN

Rincez votre vêtement à l'eau douce après chaque plongée.

Séchez-le à l'intérieur et à l'extérieur.

Ne le lavez jamais avec un produit solvant ou abrasif. S'il a des tâches, lavez-le à l'eau savonneuse.

Entreposez-le au sec, talqué, à l'abri de la chaleur sur un large cintre, sans plier la fermeture qui doit rester ouverte.

LA FERMETURE

C'est la pièce maîtresse de votre vêtement.

Elle est très fragile et onéreuse. Ne la pliez pas, et évitez les angles marqués.

En position fermée, brossez-la et enduisez-la de paraffine ou de suif pour la protéger.

LES MANCHONS, COLLERETTE, SOUPAPE ET INFLATEUR

Ils seront talqués.

Une fois par an, faites démonter, nettoyer et siliconer les soupapes et l'inflateur par un spécialiste.

RÉPARATIONS

Les combinaisons en néoprène peuvent être réparées facilement par l'utilisateur. Elles se réparent avec une colle néoprène par contact, comme une combinaison humide. La seule précaution est d'éviter de les coudre en traversant l'épaisseur du néoprène, pour ne pas les percer.

Quant aux vêtements en toile, une pièce du même matériau,

d'une taille appropriée sera collée afin de colmater la déchirure.

La colle utilisée est parfois à plusieurs composants, comme par exemple pour le Trilaminate, ce qui rend la réparation un peu moins facile.

Les manchons ou la collerette, en feuille anglais (latex), seront réparés avec une pâte de soudage caoutchouc ou remplacés.

OBJECTIF N°26

Utilisation du vêtement sec à volume variable

INTÉRÊT PRATIQUE

Nous avons vu que le vêtement sec est un équipement de confort, pour plonger en eaux froides. Vous pouvez être intéressé par l'emploi de ce matériel, qui vous permettra de prolonger votre saison de plongée.

L'utilisation d'un vêtement sec à volume variable demande au préalable de se familiariser à son utilisation en suivant une formation conduite par un cadre qualifié.

Celle-ci pourra être spécifique ou incluse dans le cadre d'une formation classique de niveau 2/plongeur ☆ ☆.

La majorité des organisations de plongée dont la FFESSM[1] (voir page 344) proposent des formations qualifiantes de ce type.

CRITÈRES DE RÉUSSITE ACCEPTABLES : vous devez être capable :
- de gonfler et purger votre vêtement, en surface, sur signal de votre moniteur,
- d'évoluer entre 0,5 et 1 mètre du fond sans utiliser le palmage pour vous maintenir en profondeur,
- de stopper une remontée à 5 mètres du fond, provoquée par votre moniteur qui a actionné votre direct-system sans vous prévenir au préalable.
- de réaliser une remontée contrôlée avec purge manuelle, à la vitesse de vos plus petites bulles, sans utiliser le palmage comme mode principal de remontée et sans jamais redescendre.
- de réaliser une assistance et un sauvetage à la vitesse de vos plus petites bulles, sans utiliser le palmage comme mode principal de remontée et sans jamais redescendre.

CONDITIONS DE RÉALISATION : de jour, visibilité égale ou supérieure à 3 mètres, en pleine eau, profondeur proche de 20 mètres.

---

[1] contenu du cursus fédéral de plongée en vêtement sec en 5 compétences disponible en fournitures fédérales FFESSM.

Exercice n° 1
A terre, gonflez et purgez entièrement votre vêtement.

Pour le gonfler : actionnez le bouton de l'inflateur.

Pour le purger : levez le bras sur lequel est située la purge et actionnez-la en la pressant.

VARIANTES

Après avoir réussi l'exercice n° 1, essayez de le réaliser :

1. en fermant les yeux.

2. en surface.

3. même exercice que (2) mais sans prendre appui sur le bord.

Exercice n° 2
En surface, vêtement gonflé, allongé sur le dos, essayez de vous redresser pour effectuer un palmage de sustentation.

Prenez appui sur l'eau avec vos mains.

Donnez un léger coup de rein pour faciliter votre redressement.

Exercice n° 3

Effectuez une descente, équipé d'un vêtement sec.

Vous devez déterminer dans un premier temps, le lestage adapté en fonction de votre vêtement et de votre morphologie.

Au préalable purgez complément votre gilet de remontée ou votre bouée dorsale.

Préférez descendre les pieds les premiers et surtout, évitez la position tête en bas (ne pas dépasser l'horizontale), car selon l'ajustement du vêtement, de l'air peut se déplacer vers vos pieds, modifier votre flottabilité et compromettre votre équilibre rendant tout redressement difficile.

Insufflez de l'air régulièrement dans votre vêtement durant l'ensemble de la descente pour éviter qu'il comprime votre corps, créant une sensation vite désagréable.

DIFFICULTÉS

❏ **Si vous avez des difficultés pour vous immerger :**

Pour faciliter la purge de votre vêtement, tournez la purge dans le sens inverse des aiguilles d'une montre.

Après être immergé à 2 ou 3 mètres, vissez la purge d'un tour, dans le sens des aiguilles d'une montre pour poursuivre votre descente.

VARIANTES

Après avoir réussi l'exercice n° 3, essayez de le réaliser :

1. en descendant à la même vitesse que votre moniteur.
2. même exercice que (1) mais sans vous aider du palmage.

Exercice n° 4

Au fond, gonflez et purgez votre gilet en position verticale.

 En cas de remontée rapide, vous devez appliquer la procédure de sécurité prévue par votre moyen de décompression.

Mêmes consignes que pour l'exercice n° 1, mais :

- Au préalable, purgez complètement votre gilet de remontée ou votre bouée dorsale.

- Vous purgez entièrement votre vêtement lorsque vous êtes à un mètre du fond.

VARIANTES

Après avoir réussi l'exercice n° 4, essayez de le réaliser :

1. en purgeant, en décollant un manchon d'étanchéité du poignet.

2. en position horizontale.

Exercice n° 5

Stoppez votre remontée rapidement à la suite d'un gonflage, en vous arrêtant à 5 mètres du fond.

 En cas de remontée rapide, vous devez appliquer la procédure de sécurité prévue par votre moyen de décompression.

- Au préalable, purgez complètement votre gilet de remontée ou votre bouée dorsale.

- Gonflez votre vêtement jusqu'à ce que vous décolliez, prêt à actionner votre purge manuelle.

Maintenez levé le bras où est situé la purge.

VARIANTES

Après avoir réussi l'exercice n° 5, essayez de le réaliser :

1. en étant équilibré sur le fond.

2. après que votre moniteur vous ait gonflé votre vêtement sur signal visuel.

2. après que votre moniteur vous ait gonflé votre vêtement sans vous prévenir au préalable.

Exercice n° 6

Stabilisez-vous entre 0,5 et 1 mètre d'un fond régulier,
à l'aide d'un vêtement sec.

En cas de remontée rapide, vous devez appliquer la procédure de sécurité prévue par votre moyen de décompression.

En surface, purgez complètement votre gilet de remontée ou votre bouée dorsale.

Commencez à gonfler votre vêtement avant d'arriver sur le fond.

En attendant d'être stabilisé, maintenez votre niveau d'immersion à l'aide du palmage de sustentation.

En aucun cas, vous ne devez toucher le fond.

VARIANTES

Après avoir réussi l'exercice n° 6, essayez de le réaliser :

1. sur un fond irrégulier.

2. lors d'un déplacement.

3. en vous stabilisant au même niveau que votre moniteur, niveau non précisé.

4. même exercice que (1) mais en conservant ce même niveau de stabilisation durant une partie d'une plongée d'exploration.

DIFFICULTÉS

❑ **Si votre vêtement ne se purge pas :**

attention si vous êtes en position "tête en bas" toute purge est rendue difficile voire impossible.

Pour que votre purge fonctionne correctement, il est nécessaire d'être en position verticale, tête en haut

Bras levé, purgez en décollant un des manchons d'étanchéité de la peau.

❑ **Si votre inflateur est bloqué et gonfle avec excès votre vêtement :**

maintenez constamment enfoncée la purge manuelle et déconnectez le raccord rapide.

Exercice n° 7
Remontez en utilisant la purge automatique.

Pour réaliser cet exercice, assurez-vous que votre vêtement est équipé d'une soupape tarée (voir page 244).

En cas de remontée rapide, vous devez appliquer la procédure de sécurité prévue par votre moyen de décompression.

Vous purgerez entièrement votre gilet de remontée ou votre bouée dorsale après avoir décollé du fond.

Remontez toujours en position verticale, tête en haut.

Tournez la purge dans le sens inverse des aiguilles d'une montre pour qu'elle soit automatique.

Lors de la remontée, contrôlez régulièrement votre vitesse de remontée.

Pensez à purger de temps en temps votre gilet de remontée ou votre bouée dorsale, surtout dans la zone des 10 mètres, le peu d'air contenu se dilate à la remontée.

Vous ne devez pas palmer durant l'ensemble de la remontée.

Exercice n° 8
Remontez en utilisant la purge manuelle.

En cas de remontée rapide, vous devez appliquer la procédure de sécurité prévue par votre moyen de décompression.

Vous purgerez entièrement votre gilet de remontée ou votre bouée dorsale après avoir décollé du fond.

Remontez toujours en position verticale, tête en haut.

Tournez la purge dans le sens des aiguilles d'une montre pour qu'elle soit manuelle.

Contrôlez régulièrement votre vitesse de remontée.

Vous ne devez pas palmer durant l'ensemble de la remontée.

En aucun cas vous ne devez redescendre.

Pensez à purger de temps en temps votre gilet de remontée ou votre bouée dorsale, surtout dans la zone des 10 mètres, le peu d'air contenu se dilate à la remontée.

VARIANTES

Après avoir réussi l'exercice n° 8, essayez de le réaliser :

1. en vous arrêtant à 3 mètres pendant 1 minute.

2. en remontant à la même vitesse que votre moniteur.

3. même exercice que (2) mais le moniteur ralentissant sa remontée à certains moments.

Exercice n° 9

Assistez un coéquipier équipé d'un vêtement sec en le remontant à l'aide de votre gilet de remontée.

Mêmes consignes que pour l'exercice n° 8 page 255 mais :

- Repérer les purges et inflateurs de l'assisté,

- Si l'assisté ne possède pas de gilet de remontée ou une bouée dorsale saisissez-le par la sangle de sa bouteille,

- Lorsque vous avez suffisamment de vitesse après avoir amorcé votre remontée, purgez entièrement les vêtements et le gilet de l'assisté.

- Purgez de temps en temps vêtement et gilet de l'assisté surtout dans la zone des 10 mètres ; le peu d'air contenu se dilate à la remontée.

DIFFICULTÉS

Voir les difficultés de l'exercice n° 8 page 255 et :

❏ **Si vous avez momentanément besoin de vos deux mains :**

Une technique peut consister à maintenir l'assisté en l'entourant par la taille en utilisant vos deux jambes comme d'une pince.

Si vous lâchez prise, l'assisté risque de redescendre et vous risquez de prendre de la vitesse.

⚠️ En aucun cas cette prise ne pourra être utilisée dans le cadre d'un sauvetage (voir exercice n° 10 page 257) car dans ce cas précis elle est dangereuse. En effet, elle nécessite de lâcher l'embout de la victime.

VARIANTES

Après avoir réussi l'exercice n° 9, essayez de le réaliser selon la même variante que l'exercice n° 8 page 256, sauf 2 et 3.

───────── **Exercice n° 10** ─────────
Sauvez un coéquipier équipé d'un vêtement sec ayant perdu connaissance, en le remontant à l'aide de votre gilet de remontée.

Mêmes consignes que pour l'exercice n° 9 page 256.

DIFFICULTÉS

Voir les difficultés de l'exercice n° 9 page 256.

VARIANTES

Après avoir réussi l'exercice n° 10, essayez de le réaliser selon les mêmes variantes que l'exercice n° 8 page 256.

PERF

OBJECTIF N° 27

FFESSM

C3

Le poumon ballast

INTÉRÊT PRATIQUE

La maîtrise de cette technique permet par sa respiration, de contrôler, d'affiner son niveau d'évolution, sans avoir besoin nécessairement de palmer ou de modifier sa flottabilité à l'aide du gilet.

Critères de réussite acceptables : lors d'une plongée, vous devez être capable de rester en pleine eau entre 0,5 et 1 mètre d'un fond irrégulier, sans vous aider du palmage pour maintenir votre niveau d'évolution et après avoir rendu nulle votre flottabilité grâce à un gonflage unique de votre gilet de remontée.

Conditions de réalisation : de jour, visibilité égale ou supérieure à 3 mètres, en pleine eau, profondeur correspondant au niveau d'évolution du niveau 2/plongeur ☆ ☆. Les capacités seront évaluées à des profondeurs progressives : dans un premier temps dans l'espace médian (20 mètres), puis en fin de formation dans l'espace lointain (40 mètres).

Exercice n° 1

Décapelez et recapelez votre bouteille sur un fond de 3 à 5 mètres.

- Recherchez des appuis solides sur le fond pour éviter d'être déséquilibré.
- Purgez entièrement votre gilet de remontée.
- Enlevez votre sangle ventrale, sans perdre votre ceinture de lest.
- Vous devez conserver des points d'appui sur le fond durant l'ensemble de l'exercice.
- Quand vous avez décapelé votre bouteille, posez-la devant vous.

DIFFICULTÉS

❏ **Si vous êtes déséquilibré :**

Positionnez-vous sur le fond, en appui sur un genou, vos deux jambes fléchies écartées.

❏ **Si vous perdez l'embout ou si vous faites passer la bouteille par le côté opposé au tuyau de votre détendeur :**

Enlevez votre bouteille comme un sac à dos, en enlevant en premier la sangle située du côté opposé au tuyau de votre détendeur.

Pour recapeler votre bouteille, procédez dans le sens inverse.

❏ **Si vous avez tendance à remonter vers la surface :**

En ayant une flottabilité nulle, le fait d'expirer profondément a tendance à vous faire descendre.

Exercice n° 2

Maintenez-vous à un mètre d'un fond régulier
lors d'un déplacement sans vous aider du palmage,
ni de votre gilet pour maintenir votre niveau d'évolution

Stabilisez-vous sur le fond à l'aide de votre gilet.

Sur signal de votre moniteur, vous ne devez plus ensuite l'utiliser.

Sur signal de votre moniteur (fin d'exercice), vous arrêtez l'exercice.

DIFFICULTÉS

❏ **Si vous avez tendance à vous rapprocher du fond :**

Le fait d'inspirer profondément, suffisamment longtemps, à tendance à vous faire remonter.

❏ **Si vous avez tendance à vous éloigner du fond :**

Le fait d'expirer profondément, suffisamment longtemps, à tendance à vous faire descendre.

Exercice n° 3
Maintenez-vous à un mètre d'un fond irrégulier lors d'un déplacement sans vous aider du palmage, ni de votre gilet pour modifier votre niveau d'évolution
---

Mêmes consignes que pour l'exercice n° 2 page 260.

DIFFICULTÉS

Voir les difficultés de l'exercice n° 2 page 260.

Exercice n° 4
Maintenez-vous dans une fourchette de 2 mètres lors d'un déplacement en pleine eau, sans vous aider du palmage, ni de votre gilet pour maintenir votre niveau d'évolution
---

Stabilisez-vous à l'aide de votre gilet, à une profondeur située à 5 mètres d'un fond et fixée par votre moniteur.

Sur signal de votre moniteur, vous ne devez plus ensuite l'utiliser.

Lors de votre déplacement, vous ne devez pas sortir d'une fourchette de 3 mètres encadrant votre profondeur de stabilisation.

Utilisez vos instruments pour contrôler votre profondeur d'évolution.

Sur signe de votre moniteur (fin d'exercice), vous arrêterez l'exercice.

DIFFICULTÉS

Voir les difficultés de l'exercice n° 2 page 260.

VARIANTES

Après avoir réussi l'exercice n° 4, essayez de le réaliser :

1. en respectant une fourchette de 1 mètre.

2. sans consulter vos instruments plus de trois fois et 10 secondes d'affilée.

3. sans consulter vos instruments durant l'ensemble de l'exercice.

OBJECTIF N°28

C4 - C6

La narcose ou ivresse des profondeurs

INTÉRÊT PRATIQUE

Nous avons vu que l'azote contenu dans l'air peut être toxique pour l'organisme à certaines pressions (voir page 142).

Il faut prendre en considération ce phénomène qui par ses effets entraîne des risques importants.

CRITÈRES DE RÉUSSITE ACCEPTABLES : vous devez être capable de préciser les symptômes, la conduite à tenir et la prévention de l'ivresse des profondeurs.

L'APPARITION DE LA NARCOSE

Des troubles peuvent apparaître dès 30 mètres. Ils sont variables en fonction de la sensibilité de chacun qui est différente.

D'autre part, cette sensibilité individuelle varie d'une plongée à l'autre pour un même individu.

Mais au-delà de 60 mètres, aucun plongeur n'y échappe.

Au-delà de cette profondeur, les risques sont trop importants.

C'est pour cette raison que la plongée à l'air est limitée, à 60 mètres.

LES SYMPTÔMES

Il n'existe pas de crise brutale, les signes sont insidieux et progressifs. Ils apparaissent et se majorent avec l'augmentation de la profondeur (voir page 106).

La profondeur d'apparition et les signes sont très variables selon les individus et d'une plongée à l'autre. A titre indicatif :

PROFONDEUR EN MÈTRES	HUMEUR	FONCTION INTELLECTUELLE	RÉACTIONS	ÉQUILIBRE/ COORDINATION
30 M	ZONE SANS RISQUES			
	Euphorie Confiance en soi excessive Rire	Troubles de raisonnement Erreurs de calcul Idées fixes	Baisse de l'attention Les délais de réponse augmentent	Légère altération
50 M	Rire hystérique ou peur, angoisse, agressivité	Confusion et jugement altéré	Sévère délai de réponse	Incoordination et vertiges
60 M	LIMITE DE LA PLONGÉE A L'AIR			
	Hallucinations	Stupeur	Inconscience	Sévère altération
90 M	DANGER DE MORT			

Dans des cas extrêmes, le plongeur baignant dans l'euphorie peut retirer son embout et son masque.

FACTEURS FAVORISANT SON APPARITION

- Profondeur importante (au-delà de 40 mètres).
- L'angoisse.
- La fatigue.
- La prise de certains médicaments
- Le manque d'entraînement.
- Une descente trop rapide.
- Une descente sans repères visuels (descente dans le bleu)
- Un effort excessif.
- Le froid, l'essoufflement.
- L'obscurité, la visibilité réduite.

LA CONDUITE A TENIR

 Les effets de la narcose sont réversibles, il suffit de remonter pour qu'ils s'estompent et disparaissent avec la baisse de pression.

Le plongeur narcosé doit remonter de sa propre initiative ou de celle de ses coéquipiers, mais dans la majorité des cas, il ne se rend pas compte de son état de narcose, comme le consommateur d'alcool qui refuse de reconnaître qu'il commence à être saoul. Il est très rare qu'il effectue le signe : "je suis narcosé" (voir page 79).

Donc, lorsque vous voyez un plongeur qui se comporte bizarrement, dans le doute, n'hésitez pas à intervenir et à le remonter.

 Nous vous conseillons d'être particulièrement vigilants au risque possible de lâcher d'embout en cas de narcose. Il est possible de prendre en compte ce risque en remontant le narcosé en prise sauvetage.

En cas de remontée anormale, consécutive à une narcose, il faut penser au risque possible de sur-accidents : accidents de décompression (voir page 141), surpression pulmonaire (voir page 72) ou de noyade (voir page 139).

En général, arrivé en surface, il ne se rappellera de rien, refusera d'admettre qu'il était narcosé et pourra ressentir parfois une forte lassitude.

LA PRÉVENTION

- Plongez en bonne condition physique et psychique.
- Évitez l'alcool et certains médicaments qui endorment (sédatifs) avant la plongée : demander conseil à un médecin plongeur.
- Entraînez-vous progressivement à la profondeur, de cette manière vous augmenterez votre degré d'adaptation en retardant et diminuant l'intensité des troubles.

- Limitez la profondeur à 40 mètres (limite conseillée en "plongée-loisir"). Les risques sont réduits lors d'une plongée à 30 ou 40 mètres, le danger augmente au delà.
- Plongez avec un encadrement expérimenté.
- Descendez à vitesse régulière (v < 30 m/mn), sans efforts importants.
- Adaptez votre ventilation suivant la profondeur.

 OBJECTIF N°29

C2

Descendre en pleine eau dans "le bleu"

INTÉRÊT PRATIQUE

Lorsque vous descendez en pleine eau, le fond n'est pas toujours visible, dans ce cas vous n'avez pas de repères visuels pour vous guider.

Si votre descente n'est pas verticale, vous risquez de rater un tombant, une épave.

De plus, si vous ne contrôlez pas votre vitesse de descente, vous risquez de perdre votre palanquée ou d'être narcosé.

CRITÈRES DE RÉUSSITE ACCEPTABLES : vous devez être capable de vous immerger sur des bulles et de réaliser une descente verticale, à vitesse régulière (inférieure à 30 mètres/minutes), en arrivant à portée de vue du plongeur situé sur le fond.

CONDITIONS DE RÉALISATION : de jour, visibilité égale ou supérieure à 5 mètres, en pleine eau, sans courant, profondeur correspondant au niveau d'évolution du niveau 2/plongeur ☆ ☆.

Exercice n° 1

Descendez à l'aplomb d'une ancre et le long d'un filin.

Descendez en effectuant un canard en prenant comme repère l'ancre.

Laissez-vous couler sur une légère expiration et un léger palmage.

Dirigez vos bras en direction de l'ancre.

Un coéquipier évalue la verticalité de votre descente par rapport au filin.

❏ **Si vous vrillez :**

utilisez un compas ou une boussole lors de votre descente. Consultez-le de temps en temps : l'aiguille ne doit bouger que très peu. Évitez de trop palmer.

VARIANTES

Après avoir réussi l'exercice n° 1, essayez de le réaliser :

1. à vitesse régulière en vous aidant de votre gilet de remontée.

2. sans avoir l'ancre comme repère.

3. même exercice que (2) mais sans que le fond soit apparent.

4. en vous stabilisant à 3 mètres du fond à l'aide de votre gilet ou bouée.

Exercice n° 2

Descendez en pleine eau à la verticale de votre moniteur.

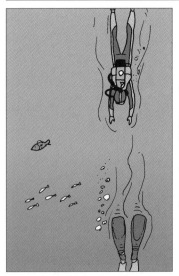

Vous vous immergez lorsque votre moniteur est environ à deux mètres.

En aucun cas vous ne devez le dépasser ou le toucher ou être à plus de 5 mètres derrière lui.

Réglez votre vitesse de descente à l'aide de votre gilet de remontée.

Un coéquipier qui descend très légèrement en retrait évalue votre descente.

DIFFICULTÉS

❏ **Si vous dépassez ou touchez votre moniteur :**

anticipez en gonflant suffisamment tôt votre gilet de remontée (son effet n'est pas immédiat) et utilisez le "poumon ballast" (en inspirant) pour affiner votre vitesse de descente.

❏ **Si vous êtes à plus de 5 mètres derrière votre moniteur :**

préférez gonfler votre gilet de remontée régulièrement et par petites quantités et utilisez le "poumon ballast" (en expirant) pour affiner votre vitesse de descente .

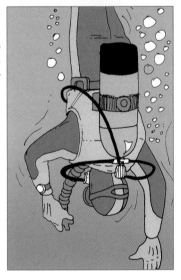

VARIANTES

Après avoir réussi l'exercice n° 2, essayez de le réaliser :

1. sans vous aider du poumon ballast.

2. en vous stabilisant à 3 mètres du fond à l'aide de votre gilet de remontée.

3. en ne gonflant votre gilet de remontée que trois fois maximum lors de la descente.

4. le moniteur variant sa vitesse de descente.

Exercice n° 3

Descendez en pleine eau, en contrôlant votre vitesse
à l'aide du profondimètre ou ordinateur de plongée.

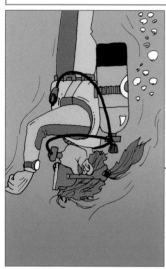

Consultez régulièrement votre profondimètre ou ordinateur de plongée.

Réglez votre vitesse de descente à l'aide de votre gilet de remontée.

Durant l'ensemble de la descente, comptez sur un même intervalle de profondeur (par exemple sur 5 mètres).

Ne dépassez pas une vitesse de descente de 30 mètres/minute.

VARIANTES

Après avoir réussi l'exercice n° 3, essayez de le réaliser :

1. en ne consultant votre profondimètre que 5 fois maximum lors de la descente.

2. par binôme, en essayant de descendre à la même vitesse qu'un coéquipier.

Exercice n° 4

Effectuez une descente verticale,
en pleine eau, en fermant les yeux.

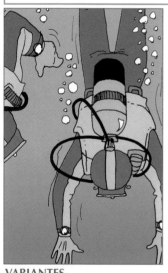

Essayez de ressentir la position de votre corps, les bulles d'air remontant le long de vos jambes.

Fermez les yeux après avoir atteint deux mètres de profondeur.

Vous pouvez ouvrir vos yeux deux fois maximum pendant environ 5 secondes durant l'ensemble de l'exercice.

Votre moniteur est à proximité et vous tape sur l'épaule si vous descendez trop vite.

Réglez votre vitesse à l'aide de votre gilet de remonté.

Votre moniteur vous arrête lorsque vous êtes à 10 mètres du fond.

VARIANTES

Après avoir réussi l'exercice n° 4, essayez de le réaliser :

1. sans ouvrir les yeux durant l'exercice.

2. en ouvrant les yeux durant l'exercice.

Test de contrôle (solutions page 338)

■ Questions éliminatoires

1 *L'azote intervient dans :*

❏ **a**. la narcose

❏ **b**. l'essoufflement

❏ **c**. l'accident de décompression

2 *Les gaz sont toxiques en fonction de :*

❏ **a**. leur nombre

❏ **b**. leur concentration

❏ **c**. la pression

❏ **d**. votre capacité pulmonaire

3 *Les causes de l'essoufflement peuvent être :*

❏ **a**. la pollution de l'air

❏ **b**. le non respect des paliers

❏ **c**. un effort excessif

❏ **d**. un robinet de conservation mal ouvert

4 *Face à une personne essoufflée, vous devez :*

❏ **a**. l'arrêter, puis poursuivre la plongée

❏ **b**. lui préciser de remonter

❏ **c**. la stopper et la remonter rapidement d'une dizaine de mètres

❏ **d**. la surveiller lors de la remontée en restant à proximité

5 *Pour prévenir une noyade, vous devez :*

❏ **a**. éviter de plonger moins de 3 heures après un repas

❏ **b**. laisser une personne compétente de surveillance en surface, sur le bateau

❏ **c**. éviter de pénétrer dans une épave

❏ **d**. être équipé d'une bouée ou d'un gilet de remontée

6 *Un plongeur atteint d'un accident de décompression peut :*

❏ **a**. ressentir une violente douleur à une articulation

❏ **b**. cracher du sang

❏ **c**. être paralysé

❏ **d**. ne plus pouvoir uriner

7 *Pour prévenir l'accident de décompression, vous devez :*

❏ **a**. souffler à la remontée régulièrement surtout dans la zone des 10 derniers mètres

❏ **b**. ne pas remonter plus vite que vos plus petites bulles

❏ **c**. respecter les paliers

❏ **d**. ne pas plonger en apnée avant un délai de 6 h 00

8 Quels sont les facteurs qui favorisent l'accident de décompression :

❏ **a.** la fatigue

❏ **b.** un effort physique important

❏ **c.** la vitesse de descente

❏ **d.** l'obésité

9 Le traitement de l'accident de décompression est :

❏ **a.** une mise sous oxygène (100 %) de la victime

❏ **b.** de l'aspirine en cachet si l'accidenté est inconscient

❏ **c.** de l'eau si l'accidenté est conscient

❏ **d.** l'évacuation sanitaire de l'accidenté vers un centre hospitalier équipé d'un caisson de décompression multiplace

10 Combien de plongée peut-on faire à l'aide des tables MN90 par tranche de 24 heures :

❏ **a.** 1 plongée

❏ **b.** 2 plongées

❏ **c.** 3 plongées

❏ **d.** 4 plongées

11 Vous pouvez utiliser votre ordinateur de plongée pour assurer votre décompression :

❏ **a.** lors de plongée technique (assistance à l'aide du gilet)

❏ **b.** lors de plongée d'exploration

❏ **c.** après avoir utilisé vos tables de plongée le matin

❏ **d.** pour effectuer une troisième plongée dans la journée.

12 Patrick et Dominique plongent à 14 h 00. Ils descendent à 23 mètres. 31 minutes après, ils remontent entre 15 et 17 m/mn :

❏ **a.** ils feront un palier à 3 mètres de ... mn

❏ **b.** ils ne feront pas de palier

❏ **c.** l'heure de sortie sera : ... h ...

13 Patrick et Dominique plongent à 14 h 00. Ils descendent à 31 mètres. 26 minutes après leur immersion, Patrick remonte en catastrophe, sans contrôler sa remontée.
Il arrive en surface après une remontée de 1 minute.

❏ **a.** ils feront leur premier palier à ... mètres pendant ... mn

❏ **b.** ils ne feront pas de palier

❏ **c.** ils feront un palier à 3 mètres de ... mn

2

14 Patrick et Dominique sortent de l'eau après une première plongée
à 10 h 30 avec une lettre E.
A 14 h 00, ils replongent à 23 mètres pendant 29 minutes.

❑ **a**. ils feront un palier à 3 mètres
de ... mn

❑ **b**. ils ne feront pas de palier

❑ **c**. ils feront un palier à 6 mètres
de ... mn

❑ **d**. leur heure de sortie
sera ... h ...

15 Quel est le poids apparent dans l'eau d'une ancre
ayant une masse de 100 kg et un volume de 10 dm³ :

❑ **a**. 110 kgf

❑ **b**. 90 kgf

❑ **c**. 75 kgf

❑ **d**. 50 kgf

16 A partie de quelle profondeur peuvent apparaître
les symptômes de la narcose :

❑ **a**. 20 mètres

❑ **b**. 30 mètres

❑ **c**. 40 mètres

❑ **d**. 50 mètres

17 Quels facteurs favorisent l'apparition de la narcose :

❑ **a**. une descente rapide

❑ **b**. la fatigue

❑ **c**. le temps de plongée

❑ **d**. une profondeur importante
(au-delà de 40 mètres)

18 Les signes de la narcose peuvent être :

❑ **a**. un comportement anormal

❑ **b**. une douleur au thorax

❑ **c**. un état euphorique

❑ **d**. une angoisse

5. DAUPHIN 3

5 DAUPHIN 3

TYPE	OBJECTIFS	COMPÉT-ENCES	EXERCICES PRÉPARANT À L'OBJECTIF	CONDITIONS DE RÉALISATION
📖	30 - page 274	FFESSM C6	Le matériel du plongeur autonome.	
↳ 🔦	31 - page 283	FFESSM C5	L'orientation en plongée.	
↳ 🔦	page 284	FFESSM C5	Étalonner une distance en plongée.	De jour, sans courant, visibilité égale ou supérieure à 3 mètres, à faible profondeur.
🔦	page 287	FFESSM C5	L'orientation sans instruments.	De jour, sans courant, visibilité égale ou supérieure à 3 mètres, à profondeur proche de 10 mètres.
↳ 🔦	page 299	FFESSM C5	Utilisation de la boussole ou du compas en plongée ou l'orientation avec instruments.	De jour, sans courant, visibilité égale ou supérieure à 3 mètres, dans l'espace médian.
🔦	32 - page 308	FFESSM C2	L'utilisation du parachute de palier.	De jour, sans courant, visibilité égale ou supérieure à 3 mètres, en pleine eau, profondeur proche de 3 mètres.
🔦	33 - page 310	FFESSM C5	Initiation à la plongée en autonomie.	De jour, visibilité égale ou supérieure à 3 mètres, courant modéré, dans la zone des 20 mètres.
💡	page 320		Les équivalences internationales.	

C6

Le matériel du plongeur autonome

INTÉRÊT PRATIQUE

Futur plongeur autonome,
vous devez plonger équipé de matériel de sécurité individuel.

CRITÈRES DE RÉUSSITE ACCEPTABLES : vous devez être capable de préciser le matériel de sécurité obligatoire et indispensable que doivent porter des plongeurs autonomes.

LE MATÉRIEL DE SÉCURITÉ OBLIGATOIRE

MATÉRIEL PERMETTANT DE CONTRÔLER
LES CARACTÉRISTIQUES DE LA PLONGÉE ET DE LA REMONTÉE

1. profondimètre ou ordinateur
de plongée (voir page 186).
2. montre (voir page 184).
3. tables immergeables (voir page 155).

La liste de ce matériel établie par la législation nationale ou réglementairement par les organisations de plongée est sensiblement la même dans tous les pays francophones.

Dans la majorité des pays francophones, ce sont les organisations de plongée qui définissent ce type de matériel.

Dans le cas de la France, la liste du matériel obligatoire pour plonger en autonomie est fixée par un texte de loi : l'arrêté du 22 juin 1998 relatif aux règles techniques et de sécurité dans les établissements organisant la pratique et l'enseignement des activités sportives et de loisir en plongée autonome à l'air.

Nous vous présenterons à la suite à titre d'exemple le matériel obligatoire défini par cet arrêté de loi.

UN SYSTÈME DE SÉCURITÉ GONFLABLE AU MOYEN D'UNE RÉSERVE DE GAZ COMPRIMÉ PERMETTANT DE REGAGNER LA SURFACE ET DE S'Y MAINTENIR

 Une bouée (1) ou un gilet de remontée (2) équipés d'un direct-system

UN DÉTENDEUR DE SECOURS

 Un détendeur de secours permettant d'alimenter en gaz respirable un équipier sans partage d'embout : octopus (deuxième étage complémentaire) ou détendeur-inflateur ou deuxième détendeur complet. Il permettra de faire face à la panne d'air d'un coéquipier en limitant les risques de contamination (voir page 115), tout en favorisant une ventilation normale garante d'une bonne décompression (voir page 116).

LE MATÉRIEL DE SÉCURITÉ INDISPENSABLE

UN COMPAS OU UNE BOUSSOLE ÉTANCHE

 Ils permettent aux plongeurs autonomes de s'orienter en plongée (voir page 292).

UN PARACHUTE DE SECOURS

1. *parachute simple*

2. *parachute plombé*

3. *cordelette*

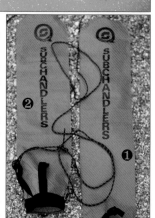

Ce matériel peut être considéré comme indispensable. Il permet à la palanquée de se faire repérer en surface par le bateau, tout en effectuant ses paliers.

Il concourt à une plus grande sécurité surtout lors de plongées en pleine eau, lorsque le bateau ne mouille pas ou lorsqu'il y a du courant.

Ce matériel peut être considéré comme indispensable. Il permet à la palanquée de se faire repérer en surface par le bateau, tout en effectuant ses paliers.

Différents modèles existent. Gonflés, ils sont, en général, en forme de saucisse et d'une capacité de 15 à 16 l. Certains modèles sont plombés à leur base (2) ce qui leur assure une position bien verticale en surface. D'autres sont équipés d'une poche intégrée facilitant leur rangement et leur transport. Ils sont transportés en général dans la poche du gilet de remontée.

Ils doivent être équipés d'une cordelette (3), d'une longueur légèrement supérieure à 6 m. Il est rare de faire ses paliers, en plongée-loisir, en dessous de 6 mètres. La cordelette peut être marquée de repères étalonnés matérialisant la profondeur.

LE MATÉRIEL DE SÉCURITÉ UTILE

La liste du matériel présentée à la suite n'est pas exhaustive. Le choix du matériel de sécurité utile emporté en plongée devra être effectué en fonction des conditions de plongée et du type de plongée projetée.

LE COUPE FIL

Une grande majorité des poignards de plongée ne permettent pas de trancher facilement un cordage, un filet ou une ligne dans lesquels le plongeur peut s'emmêler. Le coupe fil est un accessoire peu encombrant qui possède une lame de rasoir tranchante.

Il permet de couper lignes, filets…avec une efficacité déconcertante.

LA SOURCE D'AIR DE SECOURS (SPARE AIR)

1. *bouteille de secours*
2. *détendeur intégré*
3. *étui*
4. *adaptateur*

Ce système est composé d'une petite bouteille de secours (1) comportant un détendeur intégré (2).

Il donne l'autonomie nécessaire pour remonter du fond, en cas de panne d'air.

Il est porté dans un étui (3) pour faciliter son transport. Il est gonflé sur un bloc de plongée grâce à un adaptateur (4).

LE SIFFLET DE SECOURS

Ce système permet d'attirer l'attention de la surveillance surface ou de se faire repérer en cas de visibilité réduite ou mer agitée.

Le sifflet manuel est audible à faible distance et s'il est au vent du bateau de sécurité.

Il est attaché au tuyau annelé du gilet de remontée.

L'AVERTISSEUR SONORE PNEUMATIQUE

L'avertisseur sonore pneumatique émet sur simple pression du bouton, un bruit strident audible en surface à plus de 500 mètres, en fonction des modèles et du vent.

Il est très efficace afin de se faire repérer en surface même par visibilité réduite et permet d'attirer l'attention.

Il se connecte rapidement entre le raccord rapide et le tuyau de votre direct-system et utilise l'air de votre bouteille pour fonctionner.

Certains modèles, tels que le "mini Hammerhead (Dive Alert™)" (4) peuvent même être utilisés sous l'eau afin de se faire repérer par la palanquée.

1, 2 et 3. avertisseurs sonores pneumatiques de surface.
4. avertisseur sonore pneumatique sous-marin (SUPRA HORN)

LE STYLO ET PISTOLET LANCE FUSÉES

Ils sont utiles si l'on plonge dans des eaux où les courants peuvent être importants. Il permet de se faire repérer de loin en cas de ciel dégagé.

Il existe deux principaux modèles qui sont tous les deux utilisables en surface :

• Le stylo lance fusée

Ce modèle de la forme d'un stylo permet de tirer une micro-fusée. Un levier d'armement permet de percuter la micro-fusée.

• Le pistolet lance fusée

Ce système étanche à 40 mètres comporte un barillet qui permet de tirer jusqu'à 6 micro-fusées interchangeables qui peuvent être choisies parmi des couleurs différentes. Une poignée permet de percuter les fusées.

Le dispositif est complété d'une goupille et d'un bouton de sécurité.

*LE BALLON DE REPÉRAGE DE TYPE **BRI-HL***

Ce ballon est gonflé d'hélium et flotte dans l'air, en étant captif au-dessus de l'utilisateur. Il est visible dans un rayon de 25 milles nautiques (environ 45 kilomètres), selon l'importance du plafond nuageux et du vent.

1. container étanche
2. commutateur goupille

A usage unique, il est stocké dans un conteneur de faibles dimensions (1), étanche à 50 mètres. Il est libéré par un commutateur de déclenchement manuel (2), par simple dégoupillage. Il vole à une altitude de 30 où 70 mètres en fonction du modèle et du vent. La durée du ballon varie en fonction de la température de l'air. Elle peut atteindre 72 heures.

LE FEU FUMIGÈNE ÉTANCHE

Étanche à 30 ou 50 mètres selon les modèles, il permet de se faire repérer de jour comme de nuit à moyenne distance par un bateau ou un hélicoptère. Par contre, il est inefficace par vent fort car sa fumée est rapidement dispersée.

Il possède deux feux :
- une fumée orange pour le jour (1),
- une fumée rouge pour la nuit (2).

Sa durée d'une vingtaine de minutes varie en fonction des modèles.

LE MIROIR DE SIGNALISATION

 Ce dispositif rudimentaire permet d'attirer l'attention mais ne fonctionne que lorsqu'il y a du soleil. Certains modèles possèdent un système de visée qui permet d'orienter avec plus de précision le reflet.

LES CARRÉS RÉTRO RÉFLÉCHISSANTS

 Rouges ou blancs, ils se collent par exemple sur le haut d'une bouteille de plongée, la cagoule d'une combinaison et permettent d'être vu plus facilement de nuit.

LES BÂTONS LUMINEUX

Ces systèmes permettent de se faire repérer de nuit en plongée et en surface.

 Les bâtons lumineux chimiques (1) de type Cyalume sont à usage unique. Un simple tube de plastique renferme une ampoule contenant un réactif chimique qui produit une lumière fluorescente visible de nuit. Ces bâtons ont une durée de 5 minutes à 12 heures et une intensité variable en fonction des modèles. Certains modèles sont électriques (2) et fonctionnent grâce à une pile. Étanche à plus de 100 mètres, ces derniers modèles ont une autonomie de 12 à 20 heures en fonction de la lumière qui peut être fixe ou clignotante.

Ces différents systèmes de repérage peuvent être fixés par exemple sur la robinetterie de la bouteille.

LA LAMPE LUMINESCENTE ÉTANCHE

1. Lampes luminescentes étanches.
2. capot luminescent.

Ces lampes de signalisation permettent de se faire repérer de nuit par la palanquée sous l'eau et en surface, grâce à un capot luminescent de couleur.

LA LAMPE FLASH ÉTANCHE

Portée au bras grâce à un brassard (1), elle est utile lors de plongées en eaux troubles ou de nuit.

Etanche de 30 à 100 mètres selon les modèles, elle permet de se faire repérer par la palanquée, sous l'eau, de nuit ou lorsque la visibilité est réduite.

De nuit, en surface, elle indique la position de la palanquée au bateau de sécurité.

Alimentée par des piles ou des accus, elle émet des éclats visibles en surface, de nuit, jusqu'à 2 km et 8 km pour certains modèles.

Certains matériels possèdent une pile au lithium qui les rend efficaces même en cas de basses températures.

1. brassard.
2. ampoule.

En matière plastique, disponible en différentes tailles, munie d'un crayon, elle permet de prendre des notes en surface ou au fond.

CHECK-LIST DU MATÉRIEL DU PLONGEUR AUTONOME PLONGEANT EN MILIEU NATUREL

MATÉRIEL INDIVIDUEL	EFFETS PERSONNELS	MATÉRIEL DE SÉCURITÉ OBLIGATOIRE
Sac de plongée.	Shampooing, savon.	Profondimètre ou ordinateur.
Maillot de bain.	De quoi écrire.	Montre.
Serviette de bain.	Huile solaire.	Tables immergeables.
Palmes.	Lunettes de soleil.	Bouée ou gilet de remontée.
Masque.	Chapeau ou bob.	Détendeur de secours
Tuba.	Vêtements de rechange.	
Haut de combinaison.	Carte téléphonique.	
Bas de combinaison.	Vêtements chauds.	**MATÉRIEL DE SÉCURITÉ INDISPENSABLE**
Gants.	Médicaments anti mal de mer.	
Chaussons ou bottillons.	Licence ou assurance.	Compas ou boussole étanche.
Ceinture de lest.	Certificat médical.	Parachute de paliers.
Détendeur.	Carte brevet, passeport de plongée.	
Manomètre sous-marin.	Carnet de plongée.	
Bouteille.	Carte individuelle d'identification VAGNON.	**MATÉRIEL DE SÉCURITÉ UTILE**
Poignard de plongée.	Argent.	Coupe fil.
Lampe étanche.	Boissons, en-cas.	Spare air.
		Sifflet de secours.
		Stylo et pistolet lance fusées.
		Ballon de repérage.
		Feu fumigène étanche.
		Miroir de signalisation.
		Carrés rétro réfléchissants.
		Bâtons lumineux.
		Lampe luminescente étanche.
		Lampe flash étanche.
		Ardoise sous-marine.

OBJECTIF N°31

C5

L'orientation en plongée

GÉNÉRALITÉS

A vos débuts, vous avez sans doute éprouvé des difficultés à vous situer dans ce milieu différent du nôtre, dépourvu de panneaux indicateurs, de balisages et où la visibilité dépasse rarement quinze mètres.

Vous avez apprécié, lorsque votre moniteur vous a mené, en fin de plongée, à l'ancre du bateau.

Futur plongeur autonome, vous devez vous aussi être capable de vous orienter sous l'eau.

SAVOIR CORRECTEMENT S'ORIENTER EST UN GAGE DE SÉCURITÉ

Cela permet d'éviter les longs trajets retour en surface qui peuvent être dangereux surtout en cas de courant.

Cela permet de pouvoir bénéficier de l'aide du bateau rapidement en cas d'incident ou d'accident : panne d'air au palier…

Cela permet de réaliser ses paliers au mouillage, dans de bonnes conditions et sans dériver.

Cela permet d'éviter au bateau qui assure la sécurité de relever son mouillage pour aller chercher la palanquée au loin.

SAVOIR CORRECTEMENT S'ORIENTER CONCOURT AU CONFORT DE LA PALANQUÉE

N'est-il pas agréable de terminer une plongée à proximité du bateau ?

De plus, les paliers au mouillage sont réalisés dans des conditions plus confortables.

L'INFLUENCE DU COURANT

Il est très difficile de s'orienter quand il y a du courant. Il influence votre déplacement en créant une dérive.

Elle est d'autant plus importante que le courant est latéral et de forte intensité (dans ce cas précis, il est prudent de reporter la plongée).

Il est très difficile d'apprécier sa dérive, surtout quand il s'agit d'un courant provoqué par la marée, qui change d'orientation et d'intensité selon la période de celle-ci.

D'autre part le courant modifie la distance que vous parcourez. L'étalonnage de votre distance va être difficile à prendre en compte.

Étalonner une distance en plongée

C5

INTÉRÊT PRATIQUE

*Lorsque l'on s'oriente avec ou sans instrument,
il est important d'étalonner sa distance pour ne pas parcourir
une distance démesurément différente de celle que l'on s'est fixé.*

CRITÈRES DE RÉUSSITE ACCEPTABLES : vous devez être capable d'étalonner une distance de 25 mètres en surface et au fond :

- sans instrument,

- avec une montre.

CONDITIONS DE RÉALISATION : de jour, sans courant, visibilité égale ou supérieure à 3 mètres, à faible profondeur.

Exercice n° 1

En surface, comptez votre nombre de coups de palmes
en suivant un parcours balisé de 25 mètres.

Votre palmage doit être régulier et produit à la même cadence durant l'ensemble du trajet.

Essayez de réaliser le trajet le plus rectiligne possible.

Pour vérifier votre étalonnage, refaites le parcours les yeux fermés en suivant le filin reliant les deux bouées, et arrêtez-vous au bout du nombre de coups de palmes déterminé.

⚠️ Cet étalonnage est valable avec les palmes que vous utilisez. Si vous changez de palmes, il faut refaire votre étalonnage.

Pour réaliser l'exercice n° 1 avec bouteille, suivez les mêmes consignes, en suivant en immersion le filin posé sur un fond régulier avec un binôme.

Observez-vous une différence d'étalonnage entre la surface et le fond ?

Pour réaliser l'exercice en piscine suivez les mêmes consignes.

DIFFICULTÉS

❏ **Si vous êtes loin d'atteindre la bouée ou si le nombre de coup de palmes déterminé est très supérieur à la réalité, lors de votre vérification**

il est important de compter la même période de chaque cycle de palmage, par exemple la descente de chaque jambe.

VARIANTES

Après avoir réussi l'exercice n° 1, essayez de le réaliser :

1. en changeant la distance.

2. en réalisant un parcours non matérialisé par un filin, sans bouteille.

3. en vous demandant d'évaluer la distance inconnue d'un parcours.

Exercice n° 2

En surface, étalonnez à l'aide d'une montre
un parcours balisé de 25 mètres.

Mêmes consignes que pour l'exercice n° 1, mais vous étalonnez le parcours en mesurant le temps écoulé à l'aide d'une montre.

Pour vérifier votre étalonnage, refaites le parcours en vous arrêtant après le temps relevé.

Pour réaliser l'exercice n° 2 avec bouteille, suivez les mêmes consignes que l'exercice n° 2 mais en suivant en immersion le filin posé sur un fond régulier, avec un binôme.

Observez-vous une différence d'étalonnage entre la surface et le fond ?

Pour réaliser l'exercice en piscine suivez les mêmes consignes.

VARIANTES

Après avoir réussi l'exercice n° 2, essayez de le réaliser suivant les mêmes variantes que l'exercice n° 1.

L'orientation sans instruments

C5

INTÉRÊT PRATIQUE

La mémorisation d'informations relevées dans le milieu naturel permet de s'orienter.

CRITÈRES DE RÉUSSITE ACCEPTABLES : vous devez être capable de rejoindre un point distant de 25 mètres, en immersion, en émergeant dans un rayon de 10 mètres, par rapport à ce point.

CONDITIONS DE RÉALISATION : de jour, sans courant, visibilité égale ou supérieure à 3 mètres, à profondeur proche de 10 mètres.

--- **Exercice n° 1** ---

A terre ou sur le bateau, relevez des éléments d'information qui faciliteront votre orientation sous-marine.

Relevez ces informations par binôme et par écrit.

Confrontez vos écrits avec ceux des autres.

Complétez vos informations à la suite d'une discussion de groupe.

Pour réaliser cet exercice en piscine, articulez une discussion sur ce thème à partir de vos expériences de plongeurs.

3

DIFFICULTÉS

Pour compléter vos informations, vous trouverez ci-après des éléments de réponse.

L'orientation des vagues. *Le sens du courant, mais en sachant que celui-ci peut être différent au fond.* *La position d'une roche qui émerge, d'un brisant, d'un ouvrage artificiel (bouée…).*

La profondeur indiquée par le sondeur du bateau. *La position du bateau par rapport à la côte.* *La direction du soleil.*

Exercice n° 2

Lors d'une plongée d'exploration sur un fond varié relevez des éléments permettant de s'orienter.

Prenez le temps d'observer le milieu.

Notez vos observations sur une ardoise sous-marine.

En surface, confrontez vos résultats et complétez vos informations à la suite d'une discussion de groupe.

Pour réaliser cet exercice en piscine, suivre les mêmes consignes que pour l'exercice n° 1.

DIFFICULTÉS

Pour complétez vos informations, vous trouverez ci-après des éléments de réponse.

La profondeur.

Le relief : type de fond, pente.

Un élément caractéristique : ancre, rocher…

L'orientation du courant : vous le sentez s'opposer à votre progression quand il est conséquent.

Les poissons statiques lui font face.

Les algues et herbiers s'inclinent sous son action.

Le soleil : l'inclinaison de ses rayons. Si vous partez à l'aller avec les rayons à droite, vous devez les avoir à gauche au retour.

Les rides dessinées sur le sable, leur orientation.

Des particules en suspension soulevées à l'aller.

Par faible profondeur et bonne visibilité :

L'orientation des vagues en surface. L'ombre du bateau.

Exercice n° 3

Atteindre un repère fixe, distant de 25 mètres et revenir

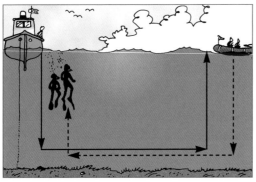

Réalisez l'exercice par binôme, l'un fait l'aller, l'autre le retour.

Positionnez-vous face au point à atteindre.

Immergez-vous en phoque, en essayant d'avoir une descente la plus verticale possible.

Durant votre progression, essayez d'avoir un palmage équilibré, sans grandes oscillations de corps.

Évitez de vous arrêter en cours de parcours.

Faites surface lorsque vous pensez être à la hauteur du repère.

Pour réaliser cet exercice en piscine, faites-le les yeux fermés, votre binôme vous arrêtant en cas d'obstacle.

DIFFICULTÉS

❏ **Si vous avez dévié votre progression n'est pas rectiligne**

Vérifiez la répartition de votre équipement sur votre corps (position du bloc, plombs...).

Revoyez éventuellement votre palmage.

Déplacez-vous les bras tendus dans la direction du but à atteindre.

VARIANTES

Après avoir réussi l'exercice n° 3, essayez de le réaliser :

1. en changeant de type de fond.

2. en augmentant la profondeur.

3. sans soleil.

4. avec une visibilité réduite.

5. en augmentant la distance.

6. en faisant l'aller-retour sans émerger.

La boussole, le compas et le tracker étanche

Ces appareils plus ou moins perfectionnés permettent au plongeur autonome de s'orienter en plongée et de retrouver son lieu de mise à l'eau.

LA BOUSSOLE

Elle possède une aiguille aimantée (1), posée sur un pivot, située dans un boîtier (6) contenant un liquide amortisseur.

La couronne mobile (2) et l'index (3) permettent de mémoriser une direction.

LE COMPAS

C'est le même principe qu'une boussole sauf que l'aiguille aimantée (1) est solidaire d'une rose graduée (5).

L'aiguille est fixée sous la rose selon la direction nord-sud.

Certains compas permettent de faire des relèvements grâce à une fenêtre de visée (7).

1. aiguille aimantée.
2. couronne mobile.
3. index de repérage.
4. graduations en degrés.
5. rose.

6. boîtier.
7. fenêtre de visée.
8. index de visée.

SUR QUEL PRINCIPE FONCTIONNENT LES BOUSSOLES ET COMAPS ?

La terre est un énorme aimant et tout corps aimanté qui peut bouger librement, par exemple sur un pivot, est attiré par le pôle nord.

L'aiguille aimantée d'une boussole ou d'un compas est donc toujours orientée dans l'axe nord-sud.

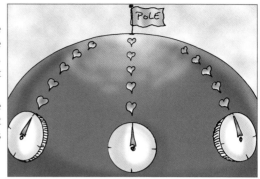

LES DIFFÉRENTS TYPES DE LECTURE

1. instrument à lecture directe.
2. instrument à lecture indirecte.

Les instruments, de par leur conception, peuvent être à lecture directe ou indirecte ou combiner les deux modes de lecture.

Leur utilisation sera différente.

LES INSTRUMENTS À LECTURE DIRECTE

Les graduations sont portées sur la couronne, lorsque vous la tournez, les chiffres tournent.

LES INSTRUMENTS À LECTURE INDIRECTE

Les graduations sont fixes, situées en général sur le cadran, elles ne tournent pas avec la couronne.

LES GRADUATIONS

Les instruments sont gradués de 0 à 359°.

Chaque graduation correspond aux principaux points cardinaux.

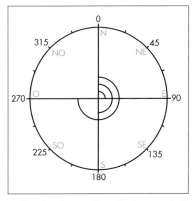

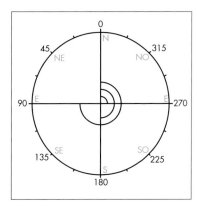

Graduations d'un instrument à lecture directe.

Graduations d'un instrument à lecture indirecte.

Elles correspondent à l'angle formé entre le nord magnétique et une direction.

LA LIGNE DE FOI

C'est une ligne fixe qui passe par le centre de votre instrument et qui sert de repère.

Vous devez suivre la direction qu'elle matérialise lors d'une visée ou d'un déplacement.

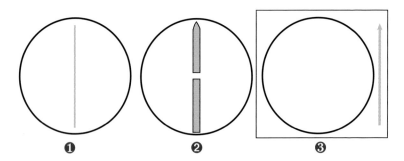

❶   ❷   ❸

1. et 2. matérialisation sur le verre.

3. matérialisation sur le boîtier.

DES PRÉCAUTIONS D'EMPLOI

Lors de l'utilisation de ce type d'instrument, il est important d'éviter de l'approcher d'un corps métallique ferreux (poignard, bouteille...). L'aiguille aimantée serait attirée par cette masse métallique et l'instrument indiquerait une direction erronée.

D'autre part, ce type d'instrument est rarement monté sur cardan dans le cadre de la plongée loisir.

Donc, s'il n'est pas maintenu bien à l'horizontale lors de son utilisation, la rose ou l'aiguille peuvent se bloquer, indiquant alors une mauvaise direction.

LE COMPAS ÉLECTRONIQUE

Le compas électronique par ses possibilités offre une précision et un confort d'utilisation inégalé.

La société Uwatec® vient de commercialiser un modèle qui peut être porté au poignet ou en console.

La mise sous tension de l'appareil s'effectue manuellement grâce à deux contacts humides (1).

Les trois boutons d'accès et de réglage des fonctions (2) sont larges et permettent une manipulation aisée de l'appareil même avec des gants.

Ce modèle possède un cadran luminescent qui permet une utilisation la nuit, à condition de le réactiver régulièrement en l'éclairant.

(1) Contacts humides
(2) Boutons d'accès et de réglage des fonctions

Il indique le cap suivi en degrés, à la fois sous forme numérique (1) et sur une rose matérialisée (2).

Il est possible de mémoriser jusqu'à neuf caps. Un mode « routage » vous précise les corrections de route à réaliser, grâce à des flèches (3), afin de suivre le bon cap mémorisé.

Un mode « retour » vous précise les caps inverses des caps mémorisés afin de revenir à votre point de départ.

(1) Cap sous forme numérique
(2) Cap matérialisé sur la rose
(3) correction de route (mode routage)

Une fenêtre de visée latérale donne la possibilité de réaliser des relèvements sous forme numérique.

Une fonction chronomètre vous permet de mesurer le temps écoulé afin de déduire votre distance parcourue (voir page 286).

DES CONSEILS D'ACHAT

Nous vous conseillons d'acheter un compas, plus précis qu'une boussole et comportant des graduations lisibles de 0 à 359°. Il doit posséder un bracelet robuste, doté d'un système de fermeture fiable. Vous avez aussi la possibilité de le regrouper en console avec d'autres instruments (voir page 219).

LE TRACKER SOUS-MARIN

Le tracker sous-marin risque à terme de révolutionner l'orientation sous-marine. La société Uwatec® vient de commercialiser un modèle : le Neverlost.

Un appareil récepteur porté au poignet par le plongeur (module plongeur) permet de connaître sa position par rapport à une balise émettrice appelée transpodeur (modèle bateau) qui peut être fixée par exemple sous le bateau de plongée, à l'ancre...

Cet appareil fait appel à la technologie des ultrasons.

Il a une résolution de 1 mètre et est étanche à 80 mètres donnés par le fabricant.

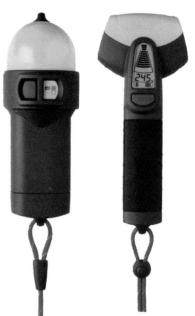

Sa portée omnidirectionnelle est de 300 mètres selon les conditions de plongée. Un même transpodeur peut contrôler jusqu'à 30 récepteurs !

Le récepteur quand à lui possède un écran à cristaux liquides qui donne différentes informations.

dessin Uwatec®

Ce système ne peut pas se substituer à l'heure actuelle au compas ou à la boussole de plongée. Il doit être considéré comme une aide à l'orientation sous-marine.

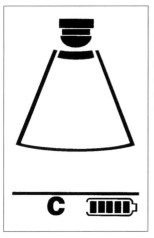

Un indicateur de sélection de canal offre la possibilité d'identifier par balayage les canaux qui pourraient déjà être utilisés sur un site fréquenté où plusieurs bateaux de plongée disposent de ce système de localisation. Un nombre de 4 canaux d'émission est disponible afin d'éviter des erreurs avec d'autres appareils.

Un indicateur d'orientation, sous forme de barregraphe permet de déterminer le cap à suivre pour rejoindre la balise.

La puissance du signal reçu est représentée par la série de barres clignotantes.

Il suffit d'orienter le récepteur jusqu'à ce que les barres du barregraphe soient en nombres maximum.

Dans ce cas précis, le signal reçu est à son maximum.

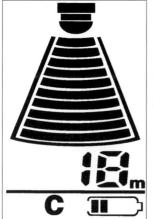

Un indicateur de distance précise la distance à parcourir pour atteindre la base émettrice.

Un indicateur permet de connaître l'état de charge des piles AA qui alimente l'appareil.

 Comme tout appareil, ce système de navigation possède ses propres limites. De grands obstacles immergés peuvent bloquer le signal de la balise. De même, suivant la configuration du fond, vous pouvez être confrontés à des signaux réfléchis sur le fond, la surface ou une thermocline qui provoquent des interférences.

Utilisation de la boussole ou du compas en plongée ou l'orientation avec instruments

C5

INTÉRÊT PRATIQUE

Nous avons déjà vu que savoir s'orienter un minimum sous l'eau est un facteur de sécurité. Les indications fournies par ses instruments sont infiniment supérieures à "l'orientation sans instrument". après avoir décrit les instruments, nous allons nous familiariser avec leur utilisation.

CRITÈRES DE RÉUSSITE ACCEPTABLES : vous devez être capable :
- de suivre lors d'une plongée d'exploration, un cap précisé par votre moniteur pendant deux minutes, sans refaire surface et sans faire de grandes variations de cap.
- de rejoindre le bateau de plongée ancré à 100 mètres, en immersion, avec la seule aide de votre montre, boussole ou compas et en sortant à moins de 30 mètres de son mouillage.

CONDITIONS DE RÉALISATION : de jour, sans courant, visibilité égale ou supérieure à 3 mètres, dans l'espace médian.

Exercice n° 1
A terre, allez en ligne droite
d'un point à un autre et revenez.

Tenez votre instrument à l'horizontal et bien stable.

Votre ligne de foi (voir page 294) doit être conservée dans l'axe de votre corps et de votre déplacement.

Durant l'ensemble du parcours, observez votre aiguille aimantée, que remarquez-vous ?

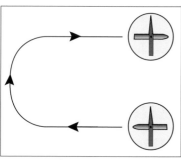

• Si votre parcours est bien en ligne droite

Vous observez que votre aiguille s'est stabilisée sur une graduation à l'aller et qu'au retour, elle s'est stabilisée sur la graduation opposée au parcours aller

DIFFICULTÉS

❏ **Si vous avez des difficultés à tenir votre instrument stable et horizontal :**

Vous avez différentes solutions selon le type d'instrument que vous possédez pour faciliter sa tenue et sa lecture.

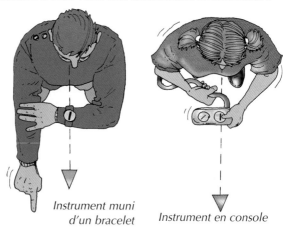

Instrument muni d'un bracelet

Instrument en console

— **Exercice n° 2** —

A terre, déterminez et suivez un cap.

Alignez votre ligne de foi en direction d'un repère choisi par votre moniteur.

Tournez la couronne pour placer l'index en face de l'aiguille.

• Pour déterminer un cap avec :

- *un instrument à lecture directe (voir page 293)* : lisez la graduation, sur le haut de votre instrument, située dans l'axe de votre ligne de foi.

- *un instrument à lecture indirecte (voir page 293)* : lisez la graduation située face à l'aiguille aimantée.

Notez et vérifiez avec les autres cette information que l'on appelle un cap.

Déplacez-vous sans visualiser le parcours en étant accompagné par un coéquipier.

Vous devez conserver votre cap durant l'ensemble du parcours.

Vous devez atteindre le repère désigné.

DIFFICULTÉS

❏ Si vous vous êtes trompé dans la lecture de votre instrument :

- **Avec un instrument à lecture directe**

275

- **Avec un instrument à lecture indirecte**

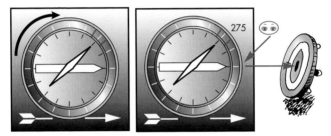

275

- **Avec un compas électronique**

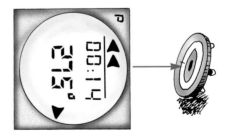

❏ Si vous n'atteignez pas le repère désigné :

Durant l'ensemble du parcours, il est important de conserver votre ligne de foi dans l'axe de votre déplacement et l'aiguille face à l'index.

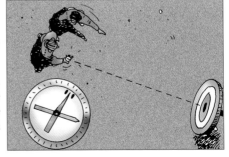

VARIANTES

Après avoir réussi l'exercice n° 2, essayez de le réaliser :

1. en changeant de repère.

2. en changeant d'instrument.

Exercice n° 3

A terre, suivez un cap donné.

Votre moniteur vous précise un cap à suivre, à partir d'un point de départ.

Marchez en suivant ce cap. Lorsque vous atteignez un obstacle fixe, suivez le cap opposé.

Au retour, vous devez normalement rejoindre votre point de départ.

DIFFICULTÉS

❏ **Si vous n'arrivez pas à régler votre instrument :**

• **Avec un instrument à lecture directe**

En tournant la couronne, alignez le cap désiré avec le haut de votre ligne de foi (1).

Tournez sur vous-même avec votre instrument jusqu'à ce que l'aiguille aimantée vienne se placer entre les repères de l'index (2). Puis suivez la direction matérialisée par votre ligne de foi.

275

275

Direction à suivre

275

Dans ce cap précis le cap choisi est 275°.

• **Avec un instrument à lecture indirecte**

En tournant la couronne, alignez le cap désiré avec l'index ;

tournez sur vous-même avec votre instrument jusqu'à ce que l'aiguille aimantée vienne se placer entre les repères de l'index ;

puis suivez la direction matérialisée par votre ligne de foi.

• **Avec un compas électronique**

Direction à suivre

❑ **Si vous ne revenez pas au point de départ :**

Vous n'avez pas conservé le même cap durant l'ensemble du parcours aller ou retour.

Vous n'avez pas conservé votre aiguille face à l'index.

Votre ligne de foi était mal orientée.

Vous vous êtes trompé dans le cap de retour.

VARIANTES

Après avoir réussi l'exercice n° 3, essayez de le réaliser :

1. en changeant d'instrument.

2. en changeant de cap.

3. en réalisant un parcours composé de plusieurs caps.

─── **Exercice n° 4** ───
Nagez en surface, en direction d'un repère fixe
situé à 25 mètres et revenez.

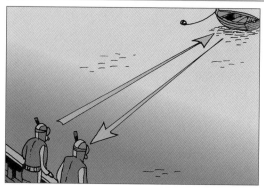

Réalisez l'exercice par binôme, l'un exécute l'exercice à l'aller, l'autre au retour.

Votre coéquipier vous tape sur l'épaule si vous faites de trop grosses erreurs de cap.

Vous avez le droit de relever chacun la tête, 2 fois maximum lors de la réalisation de l'exercice.

Pour réaliser l'exercice n° 4 avec bouteille : suivez les mêmes consignes mais en réalisant l'exercice en immersion.

Pour réaliser l'exercice en piscine : suivez les mêmes consignes mais sans relever la tête et en ne regardant que le fond lors de la réalisation de l'exercice mais vous vous arrêtez lorsque vous êtes face à un obstacle.

DIFFICULTÉS

❏ **Si votre corps oscille et rend le maintien du cap difficile :**

essayez d'avoir le même appui sur chaque palme, revoyez éventuellement votre palmage sans instrument.

❏ **Si en réalisant l'exercice avec bouteille, vous perdez votre cap lors de l'immersion :**

pour conserver correctement un cap, vous devez vous immerger en faisant un phoque face au repère à atteindre et en regardant votre instrument lors de l'ensemble de la descente.

❏ **Si en réalisant l'exercice avec bouteille, vous perdez votre cap lors du trajet :**

il est important de tenir votre instrument correctement pour qu'il soit stable et horizontal et que la ligne de foi soit bien dans l'axe de votre corps.

Votre aiguille doit être maintenue face à l'index durant l'ensemble du parcours.

Nous vous déconseillons la solution (2), car vous risquez de perdre votre instrument.

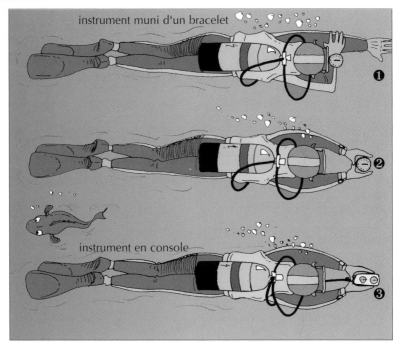

VARIANTES

Après avoir réalisé l'exercice n° 4, essayez de le réaliser selon les mêmes variantes que l'exercice n° 2 et :

1. en ne relevant chacun qu'une fois la tête lors de la réalisation de l'exercice.

2. en augmentant la distance du parcours.

3. en réalisant l'exercice en pleine eau, sans voir le fond.

4. en réalisant un parcours regroupant trois points, en vous arrêtant à chaque point pour déterminer votre nouveau cap.

5. même variante que (4) mais en augmentant le nombre de points ou la distance entre chaque point.

6. avec une visibilité réduite.

Exercice n° 5
Nagez en surface, en suivant un cap pendant
une minute et revenez au point de départ.

Mêmes consignes que
pour l'exercice n°4, mais
votre moniteur précise à
chaque binôme un cap à
suivre.

Pour réaliser l'exercice n° 5 avec bouteille : suivez les mêmes consignes que l'exercice n°4, le moniteur intervient en cas de dépassement du temps imparti.

Pour réaliser l'exercice en piscine : suivez les mêmes consignes que pour l'exercice n° 4.

VARIANTES

Après avoir réalisé l'exercice n° 5, essayez de le réaliser :

1. en changeant le cap.

2. en augmentant la durée du trajet.

3. en changeant d'instrument.

4. en ne relevant chacun la tête qu'une fois lors de la réalisation de l'exercice.

5. avec une visibilité réduite.

Exercice n° 6

Réalisez un parcours test, matérialisé
par des bouées distantes de 25 mètres.

Vous avez le droit de réaliser le
parcours en surface une fois auparavant pour le repérer.

Vous réalisez le parcours, deux
par deux, l'un réalisant l'exercice,
l'autre assurant la sécurité.

Vous devez déterminer votre
premier cap, on vous précise les
autres.

Vous n'avez le droit d'émerger
qu'une fois durant le parcours.

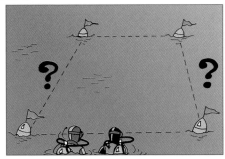

Quand vous pensez être arrivé près d'une bouée, faites fuser trois fois votre
embout.

Pour réaliser l'exercice en piscine, vous suivez les mêmes consignes mais les
bouées sont remplacées par des plombs placés sur le fond de la piscine.

DIFFICULTÉS

Il est important, avant de réaliser
le parcours, d'étalonner la distance
en comptant votre nombre de
coups de palmes ou en consultant
votre montre lors du parcours de
repérage (voir pages 000 et 000).

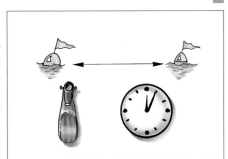

VARIANTES

Après avoir réussi l'exercice n° 6, essayez de le réaliser :

1. en changeant l'orientation du parcours.
2. en trouvant des lettres inscrites sur chaque lest de bouée et le mot qu'elles
   composent.
3. en réalisant un parcours en rectangle.
4. en réalisant un parcours en triangle.
5. avec une visibilité réduite.

OBJECTIF N°32

C2

L'utilisation du parachute de palier

INTÉRÊT PRATIQUE

*Futur plongeur autonome, pour vous faire repérer
par le bateau de plongée, vous serez amené
à utiliser un parachute de palier lors de vos paliers en pleine eau.*

CRITÈRES DE RÉUSSITE ACCEPTABLES : vous devez être capable de gonfler un parachute de palier, sans redescendre et sans percer la surface à la suite de son gonflage.

CONDITIONS DE RÉALISATION : de jour, visibilité égale ou supérieure à 3 mètres, en pleine eau, profondeur proche de 3 mètres.

Exercice n° 1
Gonflez votre parachute pour réaliser
un palier de 3 minutes à 3 mètres.

Déployez votre parachute vers 5 mètres.

Déroulez la cordelette en vérifiant qu'elle n'est pas emmêlée.

Jetez un coup d'œil régulièrement sur les membres de la palanquée.

En aucun cas, durant cette opération, vous ne devez redescendre.

Gonflez votre parachute en faisant fuser votre détendeur de secours.

Laissez remonter le parachute en faisant filer la cordelette entre les doigts de façon qu'elle reste toujours en tension.

DIFFICULTÉS

❏ **Si vous redescendez, sans vous en rendre compte :**

soyez attentif à la pression exercée sur vos tympans. Si celle-ci augmente ou si vous avez besoin d'équilibrer vos oreilles, c'est que vous descendez.

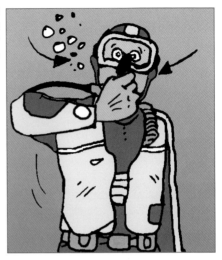

 **OBJECTIF N°33**

C5

Initiation à la plongée en autonomie

INTÉRÊT PRATIQUE

Vous pouvez être autorisé sur décision du directeur de plongée à plonger entre vous, si vous êtes majeurs, dans l'espace médian (zone des 20 mètres).

CRITÈRES DE RÉUSSITE ACCEPTABLES : vous devez être capable de plonger en autonomie dans des conditions de sécurité satisfaisantes.

CONDITIONS DE RÉALISATION : de jour, visibilité égale ou supérieure à 3 mètres, courant modéré, dans la zone des 20 mètres (espace médian).

INTRODUCTION

Le plan de cette présentation suit volontairement la chronologie des faits d'une plongée en milieu naturel.

Exercice n° 1
Observez votre moniteur conduire une palanquée
lors d'une plongée.

A la fin de la plongée, relevez par écrit les préparatifs, les étapes, les points importants.

Complétez vos informations à la suite d'une discussion de groupe et à la lecture du contenu.

N'hésitez pas à questionner votre moniteur.

Pour réaliser cet exercice en piscine : vous participez à une discussion à partir de vos expériences de plongeurs.

VÉRIFICATION DU MATÉRIEL EMBARQUÉ

Vérifiez que l'ensemble de votre matériel est embarqué et regroupez-le avec celui des autres membres de votre palanquée.

LA CONNAISSANCE DES CONDITIONS DE PLONGÉE

Il est important de demander au directeur de plongée des précisions sur :

• le lieu de plongée : intérêt, profondeur, type de fond, courant…

• les caractéristiques de la plongée : profondeur, temps, procédure qu'il vous demande de respecter.

• l'organisation de la plongée : type d'organisation mis en place, pendeur…

LA CONNAISSANCE DES PLONGEURS

Il est important de connaître les plongeurs qui composent votre palanquée en demandant des précisions au directeur de plongée :

- le nombre de plongeurs (2 maximum),

- qui sont-ils ?

- leur expérience, particularités…

Il est ensuite important d'établir un contact avec eux afin de vous connaître :

- aspirations,
- expérience : nombre de plon-gées...
- plongées réalisée dans la jour-née ?

LA PLANIFICATION DE LA PLONGÉE

Il est important, en surface, de planifier la plon-gée avec vos coéquipiers en fonction des direc-tives données par le directeur de plongée (voir page 000).

LA CONDUITE DE LA PALANQUÉE ?

Dans le cadre de la plongée en autonomie, chaque plongeur qui compose la palanquée possède le même niveau technique (Niveau 2/plon-geur ☆ ☆).

Il n'y a donc pas officiellement de guide de palanquée, mais il est mal-gré tout conseillé qu'un des plongeurs oriente le groupe.

LE BRIEFING AVANT LA PLONGÉE

Le but est de vous donner des précisions sur le déroulement de la plongée.

Le directeur de plongée vous précisera notamment le but et l'intérêt de la

plongée, les paramètres de plongée à respecter, des données sur l'orientation, l'organisation prévue, le lieu de mise à l'eau, le lieu de regroupement en surface...

Le directeur de plongée vous fera rappeler les consignes de sécu-rité individuelles et les paramètres de plongée à respecter qu'il vous a précisé précédemment.

Il répondra à vos éventuelles questions.

VÉRIFICATIONS AVANT LA MISE A L'EAU

Vous devez vous intéresser à l'attitude des plongeurs de votre palanquée (anxiété, peur, crainte…).

Vous devez vérifier votre matériel deux par deux : réserve haute selon le cas, robinet ouvert, tuba à poste, le matériel de sécurité obligatoire et indispensable (voir pages 274/275).

LA MISE A L'EAU

Vous devez être prêt afin de vous mettre à l'eau en groupe.

La mise à l'eau s'effectue après que le directeur de plongée vous en ait donné l'autorisation.

Vérifiez que l'aire de saut est dégagée avant de sauter et dégagez la rapidement après votre mise à l'eau.

LE REGROUPEMENT AVANT L'IMMERSION

Vérifiez que tous les membres de la palanquée sont présents.

Vérifiez l'orientation à suivre à l'aide de votre compas ou boussole (cette orientation aura déjà été déterminée avant votre mise à l'eau).

Assurez-vous que tout le monde est prêt et attentif en faisant le signe "OK".

Vérifiez l'heure de départ et donnez le signal de descendre.

LA PLONGÉE

Consignes générales

- Respectez les consignes individuelles de sécurité.
- Adaptez votre allure de palmage aux autres plongeurs.
- Regroupez-vous régulièrement en fonction des conditions de plongée afin d'éviter de vous perdre.
- Soyez attentif, pour intervenir rapidement en cas de problème.
- Vérifiez régulièrement vos différents paramètres de plongée.
- Vérifiez régulièrement la consommation des autres plongeurs de la palanquée (en consultant leur manomètre sous-marin).
- Vérifiez régulièrement votre compas ou boussole pour savoir si vous suivez le bon cap.
- Faites attention aux filets, explosifs...
- Ne pénétrez pas dans les épaves ou les grottes.

Durant la descente

- Vérifiez régulièrement que chacun suit.
- Stopper la descente si l'un des plongeurs a des problèmes (oreilles, sinus...).
- Vérifiez que personne ne dépasse la profondeur maximum précisée par le directeur de plongée.

Au fond

- Regroupez-vous et suivez le cap prévu.
- Dès que l'un des plongeurs est sur réserve, la palanquée se regroupe et remonte.

EN CAS DE COURANT (LÉGER)

Il est conseillé de partir face au courant pour le trajet aller et de revenir avec le courant.

Si votre progression est rendue trop difficile, remettez à plus tard la plongée.

DURANT LA REMONTÉE

Vérifiez régulièrement que chacun suit :

- Stopper la remontée si l'un des plongeurs a des problèmes (oreilles, sinus…).
- Vérifiez que personne ne remonte plus vite que la vitesse préconisée. Si c'est le cas ou en cas de doute, réalisez la procédure adaptée (voir page 316).

LE PALIER

- Respectez les paliers indiqués par vos tables ou votre ordinateur de plongée.
- Si vous êtes dans la courbe de sécurité, faites un palier de principe de 3 à 5 minutes.
- Faites vos paliers au mouillage ou avec un parachute de palier.
- Restez groupé et à la bonne profondeur.
- A la fin du palier, assurez-vous qu'il n'y a pas de danger en surface, avant de remonter.
- Faites le signe "OK" au bateau et assurez-vous de sa réponse.

CAS PARTICULIERS

• **Si un plongeur perd la palanquée**

- Si vous ne le retrouvez pas rapidement, le reste de la palanquée remonte.

- Lors de la remontée, tournez sur vous-même pour repérer éventuellement des bulles.

- Si vous ne le retrouvez pas en surface, questionnez la personne chargée de la sécurité en surface.

- Avec son aide, cherchez les bulles du plongeur perdu et plongez sur elles pour le rejoindre.

• **Si un plongeur remonte trop rapidement**

- Prévenez de préférence la surveillance en surface.

- Changez éventuellement de bouteille, dans les moins de 3 minutes.

- Redescendez accompagner ce plongeur à mi-profondeur pour effectuer un palier de 5 minutes et réalisez au minimum un palier de 2 minutes à 3 mètres.

- Vérifiez l'heure de sortie.

LE RETOUR EN SURFACE

Rentrez groupés, sur tuba ou attendez la venue du bateau selon l'organisation prévue.

LA SORTIE DE L'EAU

- Ne vous attardez pas et ne vous déséquipez pas dans l'eau (sauf dans le cas d'une petite embarcation sans échelle).

- Vérifiez que personne ne reste sous l'échelle lors de la remontée sur le bateau d'un coéquipier.

- Avertissez la personne assurant la surveillance en surface que votre palanquée est remontée et donnez-lui vos paramètres de plongée.

VÉRIFICATIONS APRÈS LA SORTIE DE L'EAU

- Vous devez vous intéresser à l'état de chacun (fatigue anormale...).
- Vérifiez que l'ensemble de votre matériel de plongée est rangé.

LE DEBRIEFING

La discussion sera conduite par le directeur de plongée. Le but est de faire un bilan de la plongée avec les autres membres de votre palanquée.

- Relevez vos paramètres de plongée.
- Faites part de vos observations effectuées en cours de plongée, sur la faune et la flore.
- Effectuez vos remarques sur le déroulement de la plongée, les imprudences commises...
- Rappelez les règles de sécurité après une plongée :
    - pas d'effort violent ou important.
    - pas de plongée libre avant 6 heures.
    - pas de 3e plongée.
    - attendre 12 à 24 heures avant de prendre l'avion ou de monter en altitude.
    - en cas de fatigue anormale...

Exercice n° 2
Plongez en autonomie.

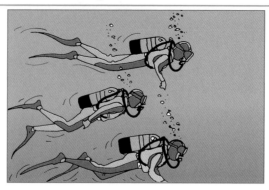

- Relisez le contenu qui précède.
- Demandez éventuellement des précisions à votre moniteur.
- Listez les points importants par écrit.
- Votre moniteur vous aide si vous lui en faites la demande.

Pour réaliser cet exercice en piscine : vous procéderez de la même manière mais les membres de la palanquée pourront, chacun une fois durant la plongée, simuler une détresse sans prévenir (je n'ai plus d'air, je suis essoufflé…).

VARIANTES

Après avoir réussi l'exercice n° 2, essayez de le réaliser :

1. sans être aidé par votre moniteur.

2. même exercice que (1) mais sans relire le contenu.

3. même exercice que (2) mais sans faire de préparation écrite.

4. avec un courant modéré.

5. sans jamais avoir plongé sur le lieu de plongée.

Initiation à la plongée en autonomie

1. Connaissance des conditions de plongée
- Lieu, caractéristiques de la plongée, organisation de la plongée.

2. Connaissance des plongeurs
- Nombre, expérience, aspiration...

3. Planification de la plongée

4. Vérification du matériel embarqué

5. Briefing avant la plongée
- But, paramètres de plongée, type d'organisation prévue, lieu de mise à l'eau, lieu de regroupement en surface, rappels des consignes de sécurité.

6. Vérifications avant la mise à l'eau
- attitude des plongeurs
- matériel des plongeurs

1. La mise à l'eau
- Autorisation du directeur de plongée.
- Palanquée prête.
- Vérifier le dégagement de l'aire de saut lors de la mise à l'eau.

2. Regroupement avant l'immersion
- Palanquée groupée et attentive.
- L'orientation à suivre ?
- L'heure de départ ?
- Faire le signe pour descendre.

3. En cas de courant léger
- Partir face au courant.

4. Consignes générales
- Respecter les consignes de sécurité.
- Palanquée groupée.
- Être attentif aux membres de la palanquée et être prêt à intervenir.
- Vérifier régulièrement :
- - les paramètres de plongée.
- - la consommation en air des autres plongeurs.
- - l'orientation que vous suivez.
- Faites attention aux filets, grottes, explosifs.
- Ne pénétrer pas dans une épave.

5. Durant la descente
- Vérifier que chacun suit.
- Faire stopper la descente en cas de problème.

- Vérifier que personne ne dépasse la profondeur maximum précisée par le directeur de plongée.

6. Au fond
- Regrouper les plongeurs et indiquer la direction à suivre.
- Dès que l'un des plongeurs est sur réserve, la palanquée se regroupe et remonte.

7. Durant la remontée
- Vérifier que chacun suit.
- Faire stopper la remontée en cas de problème.
- Respecter la vitesse de remontée préconisée par vos tables ou votre ordinateur de plongée.

8. Le palier
- Respecter les paliers indiqués par les tables ou votre ordinateur de plongée.
- Palier de principe.
- Palanquée groupée, à la bonne profondeur.

9. Le retour en surface
- Sur tuba, palanquée groupée.

10. La sortie de l'eau
- Vérifier le dégagement sous l'échelle.
- Avertir la personne de surveillance en surface de votre sortie de l'eau et lui donner vos paramètres de plongée.

1. Vérification
- État de chacun (fatigue anormale...)

2. Le débriefing
- Paramètres de plongée
- Observations sur la faune, la flore.
- Remarques sur le déroulement de la plongée.

- Rappel des règles de sécurité après une plongée :
- - pas d'effort violent ou important.
- - pas de plongée libre avant 6 heures.
- - pas de 3e plongée.
- - attendre 12 à 24 h avant de prendre l'avion.
- - en cas de fatigue anormale...

Les équivalences internationales

*Si vous désirez faire reconnaître votre niveau de plongée,
lors d'un séjour à l'étranger, il est utile de demander
une équivalence internationale.*

 CMAS (Confédération Mondiale des Activités Subaquatiques)
Viale Tiziano, 74 - 00196 Rome - Italie
Tel. +39 6 36 85 84 80 - Fax +39 6 36 85 84 90
e-mail : cmasmond@tin.it
Internet : http://www.cmas.org

La CMAS qui est représentée et reconnue sur cinq continents et dans plus de quatre-vingt-dix pays de par le monde délivre par le biais de ses fédérations nationales ou groupements nationaux ou organismes conventionnés (OCC) des brevets de plongeurs et moniteurs internationaux par équivalence.

 Dans la majorité des cas, une carte brevet double face est systématiquement délivrée par votre fédération nationale ou ses organismes décentralisés à la suite de l'obtention de votre brevet national. Si vous êtes déjà brevetés et ne possédez pas votre carte internationale, demandez-la à votre fédération nationale ou directement à la CMAS (voir ses coordonnées ci-dessus), en adressant un justificatif et en payant le montant correspondant.

Elle comporte au verso votre qualification nationale et au recto votre équivalence de niveau international CMAS.

Avec votre brevet Niveau II (FFESSM), plongeur ☆ ☆ (LIFRAS et FSSS), plongeur Élémentaire (AMCQ), vous pourrez obtenir par équivalence le niveau de Plongeur/Diver ☆ ☆ CMAS.

Les organismes conventionnés par la CMAS (OCC) peuvent délivrer directement à leurs élèves des brevets CMAS dénommés "brevets overlay CMAS".

La face verso de la carte porte le logo et le nom de l'OCC.

Les élèves d'une OCC peuvent aussi obtenir leur carte CMAS en envoyant leur certificat temporaire délivré en fin de cours ainsi que le montant dû pour le brevet CMAS correspondant à la CMAS directement (voir ses coordonnées ci-dessus).

*carte CMAS ***

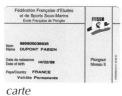

*carte
CMAS **/FFESSM*

*carte
CMAS **/FEBRAS*

✎ Test de contrôle (solutions page 338)

🔳 Questions éliminatoires

1 *Quel est le matériel obligatoire que doit posséder chaque plongeur qui plonge en autonomie :*

❏ **a**. des tables de plongée

❏ **b**. une montre, un profondimètre

❏ **c**. un détendeur de secours

❏ **d**. un gilet de remontée ou une bouée

❏ **e**. un parachute de palier

2 *Quel matériel est fortement recommandé dans le cadre d'une plongée en autonomie :*

❏ **a**. un parachute de palier

❏ **b**. un poignard

❏ **c**. un compas ou une boussole étanche

❏ **d**. une ardoise sous-marine

6 PERFECTIONNEMENT DAUPHIN 4

Vous reprendrez les trois niveaux d'initiation (dauphins 1 2 3) en réalisant de nouveau certaines variantes des exercices, mais dans un milieu voulu de plus en plus contraignant et s'approchant progressivement des conditions de réalisation précisées pour chaque objectif pratique.

Cette période est propice à la vérification de l'acquisition des objectifs.

Lors des plongées d'exploration, qui développeront votre aisance, consacrez du temps pour travailler ce niveau et pour vous évaluer par rapport aux objectifs pratiques.

LES BREVETS ET FORMATIONS DE NIVEAU 2/PLONGEUR ☆ ☆

La qualification de plongeur niveau 2 est employée principalement en France. Dans les autres pays francophones, on se référera au niveau de plongeur ☆ ☆.

 PLONGEUR ☆ ☆ CMAS

DÉFINITION

Plongeur expérimenté dans la plongée en eaux libres en mesure de participer à une palanquée en compagnie de plongeurs de même niveau ou de niveau supérieur. Un plongeur 2 étoiles n'a pas assez d'expérience pour conduire une palanquée de plongeurs 1 étoile en eaux libres.

PRÉ REQUIS

Être âgé de 15 ans au moins.

Avoir effectué au moins 20 plongées, dont 10 au moins dans la tranche des 10 - 30 mètres, depuis l'obtention du brevet plongeur 1 étoile.

PROGRAMME DU COURS

CONNAISSANCE

A la fin du cours, l'élève aura appris :

- physique et physiologie de la plongée, causes et effets des accidents et incidents spécifiques à la plongée.
- notions de secourisme, techniques de réanimation.
- problèmes spécifiques à la plongée à grande profondeur, calcul de consommation et tables de plongée à l'air, utilisation des tables de décompression.
- choix du lieu de plongée, planning d'une plongée (notions).

COMPÉTENCES

Maîtrise dans l'utilisation des masques, tuba et palmes.

Être capable de nager en surface capelé tuba en bouche.

Être totalement familiarisé avec l'utilisation du matériel de plongée à une profondeur moyenne.

Être formé aux techniques de sauvetage (individuel et budy system) pour les profondeurs de 10 à 30 mètres.

Être familiarisé avec l'utilisation et le réglage de la bouée.

Savoir correctement utiliser les tables de décompression pour les plongées unitaires et successives.

Évaluation

Dans le cadre du "contrôle continu", les connaissances et compétences ci-dessus seront testées à diverses reprises au cours de la formation et le brevet ne sera accordé que si l'élève est jugé avoir atteint et posséder les standards requis.

Pour achever la formation de plongeur CMAS ☆ ☆, l'élève devra, tout au long du cours, prouver avoir appris et donc maîtriser, en eaux libres, les points suivants :

1. Maîtriser l'utilisation du masque, des palmes et du tuba : nager 800 mètres, canard et plongée à 5 mètres en libre, et palmer 10 mètres au fond.

2. Nager 500 mètres au moins en surface, complètement équipé, tuba en bouche puis enchaîner par 100 mètres sur le dos ou sur le côté sans tuba ni embout.

3. Maîtriser et être complètement familiarisé avec l'utilisation de tout le matériel de plongée lors d'une plongée dans la tranche des 10 - 30 mètres, avec échange de masque et d'embout.

4. Pouvoir appliquer les techniques de sauvetage à une profondeur de 10 - 30 mètres, et ramener la victime à la surface.

5. Pouvoir assister un compagnon de plongée à court d'air, respirer à deux sur un embout ou avec un détendeur de secours, et remonter en surface avec le plongeur secouru.

6. Utiliser et contrôler la bouée (mise et réglage) sans utiliser la bouteille de la bouée.

7. Utiliser correctement les tables de décompression pour les plongées unitaires ou successives.

8. Se comporter correctement avec ses camarades de palanquée, dans sa préparation en surface et durant la plongée.

 Un test oral ou écrit permettra de vérifier si l'élève a effectivement assimilé (voir programme du cours page 323) requises pour ce type de brevet.

Le contrôle sera en principe effectué selon les règles de la fédération nationale. Au cas où le brevet serait délivré directement par une école de plongée reconnue par la CMAS, le contrôle sera effectué directement par un Moniteur (au moins) 3 Étoiles CMAS.

*Extraits de « Standards and Requirements » - CMAS - 1998

CONDITIONS DE CANDIDATURE

Être licencié à la FFESSM.

Être âgé de 16 ans au moins (autorisation du responsable légal pour les moins de 18 ans).

Être titulaire du niveau I de la FFESSM ou d'un brevet ou attestation admis en équivalence.

Être en possession d'un certificat médical de non-contre-indication à la pratique de la plongée subaquatique établi depuis moins de 1 an, et délivré par un médecin fédéral ou titulaire du C.E.S. de médecine du sport.

ORGANISATION GÉNÉRALE

- Les sessions du brevet de plongeur niveau II sont organisées à l'échelon des clubs, en formation continue ou sous la forme d'un examen ponctuel.

- L'acquisition de chacune des compétences 1 à 6 (voir référentiel des contenus de formation) doit se faire au sein d'une même équipe pédagogique ; in n'y a pas de chronologie dans la validation des capacités constitutives des compétences, ni dans la validation globale des compétences elles-mêmes. **Cependant les exercices qui concernent les compétences 2, 3 et 4 doivent être organisés et réalisés dans l'espace médian à une profondeur de 20 mètres, sauf mention contraire (voir normes de sécurité). Les exercices concernant la compétence 5 sont obligatoirement réalisés en fin de formation.**

- Les candidats disposent d'un délai de 15 mois pour acquérir l'ensemble des 6 compétences.

- Sous la forme d'un examen ponctuel, le jury devra être identique à celui habilité à évaluer les capacités constitutives des 6 compétences.

JURY

Lorsqu'elles seront jugées satisfaisantes, chacune des compétences 1 à 6 ou (et) chacune des capacités constitutives des 6 compétences devront être signées par :

- un encadrant Niveau III minimum titulaire de la licence FFESSM en cours de validité.

FORMATION ET ÉVALUATION

Le niveau II atteste de compétences. Ces compétences ou "savoir-faire", caractéristiques de ce niveau, sont les conditions **minimales** d'accès aux prérogatives définies par l'arrêté du 22 juin 1998.

Autrement dit, après obtention du niveau II, le plongeur doit évoluer et pratiquer graduellement.

Les compétences attendues sont définies par un titre générique (bandeau) qui regroupe des connaissances et des savoir-faire convergents. Ces capacités sont énumérées point par point et sont accompagnées de commentaires permettant d'en établir les limites. Des activités envisageables dans le cadre de l'acquisition des compétences sont définies.

Le plongeur niveau II doit posséder les compétences qui lui permettent, lorsque l'ensemble de la palanquée est constitué de plongeurs majeurs Niveau II minimum, d'évoluer de manière autonome dans l'espace médian et de pouvoir y intervenir. Les plongées sont réalisées sous le contrôle d'un Directeur de Plongée qui en choisit le site et en fixe les paramètres.

Le niveau II possède aussi les compétences qui lui permettent d'évoluer dans l'espace lointain encadré par un plongeur de niveau IV au minimum. Enfin, le niveau II est le niveau technique minimum requis pour l'accès à l'initiateur de club ; certaines compétences sont liées à cette possibilité.

Compétence n° 1a : UTILISER SON MATÉRIEL		
connaissances, savoir-faire et savoir-être	commentaires et limites	critères de réalisation
Identiques à ceux du niveau I (gréer, dégréer, régler, contrôler…) mais la gamme des matériels maîtrisés inclura obligatoirement le système gonflable de stabilisation, le matériel nécessaire à l'autonomie, et le matériel utilisé par le groupe de plongeurs (et non plus uniquement le matériel personnel).	Il s'agit toujours de vérifier que l'élève est autonome dans la planification de l'utilisation de son matériel personnel, mais aussi dans l'utilisation du matériel des autres plongeurs de sa palanquée.	Le critère important est l'efficacité que l'on constatera tout au long des séances de pratique. Un second point est la capacité à aider efficacement un autre plongeur de sa palanquée rencontrant une difficulté dans son équipement.
En ce qui concerne l'entretien courant, le plongeur de niveau II doit connaître la conduite à tenir face aux pannes les plus fréquentes.	Un plongeur n'a pas à savoir réparer lui-même son matériel ; en conséquence, il n'a pas à savoir démonter et remonter au-delà des opérations d'entretien préconisées par le fabricant.	Information sur les mauvais fonctionnements ou pannes.

Compétence n° 1b : COMPORTEMENTS ET GESTES TECHNIQUES EN SURFACE

connaissances, savoir-faire et savoir-être	commentaires et limites	critères de réalisation
Identiques à ceux du niveau I mais vérifiés en milieu naturel avec l'équipement complet incluant la bouée ou le système gonflable de stabilisation. Mise à l'eau depuis un bateau.	Ces compétences doivent être vérifiées pour un ensemble de situations météorologiques courantes.	La sécurité et l'efficacité pour les gestes techniques tels que les sauts, l'équipement et le déséquipement dans l'eau, la remontée sur le bateau, le déséquipement à bord.
Déplacements avec le scaphandre : • apprentissage de plusieurs techniques en fonction des matériels, de l'état de la mer et de la réserve d'air. Capelage et décapelage du scaphandre en surface.	Techniques possibles : • capelé sur tuba ou sur détendeur (selon la réserve d'air). • nage sur le dos. • bloc décapelé, stab gonflé. Pour le déplacement avec bloc, la distance demandée doit être environ 2 à 3 fois (coef. de sécurité) la distance de retour de plongée (par exemple après panne d'air) depuis le point d'émersion environ 250 mètres.	Pour les nages, le premier critère est celui du comportement : calme, ventilation contrôlée, efficacité du mouvement par rapport à l'état de la mer. Le deuxième critère est le temps, qui ne doit pas correspondre à une performance sportive, mais rester efficace dans un contexte de sécurité et de cohésion de la palanquée.

Compétence n° 2 : IMMERSIONS ET RETOUR EN SURFACE

connaissances, savoir-faire et savoir-être	commentaires et limites	critères de réalisation
Technique d'immersion et descente sur un fond de 20 mètres.	Absence de tout surlestage, même faible. Vitesse rapide lors de la descente non demandée systématiquement.	Efficacité de l'immersion ; efficacité de l'orientation et de la rectitude de la descente.
Maîtrise de la vitesse de remontée selon la procédure choisie ; maîtrise de la vitesse de remontée instinctive sans l'aide d'instrument.	Cette maîtrise est vérifiée dans toutes les situations de pratique, qu'il s'agisse de remontée à la palme ou avec l'aide du système gonflable de stabilisation, seul ou en assistance.	Respect de la vitesse de remontée préconisée par le mode de décompression choisi.
Maintien d'un palier sans autres repères que les instruments personnels. Utilisation du parachute de palier.	Compétence testée avant toute plongée dans l'espace lointain ou bien dans l'espace médian dans le cadre de l'autonomie.	Strict respect d'une profondeur plafond ; faible variation en dessous (au plus 1 mètre).

Compétence n° 3 : MAÎTRISE DE LA VENTILATION EN PLONGÉE

connaissances, savoir-faire et savoir-être	commentaires et limites	critères de réalisation
Maîtrise de la ventilation dans l'espace médian avec adaptation en fonction du palmage.	Adaptation de la ventilation dans des conditions variées de froid, d'effort ou de stress selon les situations rencontrées.	L'essoufflement ne doit plus survenir dans les conditions usuelles (représentatives de celles que l'élève rencontrera plus tard en autonomie). La consommation d'air est un critère utile qui doit être pondéré par la morphologie et par les conditions du milieu.
Remontées en expiration avec embout en bouche de 10 mètres. Remontées en expiration sans embout en bouche de 10 mètres mais avec reprise d'embout et cycle ventilatoire tous les 2 mètres.	Il s'agit de développer un automatisme puis de vérifier son acquisition. Les profondeurs doivent être augmentées très progressivement.	L'élève doit réaliser les exercices de ce type avec aisance, de manière quasi automatique.
Réaction au remplissage inopiné du masque.	Doit être testée progressivement à des profondeurs croissantes jusqu'à l'espace médian.	On contrôle l'absence de réaction d'affolement et le maintien d'une profondeur constante en pleine eau.
Maîtrise de l'équilibre et du poumon ballast.	Vérifiée dans toutes les conditions de pratique : à proximité du fond, le long d'un tombant, au palier…	Erreurs à éviter : trop de particules soulevées ; nécessité de se tenir à quelque chose ; usage trop fréquent des systèmes de gonflage et de purge.
Déplacement en apnée : • Apnée inspiratoire ; apnée expiratoire.	Capacité qui doit être vérifiée pour des déplacements horizontaux d'une dizaine de mètres, en libre (recherche dans l'espace proche) ou en scaphandre (aller chercher de l'air sur le second détendeur d'un autre plongeur).	Le palmage doit se faire "tranquillement" et efficacement durant le déplacement.

Compétence n° 4 : RÉACTIONS AUX SITUATIONS USUELLES

connaissances, savoir-faire et savoir-être	commentaires et limites	critères de réalisation
Communication : OK/non OK. Froid. Plus d'air. Essoufflement. Sur réserve. Réserve à passer. Monter/descendre. Mi-pression mano. Fin.	Le plongeur niveau II doit connaître les signes norma-lisés de la FFESSM, savoir les réaliser à bon escient, et connaître les conduites à tenir qui y correspondent La connaissance d'autres signes est facultative mais la faculté de communiquer des informations sur le milieu, la faune, les cir-constances peut être déve-loppée.	Rapidité dans l'exécution des signes. Efficacité dans les actes ou réponses induites par un signe. Capacité à interpréter un signe ou un comportement.
Réaction à la panne d'air ; maîtrise de 2 techniques : • échange d'un même embout. • second détendeur tout en respectant la vitesse de remontée.	Tous les échanges se font en simulation. Ils ont plus un but de contrôle de maîtrise technique qu'un côté réa-liste, la sécurité dans l'auto-nomie passant par l'usage d'un second détendeur.	Efficacité sans perte de temps et sans précipitation ; maîtrise simultanée des autres éléments : profon-deur, vitesse de remontée, autres membres de palan-quée.
Réaction à l'essoufflement et à toute situation nécessi-tant une assistance ou un sauvetage.	Différentes prises sont enseignées ; l'utilisation du système gonflable de stabi-lisation est obligatoire.	Idem ci-dessus. L'usage des palmes est toléré en complément à condition que le palmage ne devienne pas le moteur essentiel de la remontée.

Compétence n° 5 : AUTONOMIE DE PLONGÉE DANS L'ESPACE MÉDIAN

connaissances, savoir-faire et savoir-être	commentaires et limites	critères de réalisation
Vérifications et contrôles avant départ (codes de communication, consignes de sécurité, matériel).	Ces vérifications concer-nent ses propres connais-sances et son propre équi-pement, mais aussi ceux des autres membres de la palanquée.	Absence d'incident dû à l'équipement pendant la plongée ; capacité à s'adap-ter en cas d'imprévu.
Organisation et conduite dans la palanquée, planifi-cation du profil de plongée et de la décompression en fonction des directives, ges-tion de l'air, du retour des consécutives ou successives éventuelles.	Cela concerne autant le res-pect des consignes données par le Directeur de Plongée, que la capacité à s'adapter dans le sens de la sécurité en cas d'imprévu.	Connaissance des règles de sécurité et respect de ces règles. Absence d'incident dû à la gestion de l'air, à la gestion du profil, ou à une remontée rapide.
Orientation au cours de la plongée : • sans instrument d'orienta-tion si les conditions le permettent • avec instrument d'orien-tation si les conditions de milieu et la sécurité le rendent souhaitable	Le plongeur pourra utiliser les moyens d'orientation adaptés aux conditions du milieu	Efficacité de l'orientation, c'est-à-dire retour à l'en-droit prévu dans le temps prévu, en suivant un itiné-raire convenu.

Compétence n° 6 : "CONNAISSANCES THÉORIQUES"

connaissances, savoir-faire et savoir-être	commentaires et limites	critères de réalisation
Causes symptômes, prévention et conduite à tenir pour l'ensemble des accidents pouvant survenir dans le cadre de l'autonomie ou de l'espace lointain. Physiologie de base.	Le niveau II n'a pas à connaître les mécanismes fins ni les traitements qui suivront. Une information sur les actes de secourisme peut lui permettre d'aider ou du moins de ne pas gêner l'intervention.	Évaluation par oral ou par écrit.
Réglementation concernant la protection du milieu, le matériel, les prérogatives et responsabilités du Niveau II.	On restera dans ce qui concerne le niveau II.	Évaluation par oral ou par écrit.
Utilisations des tables MN90 actualisées pour les conditions correspondantes à la pratique : plongées simples, consécutives, successives, procédures de remontées anormales, rapides, lentes.	Les problèmes doivent rester simples et réalistes. Une information sur la plongée Nitrox peut être donnée (sans réalisation de problèmes). La plongée en altitude est exclue (sauf information dans le cas de clubs pratiquant dans cette configuration).	Évaluation par écrit. Exactitude du raisonnement et du résultat. La rapidité est un critère secondaire.
Ordinateur de plongée	Il s'agit de préciser les conditions d'emploi et les limites d'utilisation.	
Notions physiques simples permettant de comprendre les effets du milieu, les principes de fonctionnement du matériel, l'autonomie en aire, la flottabilité.	Rester à des problèmes de physique correspondant à une pratique de niveau 2.	Évaluation par écrit.
Matériel. Critères de choix dans l'équipement personnel.	Pas de mémorisation des schémas. Le niveau II doit pouvoir commenter des schémas de principe simples.	Évaluation par oral ou par écrit ; analyse et déduction à partir de cas simples.

Extrait du manuel du Moniteur et du Responsable Fédéral - Brevets et Qualifications - Commission Technique Nationale - FFESSM - 31/07/98.

DÉFINITION DU NIVEAU

Plongeur confirmé, il a acquis les compétences nécessaires pour évoluer dans un groupe de son niveau. Il est apte à répondre ou solliciter une assistance.

Capables d'initiatives, il possède un minimum d'expérience en sauvetage et orientation sous-marine ainsi que des notions d'organisation qui lui permettent de se prendre en charge dans les limites des prérogatives admises dans les normes de sécurité (cadre du plongeur en zone médiane).

CONDITIONS DE CANDIDATURES

Être âgé au moins de 16 ans au moins à la remise du brevet.

Être licencié à la FSGT.

Être titulaire du brevet de Plongeur niveau I FSGT ou équivalent.

Pour les mineurs présenter une autorisation parentale signée.

Avoir validé sur son carnet de plongée au minimum :

- 15 plongées depuis l'obtention du brevet de Plongeur niveau I ou 20 plongées dans les 3 dernières années.

dont :

- 5 réalisées dans la zone de 20 mètres ;
- 5 à caractère technique (apprentissage et/ou perfectionnement d'un exercice).

Ces plongées doivent couvrir l'ensemble des épreuves demandées pour ce brevet.

Ces plongées techniques doivent être réussies et réalisées avec la participation effective d'un Encadrant niveau II FSGT ou E3 reconnu, et être validées comme telles sur le carnet de plongées.

ORGANISATION DE L'EXAMEN

Le passage des épreuves est organisé au niveau du club par un Encadrant niveau III FSGT ont reconnu pour la responsabilité en mer, les plongées techniques peuvent être confiées aux Encadrants niveau II FSGT.

Le brevet peut être acquis :
- en examen sanction ;
- en contrôle continu sur une période de 24 mois ;
- en contrôle continu lors de stages club.

En contrôle continu, il n'est pas obligatoire que ce soit le même Encadrant qui valide tous les exercices.

La validation des épreuves réussies est valable pour une durée de 24 mois consécutifs.

JURY

Deux Encadrants niveau II FSGT
ou
un Encadrant niveau III FSGT ou reconnu.

DÉLIVRANCE DU BREVET

Le brevet est décerné sous la responsabilité conjointe du Président du club et de (ou des) l'Encadrant (s) ayant fait passer les épreuves.

Pour être valable, le brevet doit être numéroté et frappé des tampons du club et de (ou des) l'Encadrant (s).

PRÉROGATIVES

Serre file éclaireur au sein d'une palanquée. Après expérience suffisante, possibilité de délégation d'encadrement d'une palanquée en exploration dans la zone médiane, selon les règles de sécurité en vigueur.

❶ - ÉPREUVES PRATIQUES (en mer ou en lac)

EN LIBRE SANS ÉQUIPEMENT
1. 300 mètres en nage libre.

AVEC PALMES - MASQUE - TUBA COMBINAISON - CEINTURE
2. 500 mètres.
3. Canard, descente à 5 mètres, parcourir au moins 15 mètres, remonter, récupération 20 secondes. A exécuter deux fois.

ENTIÈREMENT ÉQUIPÉ + BOUÉE
4. Mise à l'eau : saut masque à la main, vidage du masque en immersion - OK surface.
Fond de 20 mètres : interprétation de signes.
5. D'un fond de 20 mètres, remonter à vitesse contrôlée à l'aide de sa bouée.
6. D'un fond de 20 mètres, remonter à vitesse contrôlée un plongeur en difficulté à l'aide d'une des bouées (au choix du candidat)

En surface signe de détresse et remorquage sur environ 25 mètres.

7. Sur un fond de 20 mètres, assister un plongeur en difficulté en simulant l'échange d'embout pendant la remontée, palier de sécurité, tour d'horizon, OK surface.

8. Faire 250 mètres en palanquée serrée sur tuba.

❷ - ÉPREUVE D'ENCADREMENT (zone des 20 mètres)

9. Organisation et conduite d'une palanquée supervisée par un Encadrant niveau II FSGT ou E3 reconnu, ceci afin de le sensibiliser au rôle important de l'éclaireur ou du serre file dans l'encadrement des palanquées.

❸ - ÉPREUVES THÉORIQUES (par écrit et/ou oral)

10. Lois physiques et leurs applications à la plongée.

11. Notion de physiologie.

12. Noyades et accidents de plongée
    - prévention et soins,
    - notions de réanimation cardio-respiratoire

13. Problèmes de plongées (unitaires, successives, consécutives, remontées accidentelles).
    Au choix du jury application des tables (MN90 ou COMEX).

14. Matériel : individuel et collectif (fonctionnement, utilisation, entretien, danger, réglementation).

15. Organisation des plongées au niveau du club et de la ligne de secours.

16. Notions élémentaires de la faune, de la flore et de la préservation du milieu naturel.

17. Notions élémentaires de la réglementation sportive :
    • Normes de sécurité,
    • Assurance.

Extrait du Recueil Individuel des brevets FSGT - 1998.

 NIVEAU 2 ÉQUIPIER ANMP

MODULE 4

PERFECTIONNEMENT DES TECHNIQUES

• Perfectionnement des techniques de base.
• Augmentation de son autonomie de déplacement.
• Adaptation aux conditions de plongées rencontrées.

 Validation en milieu naturel en 4 à 12 séances. Une partie de la formation dans l'espace médian peut être effectuée en fosses et en bassins

Être capable de...

4/1 Adapter son équipement, sa mise à l'eau, aux différentes conditions de plongée

4/2 Sur 500 mètres, se déplacer en respirant sur tuba.

4/3 Se déplacer avec son scaphandre sur 250 mètres (capelé ou non).

4/4 Maîtriser différentes techniques d'immersion

4/5 Réaliser une immersion en apnée sur le fond compris entre 4 et 6 mètres et y réaliser une tâche.

4/6 Descendre en pleine eau avec scaphandre sur un fond de 15 à 20 mètres.

4/7 Effectuer plusieurs cycles respiratoires, masque ôté, dans l'espace médian, avec handicap (stabilisation, déplacement).

4/8 Maîtriser l'utilisation individuelle de la bouée.

4/9 Maîtriser son équilibre en situation de handicap (décapelage, recapelage, déplacement décapelé…)

MODULE 5

Évolution en autonomie dans l'espace médian

- Gestion d'une plongée dans l'espace médian avec d'autres plongeurs de niveau 2, sous l'autorité d'un "directeur de plongée".
- Assurance de sa propre sécurité et assistance de ses équipiers.
- Évolution en palanquée dans l'espace médian.

 Validation en milieu naturel dans l'espace médian, 12 à 20 séances (environ).

Être capable de...

5/1 Se repérer en immersion et suivre le trajet défini par le directeur de plongée.

5/2 Évoluer en palanquée sans guide.

5/3 Respecter les paramètres définis par le directeur de plongée.

5/4 Choisir et appliquer la procédure de remontée.

5/5 Remonter jusqu'au palier et s'y signaler à l'aide d'une bouée de palier.

5/6 Identifier les difficultés d'un de ses équipiers, l'assister jusqu'à ce qu'il soit mis en sécurité.

5/7 Connaître des éléments de théorie :
- l'environnement aquatique,
- l'équipement individuel du plongeur,
- les risques en plongée et leur prévention,
- les procédures de remontée,
- le cadre réglementaire de pratique du niveau 2

MODULE 6

Évolution en palanquée dans l'espace lointain

- Accoutumance à la profondeur (espace lointain).
- Intégration à une organisation de plongée profonde.
- Déplacement en palanquée guidée dans l'espace lointain.

Validation en milieu naturel dans l'espace médian, 8 à 10 séances.

Être capable de...

6/1 Adapter sa technique à l'espace lointain.

6/2 Adapter sa communication à l'espace lointain.

6/3 Adapter son équipement à l'espace lointain

6/4 Analyser ses propres difficultés dans l'espace lointain à réagir.

6/5 Effectuer un palier dans différentes situations.

6/6 Connaître des éléments de théorie :
- risques et prévention en plongée profonde,
- procédures de remontée en plongée profonde,
- déroulement de la plongée profonde.

PRÉROGATIVES

A condition d'être majeur, plonger en palanquée avec d'autres niveau 2 en autonomie dans l'espace médian.

Plonger en palanquée guidée par un niveau 4 (minimum), dans l'espace lointain.

ÂGE REQUIS

16 ans au jour de la validation.

Adaptation d'après le passeport de plongeur. Le guide de formation ANMP - Octobre 1996

 PLONGEUR CONFIRMÉ - NIVEAU 2 SNMP/CIPP

PRÉROGATIVES

C'est le deuxième niveau technique attribué à un plongeur. Pour se présenter à l'examen, il faut avoir :

- 15 ans résolus,
- être "PLONGEUR ÉQUIPIER",
- Avoir 18 plongées en milieu naturel totalisant 8 heures de plongée après le Niveau 1 CIPP ou un diplôme équivalent reconnu d'un organisme membre du Comité Consultatif.

Compagnie Internationale des Professeurs de Plongée

CIPP

PLONGEUR CONFIRMÉ   NIVEAU 2

N° : 02.98.45.1901.005

délivré à : **Miss CARAMEL**

le : 1er AVRIL 1902   à :   A. F. P. S. DOLLFIN
                                              ORLEANS

par :   Mr THIERRY DOLL
            B. E. E. S. 1er

INSTRUCTEUR CIPP N°

Signature de l'Instructeur

Signature du Titulaire

SPECIMEN

ÉCOLE FRANÇAISE de PLONGÉE

Le **PLONGEUR CONFIRMÉ** doit avoir les capacités de :

- maîtriser son évolution dans l'espace médian (zone d'évolution de 20 mètres),
- réaliser une remontée sans embout de 10 mètres,
- effectuer une remontée à deux sur un embout de secours de 20 mètres,
- porter assistance dans la zone des 20 mètres à un plongeur en difficulté à l'aide de son gilet de compensation et contrôler leur procédure de remontée, le remorquer en surface les voies aériennes hors d'eau, participer à son déséquipement et à son embarquement,
- effectuer des exercices d'aisance et de coordination en décapelant recapelant et échangeant son scaphandre avec le moniteur, en réalisant un abandon de son scaphandre puis une remontée sans embout d'un fond de 5 mètres et une reprise de scaphandre après descente en libre.
- réaliser un parcours d'environ 500 mètres en nage avec palmes, 250 mètres en capelé, un déplacement en libre durant 20 secondes à – 5 mètres,
- utiliser les tables de plongée Ministère du Travail et MN90 et savoir calculer toutes les procédures de remontée à l'air.
- avoir acquis les connaissances nécessaires en physique, physiologie, anatomie, physiopathologie pour prévenir les accidents : barotraumatiques, dus à la neurotoxicité d'un gaz par excès ou par défaut, maladies de décompression, divers dus au milieu.

COMPÉTENCES

Ses compétences lui permettent, d'évoluer en autonomie dans l'espace médian avec un ou deux coéquipiers, d'évoluer encadré par un guide de palanquée plongeur de niveau 4 minimum dans l'espace lointain, à l'âge de 18 ans révolus.

Avant 18 ans, il peut évoluer dans l'espace médian encadré par un guide de palanquée plongeur de niveau 4 minimum.

FORMATION

La formation est composée de 5 thèmes :

- Le **"Perfectionnement en Libre"** comprend 4 séances pouvant être réalisées en milieu naturel ou protégé.

L'objectif est de développer une maîtrise de :
- la nage avec palme,
- l'apnée,
- le sauvetage en libre sur un fond de 5 mètres.

- Le **"Perfectionnement Technique"** comprend 6 séances en milieu naturel visant à parfaire l'évolution et la maîtrise du plongeur dans l'espace médian, totalisant 3 heures d'immersion :
- l'orientation (1),
- biologie (1),
- conduite d'une palanquée (1),

- bascule arrière masque à la main, descente dans le bleu, stabilisation en tête à 20 mètres, en palanquée derrière le moniteur à 30 mètres (3/2),
- procédures de réponse aux signes de sécurité (3/2)

• Le **"Perfectionnement à l'Assistance et au Sauvetage avec gilet de compensation"** comprend 8 séances en milieu naturel, totalisant 4 heures d'immersion.

L'objectif est de faire maîtriser deux techniques pour la prise en charge du fond à la surface d'un coéquipier mal à l'aise ou accidenté.
- nomenclature et utilisation (1),
- assistance avec gilet (4),
- sauvetage avec gilet (3).

• Le **"Perfectionnement au contrôle de soi et de la coordination dans l'évolution avec un équipier"** comprend 4 séances de travail en milieu naturel ou en fosse, totalisant 2 heures d'immersion :

L'objectif est de parfaire le degré d'évolution aquatique par des éducatifs d'aisance et de coordination, de préhension spatiale et de maîtrise des appuis.
- évolution en libre/remontée sans embout, ludion, poumons ballast,
- étude du décapelage et recapelage,
- décapelage/abandon/recapelage,
- décapelage/échange/recapelage.

Ces exercices se réaliseront à – 5 mètres.

• Le **"Perfectionnement des connaissances théoriques"** comprend 4 cours.

L'objectif est de compléter les connaissances en physique, physiologie, physiopathologie, visant à la prévention des accidents et la compréhension des différentes procédures de remontées.

EXEMPLE DE FORMULES DE FORMATION
- **Formule A** : 6 semaines comprenant 8 séances en piscine à raison de 1 à 2 séances par semaine, 12 séances en milieu naturel et/ou en fosse totalisant 8 heures d'immersion et 4 cours théoriques à raison de 1 cours par semaine.
- **Formule B** : 12 week-ends comprenant 20 séances en milieu naturel totalisant 8 heures d'immersion et 4 cours théoriques à raison de 2 séances par week-end.
- **Formation professionnelle continue ou stage saisonnier** : 20 séances sur 2 semaines minimum, totalisant environ 80 heures de formation dont 8 heures d'immersion.

ÉVALUATION
L'évaluation se fait en contrôle continu pour la formation professionnelle ou par exemple ponctuelle pour la formation étalée avec un jury composé d'un moniteur membre du S.N.M.P. ou de l'E.P. du S.N.M.P. de niveau 3 d'encadrement assisté éventuellement d'un stagiaire en stage pédagogique d'un niveau 2 d'encadrement.

Extrait du Plan de formation SNMP - Édition en date de Février 1998.

8 SOLUTIONS DES TESTS

Cochez les bonnes réponses.

Toute réponse incomplète est considérée comme fausse

■ Questions éliminatoires

TESTS DAUPHIN 1

TESTS DES PAGES 130 ET 131

QUESTIONS	1	2	3	4	5	6	7	8	9	10	11	12	13	14	15
RÉPONSES	a c	c	b c	a	d	b	voir p. 57	b	a	b	e f	voir p.	b c	a	voir p.

Nombre de réponses justes :

TESTS DAUPHIN 2

TESTS DES PAGES 269 ET 271

QUESTIONS	1	2	3	4	5	6	7	8	9	10	11
RÉPONSES	a c	b c	a c d	c	b c d	a c d	b c d	a b d	a c d	b	b

QUESTIONS	12		13	14	15	16	17	18
RÉPONSES	a : 5 minutes à 3 mètres c : 14 h 38 d : l	a : 5 minutes à 16 mètres c : 22 minutes à 3 mètres d : 14 h 58	a : 10 minutes à 3 mètres b : 14 h 41	b	b	a b d	a c d

Nombre de réponses justes :

TESTS DAUPHIN 3

TESTS DES PAGE 321

QUESTIONS	1	2
RÉPONSES	a b c d	a b c

Nombre de réponses justes :

MESUREZ VOTRE PROGRESSION

Il est essentiel de vous situer dans votre progression d'apprentissage. Nous vous proposons donc un outil qui vous permettra de constater le chemin parcouru.

Suivant le type d'enseignement suivi, les critères d'évaluation pris en compte différent comme précisé ci-après :

TYPE D'ENSEI-GNEMENT	Cours individuels		Cours collectifs	
	En continu stage de 6 ou 7 jours (12 à 13 séances)	En discontinu deux séances hebdomadaires	En continu deux semaines de stage (24 séances)	En discontinu deux séances hebdomadaires
L'évaluation porte sur :	Une même séance	2 séances	2 séances non consécutives	3 séances non consécutives

CAPACITÉS	OBJECTIFS ATTEINTS EN PRATIQUE
●	J'ai atteint l'objectif en réussissant aux "critères de réussite acceptables" au moins trois fois.
●	J'ai atteint l'objectif en réussissant aux "critères de réussite acceptables" au moins une fois, mais je suis dans l'incapacité de le réaliser à coup sûr.
●	Je n'ai pas atteint l'objectif car je n'ai pas réussi aux "critères de réussite acceptables".

CAPACITÉS	OBJECTIFS ATTEINTS EN THÉORIE
●	Moins de 3 réponses fausses au test *
●	Entre 3 et 5 réponses fausses au test *
●	Plus de 5 réponses fausses au test *

* Questions éliminatoires exclues

Si vous êtes ⬩ ou ⬩, votre moniteur vous proposera un test similaire lié aux objectifs lors d'une séance prochaine.

Un objectif est validé et acquis dans un niveau (dauphin) lorsqu'il

Précisez vos capacités liées aux objectifs pratiques et théoriques en cochant la couleur vous caractérisant (● ou ● ou ●).

Numéro Objectif	Capacités liées à l'objectif ▼	Niveaux ▶ / ~1~		Perfectionnement niveau 4		
1	Vous devez être capable de préciser vos prérogatives de plongeur niveau 2/plongeur ☆ ☆ en fonction de votre pays et de les respecter dans le cadre de votre pratique	● ● ●				
2	Vous devez être capable de réaliser : un palmage ventral, costal, puis dorsal de 500 m chacun sans prendre appui et un palmage de sustentation sans prendre appui sur le bord, durant trois minutes, tête hors de l'eau.	● ● ●		● ● ●		
3	Vous devez être capable de préciser la ventilation et la conduite à tenir face à ce type d'accident.	● ● ●				
4	Vous devez être capable de descendre au fond et de réaliser un parcours de 10 mètres.	● ● ●				
5	Vous devez être capable de préciser les effets qu'induit la pression sur le gaz, en vous aidant d'exemples chiffrés tirés de votre pratique.	● ● ●				
6	Vous devez être capable de décrire succinctement les symptômes et de préciser la conduite à tenir et la prévention face aux différents accidents barotraumatiques.	● ● ●				
7	Vous devez être capable de remonter par phases successives, en contrôlant votre expiration, en conservant votre embout, en main et en marquant obligatoirement un arrêt tous les deux mètres, durant lequel vous le remettrez en bouche pour effectuer un cycle ventilatoire complet, avant de poursuivre votre remontée ; ceci dans des contextes variés, après que votre moniteur vous ait enlevé l'embout sans vous prévenir (ne résistez pas pour ne pas endommager votre embout).	● ● ●		● ● ●		
8	Vous devez être capable de réaliser sans hésiter les signes de plongée utilisés où vous plongez et de savoir les utiliser à bon escient.	● ● ●				
9	Vous devez être capable de vider votre masque après l'avoir retiré et effectué un déplacement horizontal d'une dizaine de mètres sur le fond accompagné de votre moniteur et videz votre masque, dans des contextes variés (déplacement...sans vous prévenir). L'ensemble de ces capacités devra être réalisé les yeux ouverts, sans affolement tout en conservant votre niveau de stabilisation.	● ● ●		● ● ●		

Numéro Objectif	Capacités liées à l'objectif ▼	Niveaux ▶			Perfectionnement niveau		
10	Vous devez être capable de préciser la périodicité et d'identifier les marques des contrôles périodiques prévus par votre réglementation nationale relative aux bouteilles de plongée, d'indiquer le volume et la pression d'utilisation à la vue d'une bouteille de plongée, d'indiquer le volume et la pression d'utilisation à la vue d'une bouteille de plongée, d'expliquer succintement les principes de base de fonctionnement d'un manomètre, d'un détendeur en commentant éventuellement un schéma de principe simple ; de préciser l'entretien courant de votre matériel personnel..	●	●	●			
11	Vous devez être capable de calculer votre autonomie en air, pour une profondeur donnée.	●	●	●	●	●	●
12	Vous devez être capable d'interpréter les signes de plongée et d'avoir une réponse adaptée, sans être prévenu au préalable, dans des contextes variés : en déplacement, lors de la remontée…	●	●	●	●	●	●
13	Vous devez être capable, sans être prévenu, sur le signe "je n'ai plus d'air" : d'assister un coéquipier au fond avec votre détendeur de secours en attendant l'intervention de votre moniteur, selon votre cursus de formation de simuler ou de réaliser un échange d'embout avec un coéquipier, en attendant l'intervention de votre moniteur, d'assiter à l'aide de votre détendeur de secours un coéquipier en remontant à la vitesse contrôlée préconisée, d'une profondeur de 20 mètres et de remonter d'une profondeur de 40 mètres, en respirant sur le détendeur de secours de votre moniteur.	●	●	●	●	●	●
14	Vous devez être capable de préciser les modifications qu'entraîne la vision sous l'eau et quelles en sont les applications dans votre pratique.	●	●	●			
15	Vous devez être capable de préciser les modifications de perception des sons sous l'eau et quelles en sont les applications dans votre pratique.	●	●	●			
16	Vous devez être capable de nager 250 m, la bouteille capelée, sur le ventre, tuba en bouche, sans vous arrêter.	●	●	●	●	●	●

Numéro Objectif	Capacités liées à l'objectif ▼	Niveaux ▶			Perfectionnement niveau		
17	Vous devez être capable de nommer les principaux composants de l'air et de préciser dans quels accidents ils interviennent.	○	○	●			
18	Vous devez être capable de décrire les causes prinicipales, les symptômes, la conduite à tenir et la prévention de l'essoufflement.	○	○	●			
19	Vous devez être capable de préciser la conduite à tenir et la prévention face à une noyade.	○	○	●			
20	Vous devez être capable de décrire succinctement les symptômes et de préciser la conduite à tenir et la prévention face à l'accident de décompression.	○	○	●			
21	Vous devez être capable de planifier vos plongées à l'aide des tables de plongée et de les utiliser dans votre pratique, pour assurer votre décompression.	○	○	●	○	○	●
22	Vous devez être capable de préciser les conditions d'emploi et les limites d'utilisation des instruments de plongée et plus particulièrement des ordinateurs de plongée afin de les utiliser à bon escient dans votre pratique.	○	○	●			
23	Vous devez être capable de contrôler les paramètres de plongée (temps, profondeur) préalablement fournis par votre moniteur et d'effectuer les paliers prévus par les tables de plongée à l'aide de vos instruments, lors de plongées d'exploration.	○	○	●	○	○	●
24	Vous devez être capable en vous aidant d'exemples chiffrés, tirés de votre pratique, d'expliquer la notion de flottabilité.	○	○	●			
25	A l'aide d'un gilet, vous devez être capable de vous stabilisez sans vous aider du palmage entre 15 et 20 mètres, réalidez une remontée vontrôlée, une assistance, un sauvetage, sans vous aider du plamage et sans redescendre, à la vitesse de vos plus petites bulles, sans utiliser le palmage comme mode principal de remontée et sans jamais redescendre.	○	○	●	○	○	●

Numéro Objectif	Capacités liées à l'objectif ▼	Niveaux ▶					
		~2~		Perfectionnement niveau ~4~			
26	Vous devez être capable : de gonfler et purger votre vêtement étanche, en surface, sur signal de votre moniteur; d'évoluer entre 0,5 et 1 mètre du fond sans jamais utiliser le palmage pour vous maintenir en profondeur; de stopper une remontée à 5 mètres du fond, provoquée par votre moniteur qui a actionné votre direct-system sans vous prévenir au préalable; de réaliser une remontée contrôlée avec purge manuelle, sans vous aider du palmage et sans redescendre, à la vitesse de vos plus petites bulles sans utiliser le palmage comme mode principal de remontée et sans jamais redescendre; et de réaliser une assistance et un sauvetage à la vitesse de vos plus peitites bulles, sans utiliser le palmage comme mode principal de remontée et sans jamais redescendre.	gris	gris	noir	gris	gris	noir
27	Vous devez être capable de rester en pleine eaun entre 0,5 et 1 mètre d'un fond irrégulier, sans ,vous aider du palmage pour maintenir votre niveau d'évolution et après avoir rendu nulle votre flottabilité grâce à un gonflage unique de votre gilet de remontée.	gris	gris	noir	gris	gris	noir
28	Vous devez être capable de préciser les symptômes, la conduite à tenir et la prévention de l'ivresse des profondeurs.	gris	gris	noir			
29	Vous devez être capable de vous immerger sur des bulles et de réaliser une descente verticale, à vitesse régulière, en arrivant à portée de vue du plongeur situé sur le fond.	gris	gris	noir	gris	gris	noir
		~3~		Perfectionnement niveau ~4~			
30	Vous devez être capable de préciser le matériel de sécurité obligatoire et indispensable que doivent porter des plongeurs autonomes.	gris	gris	noir			
31	Vous devez être capable de vous orienter en plongée..	gris	gris	noir	gris	gris	noir
32	Vous devez être capable de gonfler un parachute de palier, sans redescendre et sans percer la surface à la suite de son gonflage.	gris	gris	noir	gris	gris	noir
32	Vous devez être capable de plonger en autonomie dans des conditions de sécurité satisfaisantes.	gris	gris	noir	gris	gris	noir

ANNEXE

RÉCAPITULATIF DES DIFFÉRENTS ORGANISMES DE FORMATION EN PLONGÉE

FÉDÉRATIONS D'ASSOCIATIONS OU GROUPEMENTS FÉDÉRATIFS

 CMAS (Confédération Mondiale des Activités Subaquatiques)
Viale Tiziano, 74 - 00196 Roma - Italie
Tel. +39 6 36 85 84 80 - Fax +39 6 36 85 84 90
Internet : http://www.cmas.org
e-mail : cmasmond@tin.it

 FFESSM (Fédération Française d'Études et des Sports Sous-Marins)
24, quai de Rive Neuve - 13007 Marseille - France
Tel. 04 91 33 99 31 - Fax 04 91 54 77 43 - Minitel 36.15 FFESSM
Internet : http ://www.ffessm.fr
e-mail : secretariat@ffessm.fr

 UCPA (Union des Centres de Plein Air)
62, rue de la Glacière - 75040 Paris Cedex 13 - France
Tel. 01 45 87 45 87 - Fax : 01 45 87 45 88 - Minitel 36.15 UCPA
internet : htpp://ww.ucpa.asso.fr/

 FSGT (Fédération Sportive et Gymnique du Travail)
14-16, rue Scandicci - 93508 Pantin Cedex - France
Tel. 01 49 42 23 19 - Fax 01 49 42 23 60

FFH (Fédération Française Handisport)
42, rue Louis Lumière - 75020 Paris - France
Tel. 01 40 31 45 00 - Fax 01 40 31 45 42 - Minitel 36.15 HANDISPORT
e-mail : gabriel.larondelle@wanadoo.fr

FEBRAS (Fédération Belge de Recherche et d'Activités Subaquatiques)
internet : htpp://www.befos-febras.be
LIFRAS (Ligue Francophone de Recherches et d'Activités Sous-Marines)
Rue Jules Broeren, 40/42 - 1070 Bruxelles - Belgique
Tel. 02 521 70 21 - Fax 02 521 25 67
Internet : http://users.skynet.be/lifras/
e-mail : lifras@freeworld.be

FLASSA (Fédération Luxembourgeoise des Activités et Sports
Subaquatiques)
Boîte postale 53
2010 Grand Duché du Luxembourg
Tel. 352 48 96 64 ou 352 55 13 84 - Fax 352 55 13 84
Internet : http://www.gms.lu/flassa/
e-mail : scheikim@fil.lu

FMAS (Fédération Monégasque des Activités Subaquatiques)
14, avenue des Castelans - 98000 Monaco
Principauté de Monaco
Tel. 92 05 91 78 ou 97 77 80 17 - Fax 97 77 80 17

FQAS (Fédération Québécoise des Activités Subaquatiques)
4545, avenue Pierre de Coubertin - C.P. 1000 - Succursale M
Montréal H1V 3R2 - Québec
Tel. 514 252 30 09 - Fax 514 254 13 63
Internet : http://www.fqas.qc.ca
e-mail : plongee@fqas.qc.ca

AMCQ (Association des Moniteurs de Plongée de la CMAS du Québec)
Casier postal 426
Succursale Montréal-Nord
Montréal-Nord - H1H 5L5 - Québec
Tel. 450 664 4952 - Fax 450 661 6684
Internet : http://www.cam.org/~amcq
e-mail : amcq@cam.org

FSSS (Fédération Suisse des Sports Subaquatiques)
Pavillonweg, 3 - 3012 Bern - Suisse
Tel. 031 301 43 43 - Fax 031 301 43 93
Internet : http://www.fsss.ch.
e-mail : admin@susv.ch

A<small>SSOCIATIONS</small>, <small>SYNDICATS OU GROUPEMENTS PROFESSIONNELS DE MONITEURS DE PLONGÉE</small>

CEDIP (European Comittee of professional diving instructors)
62, avenue des Pins du Cap - 06160 Antibes / Juan les Pins - France
Tel. 04 93 61 45 45 - Fax 04 93 67 34 93
Internet : http://www.cedip.com
e-mail : cedip.antibes@wanadoo.fr

ANMP "Guide de la Mer"
(Association Nationale des Moniteurs de Plongée)
Euro 92/Bâtiment F - Z.I. Les Trois Moulins - Route des cistes
06600 Antibes France
Tel. 04 93 33 22 00 - Fax 04 93 74 32 28 - e-mail : anmpinfo@aol.fr

SNMP (Syndicat National des Moniteurs de Plongée)
CIPP (Compagnie des Instructeurs Professionnels de Plongée)
Centre Commercial 2002 - Avenue de la Bolière
45100 Orléans - France
Tel. 06 80 37 43 26 - 02 38 56 16 88 - Fax 02 38 56 16 99

**VVW (Vlaamse Vereniging Voor Watersport /
Association flamande des sports de l'eau réunis)**
Beatrijslaan, 25 - 2050 Antwerpen - Belgique
Tel. 032 19 69 67 - Fax 032 19 77 00
Internet : http://www.vvw.be
e-mail : vvw@vvw.be

BTLV/UPMP (Union Professionnelle des Moniteurs de Plongée Suisse)
Sonnenbergstrasse 401/6 - 4127 birsfelden - Suisse
Tel. 061 313 98 17 - Fax 061 373 81 64
Internet : http://www.btlv.ch
e-mail : btlv@swissonline.ch

Organisme international de secours en plongée : Divers Alert Network (DAN)

DAN est une organisation internationale sans but lucratif. Elle assure la prise en charge des accidentés de plongée un peu partout dans le monde grâce à un réseau de spécialistes du sauvetage et de médecins de plongée. elle a aussi pour objet de promouvoir la connaissance des mesures de sécurité en plongée au moyen de programmes d'éducation. DAN a mis en place une base de données (voir page 151) en collectant des informations sur les accidents de plongée dans le monde entier.

La CMAS (voir page 344) a signé un protocole d'accord avec cette organisation présente dans le monde entier.

DAN Europe Central Office
P.O. Box DAN, 64026 Roseto (Te), Italy
Phone +39 (085) 8930333
Fax +39 (085) 8930050
Internet : htpp://www.daneurope.org
Email : mail@daneurope.org

DAN Europe Office BeNelux
Meerweg 80, 1600 St. Pieters Leeuw
Brussels, Belgium
Phone +32 (2) 3776043
Fax +32 (2) 3782878
Email : daneuben@skynet.be

RÉCAPITULATIF DES BREVETS DE PLONGÉE

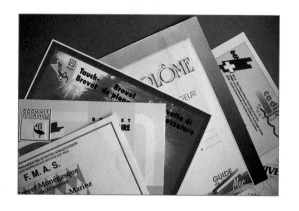

RÉCAPITULATIF DES BREVETS DÉLIVRÉS PAR LES DIFFÉRENTS ORGANISMES FRANÇAIS ET LEURS CORRESPONDANCES

Niveau des prérogatives des plongeurs	Brevets CMAS	Brevets FFESSM	Brevets FSGT	Brevets FFH	Brevets ANMP (Guide de la Mer)	Brevets SNMP CIPP	Brevets CEDIP
NIVEAU 1	Plongeur ☆	Plongeur Niveau I	Brevet élémentaire niveau 1	Brevet élémentaire	Niveau 1 Plongeur	Niveau 1 Plongeur certifié/ Plongeur équipier	Plongeur ☆
NIVEAU 2	Plongeur ☆☆	Plongeur Niveau II	1er échelon niveau 2	1er degré autonome	Niveau 2 Équipier	Niveau 2 Plongeur confirmé	Plongeur ☆☆
NIVEAU 3	Plongeur ☆☆☆	Plongeur Niveau III	Plongeur autonome niveau 3	───	Niveau 3 Autonome	Niveau 3 Plongeur Autonome	Plongeur ☆☆☆
NIVEAU 4	Plongeur ☆☆☆	Niveau IV Capacitaire	2e échelon Chef de palanquée niveau 4	2e degré autonome	Niveau 4 Guide de Palanquée	Niveau 4 Plongeur capacitaire	Plongeur ☆☆☆☆
NIVEAU 5	───	Directeur de plongée niveau 5	Directeur de plongée d'Exploration niveau 5	───	───	Directeur de plongée en exploration	───

Brevets CMAS	Brevets LIFRAS	Brevets FMAS	Brevets FSSS	Brevets AMCQ	Brevets BTLV	Brevets CEDIP
Plongeur ☆	Plongeur ☆	Plongeur ☆	Plongeur ☆	Elémentaire	Open diver	Plongeur ☆
Plongeur ☆☆	Plongeur ☆☆	Plongeur ☆☆	Plongeur ☆☆	Intermédiaire	Advanced open diver	Plongeur ☆☆
Plongeur ☆☆☆	Plongeur ☆☆☆	Plongeur ☆☆☆	Plongeur ☆☆☆	Supérieur	Special diver ——— Special guide diver	Plongeur ☆☆☆ ——— Plongeur ☆☆☆☆
Plongeur ☆☆☆☆	Plongeur ☆☆☆☆	——	——	——	——	——

Crédits photographiques :

© ANMP® (page 333) ; © Costantino BALESTRA (page 85 bas) ; © Daniel BAY (pages 8 haut, 13 haut, 25 sauf bas, 29 sauf haut, 30 sauf milieu bas, 31 sauf bas, 32, 33, 34 milieu haut et milieu bas, 36 haut, 37 milieu bas) ; © Patrick BERTEAU (page 103 haut) ; © Société BEUCHAT® (pages 193 ligne du bas 2e, 349 à 351) ; © Jean-Marie BLONDEAU (pages 17 milieu, 19 bas, 20 milieu, 23, 34 bas) ; © M. BOCKIAU - Université de Genève (pages 36 sauf haut et 37 sauf milieu bas) ; © CMAS® (pages 320 gauche, 323) ; © Société DRAEGER Industries® (page 137 haut) ; © Henri ESKENAZI - Société UWATEC FRANCE® (page 210 haut) ; © J.C. FAYET - Société AQUALUNG® (page 217) ; © FEBRAS® (page 320 droit) ; © Achille FERRERO (page 2) ; © FFESSM® (pages 320 milieu, 325) ; © FSGT® (page 331) ; © Parc National de Port-Cros - C. GÉRARDIN (pages 9 bas et 10) ; © Fondation Nicolas Hulot (page 9 haut) ; © Pierre GIRODEAU (pages 30 milieu bas, 53) ; © Jérôme HOUYVET - Direction de la Sécurité civile (pages 140 haut, 144) ; © Denis JEANT (pages 1, 3, 8 sauf haut, 11 à 12, 13 sauf haut, 14 à 17 sauf 17 milieu, 18 sauf bas, 19 sauf bas, 20 bas, 21 à 22, 25 bas, 26 haut, 28, 29 haut, 31 bas, 34 haut, 35, 40 à 42, 49, 64 à 70, 84 droit, 85 bas, 91 à 94, 97, 103 bas, 104, 110, 112 à 114 sauf 113 bas, 136, 137 bas, 140 bas, 143, 147 bas, 149 à 150, 155, 156 à 158, 159 haut, 160, 161 à 163, 166, 168, 170, 173, 174, 182, 184 n° 2 et 3, 186, 187 sauf bas, 188, 189 bas, 190 bas, 198, 207 haut, 208, 210 bas, 212 bas, 213 à 216, 218, 227, 241 à 248, 262, 264, 274 n° 3, 275, 276 milieu, 278 haut n°1, 278 milieu et bas, 279 à 281 sauf milieu, 282, 287, 292, 293, 296 haut, 308 haut, 311 à 317, 348, 4 de couverture) ; © Eric LENERTZ (page 71); © Héléna MALOUMIAN (pages 24, 26 sauf haut, 27) ; © Société HTM Sport - MARES® (pages 98, 184 n° 1 et bas, 185 haut, 190 ligne du haut 1er, 193 ligne du haut 3e, 194 ligne du bas 2e, 203 bas, 205 ligne du haut 3e, 274 n° 2) ; © Bruno MENU - Société AQUALUNG® (pages 101, 187 bas) ; © J. MENU - Société AQUALUNG® (page 240) ; © Jean-Michel MILLE - Société SCUBAPRO France® (pages 84 sauf droite, 85 milieu, 95, 96, 99, 219 bas droit, 276 haut) ; © Société OCÉANIC® (pages 190 ligne du haut 4e, 190 ligne du bas 4e, 193 ligne du haut 2e, 194 ligne du haut 1er, 195 ligne du haut 1er, 2e et 3e, 203 haut gauche, 205 ligne du bas 2e et 3e) ; © Bertrand PANABIÈRES (page 159 bas) ; © Patrick RAGOT (1 de couverture, pages 7, 18 bas, 44, 126, 272) ; © Jean-Pierre RIVIÈRE (pages 146, 147 haut) ; © Société SEEMAN SUB® (pages 113 bas, 116 sauf bas droit, 189 haut, 219 bas gauche, 249 haut et milieu, 278 haut sauf n° 1, 281 milieu n° 2) ; © SNMP-CIPP® (page 335) ; © Société SUUNTO® (pages 184 n° 4, 185 bas, 190 ligne du bas 2e et 3e, 192 gauche, 193 ligne du bas 3e, 194 ligne du haut 3e, 194 ligne du bas 1er, 202, 203 milieu, 205 ligne du bas 1er) ; © Société TEK PLONGÉE® (pages 76 bas, 116 bas droit, 190 ligne du haut 2e, 193 ligne du haut 1er, 276 bas) ; © Société UWATEC FRANCE® (pages 190 ligne du haut 3e, 190 ligne du bas 1er, 191, 192 droit,193 ligne du bas 1er, 194 ligne du haut 2e, 195 ligne du bas, 203 haut droit, 204 haut, 205 ligne du haut 1er et 2e, 219 haut, 274 n° 1, 295) ; © Michel VERDURE (page 344) ; © Michel VERDURE - Société SCUBAPRO France® (pages 38, 132, 207 bas).

Crédits dessins :

© Jacques BOUTRY (dessins au trait) ; © Les Editions du Plaisancier (colorisation) ; © Société SUUNTO® (page 196 haut) ; © Société UWATEC FRANCE® (pages 196 bas et 297 bas, 192 bas, 193 bas, 195 bas, 198 bas, 199 à 202, 204 bas, 206, 213 milieu).

Code Vagnon Plongée Niveau 2
Imprimé en France
Dépôt légal : mars 2000
ISBN 2-85725-269-2

145 F - 22,11 €